JUSTIN LARUTAN

Wer mordet schon in Stuttgart?

KESSELMORD Eine Mordserie an vermeintlichen Pädophilen im Leonhardsviertel hält das Stuttgarter LKA in Atem. Eine Dame in Asemwald erblickt ihre Zukunft in der Beseitigung der langjährigen Ehefrau des Geliebten. Bei einem sauber geplanten Einbruch einer professionellen Diebesbande kehren die Hausbesitzer zur Unzeit in ihre Villa in bester Stuttgarter Halbhöhenlage zurück. Ein Medienliebling und ein Streifenpolizist geraten im nächtlichen Schönbuch aneinander. Eine exzentrische Insassin eines luxuriösen Seniorenheims gesteht den perfekten Mord und kommt dann selbst auf rätselhafte Weise zu Tode – jeder dieser 11 Kurzkrimis variiert virtuos die Banalität des Bösen in all seiner dunklen Faszination.

Unter der Hochglanzfassade herrscht ein beträchtlicher Druck im Stuttgarter Kessel: Gut getroffene Milieustudien aus der bunten Vielfalt der Großstadt am Neckar und der Region mit ihren knapp drei Millionen Einwohnern nehmen den Leser mit auf eine Reise jenseits billiger Schwabenklischees. Das fasziniert Stuttgarter und Auswärtige gleichermaßen; vor allem für Letztere finden sich hier auch 125 gut recherchierte Freizeittipps für Jung und Alt.

Justin Larutan, geboren in Stuttgart und aufgewachsen in der Region, ist nach seinem 1998er Romandebüt »Tangens« und diversen Veröffentlichungen in Literaturzeitschriften 1999 mit »Das Attentat« – positiv besprochen von Stuttgarter Zeitung, Badischer Zeitung bis zur Jungen Welt – bekannt geworden. Es folgten 2000 und 2001 zwei Stuttgart-Krimis, wobei er den heutigen Boom der diversen Stuttgart-Krimis mitbegründete. Derzeit doziert der Autor als wissenschaftlicher Assistent für Kulturtheorie/Kunstgeschichte an der Stuttgarter Merz Akademie. Nach wie vor lebt Justin Larutan als freier Autor in Stuttgart, schrieb regelmäßig über Literatur und popkulturelle Themen, u. a. als Herausgeber des 1992 gegründeten Harakiri-Kulturmagazins, für die ZEIT und das Stuttgarter Stadtmagazin lift, war DJ, freier Journalist und Lektor.

JUSTIN LARUTAN

Wer mordet schon in Stuttgart?

11 Krimis und 125 Freizeittipps

GMEINER SPANNUNG

Personen und Handlung sind frei erfunden.
Ähnlichkeiten mit lebenden oder toten Personen
sind rein zufällig und nicht beabsichtigt.

Besuchen Sie uns im Internet:
www.gmeiner-verlag.de

Im Ehnried 5, 88605 Meßkirch
Telefon 07575/2095-0
info@gmeiner-verlag.de

1. Auflage 2016

Lektorat: Claudia Senghaas, Kirchardt
Herstellung: Julia Franze
Umschlaggestaltung: U.O.R.G. Lutz Eberle, Stuttgart
unter Verwendung eines Fotos von: © Leif-Hendrik Piechowski
und © Jens Hilberger – Fotolia.com
Druck: CPI books GmbH, Leck
Printed in Germany
ISBN 978-3-8392-1862-4

Für Lily.

AAS IM WALD

Stuttgart hat einige architekturgeschichtlich bedeutende Bauwerke zu bieten, allerdings weit weniger als vergleichbare europäische Großstädte. Von überregionaler Berühmtheit sind lediglich Ludwig Mies van der Rohes Weißenhofsiedlung **1**, die als Keimzelle der modernen Architektur gilt, jenes Baustils, der nach dem Zweiten Weltkrieg wie ein Ausschlag das Antlitz dieses Planeten verwandelte, und die Neue Staatsgalerie **2** als zentrales Bauwerk der postmodernen Architektur. In den letzten Jahren hinzugekommen sind zwei Würfel, der des Kunstgebäudes auf dem Schlossplatz **3** und der der Neuen Stadtbibliothek am Mailänder Platz. **4**

Sicher keine architektonische Perle ist der Stadtteil Asemwald, dafür neben Stuttgart-Neugereut der bizarrste Auswuchs der modernen Wohnideologie in der Landeshauptstadt – Luft, Licht, bezahlbarer Wohnraum für jedermann –, bestehend vorwiegend aus drei großen Wohnhochhäusern aus den 1960er-Jahren, die man »Hannibal« getauft hatte.

Der karthagische Feldherr musste aus ungewissem Grund Pate stehen für die fast baugleichen Wohnblocks mit 70 Metern Höhe und jeweils 23 Stockwerken, die Stuttgart aus Richtung der Filderebene schon von Weitem ankündigen. **5** Im Grunde mitten im Wald erbaut, bilden die Grundrisse der drei Betonklötze ein rätselhaftes dreistrichiges Zeichen an außerirdische Besucher, in etwa wie ein halbierter Buchstabe eines fremden Alphabets.

Die 1.800 Bewohner müssen ein besonderer Menschenschlag sein, denn die meisten leben dort seit den 1970er-Jahren (weshalb es auch immer weniger werden). Seitens der Bauherrn wurde alles für sie getan, was das Herz eines modernistischen Stadtplaners höher schlagen ließ: eine direkte Schnellstraßenanbindung, ein Ladenzentrum, ein Tennisplatz, ein Höhenrestaurant, ein Panorama-Schwimmbad im 20. Stock [6] sowie ein evangelischer und ein katholischer Kindergarten. Der Stadtteil bringt es auf die beträchtliche Bevölkerungsdichte von 10.000 Einwohnern pro Quadratkilometer und gilt als bei Weitem nicht so verroht wie andere Plattenbausiedlungen der Republik.

In einer Wohnung im 18. Stock des westlichen, quer zu den beiden anderen stehenden Betonblocks starrte Stefan angespannt in die Nacht. Jessica schmiegte sich von hinten an ihn. Sanft begann sie, ihm den Nacken zu massieren. Er wirkte so mitgenommen in letzter Zeit. Sie hauchte ihm einen Kuss auf die Wange und sagte: »Im Grunde brauchen wir vor allem eines: einen unanfechtbaren Alibizeugen, der uns nicht allzu nah auf die Pelle rückt. Mir ist da etwas eingefallen …«

Stefan musste lächeln. Was für ein hübscher kleiner Kopf und was für böse Gedanken darin! Das liebte er an ihr. Sie erklärte ihren Plan. Er stellte einige Zwischenfragen und ging, als sie fertig waren, noch einmal jede noch so unwahrscheinliche Eventualität durch: Sie wusste auf alles eine Antwort. Wahrscheinlich war es dieser Moment, als die Sonne hinter Degerloch versank und die leise gestellte Musik endgültig verklang, ein erschöpftes Innehalten der Welt, als er zum ersten Mal daran glaubte: Er würde es tun!

*

Im Großen und Ganzen haben die Leute ja keine Ahnung! Es denkt doch jeder, der Job als privater Ermittler sei vielleicht schlecht bezahlt, aber immerhin aufregend. Klischees, wenn nicht von Sherlock Holmes oder Marlowe, dann zumindest von Matula, vernebeln ihnen die Vorstellung dessen, um was es sich bei einem derartigen Broterwerb im Kern handelt: um eine stupide Routinetätigkeit, bei der man überdurchschnittlich oft erbärmlich fror.

Tatsächlich lässt sich kaum ein langweiligerer Beruf denken als der des Detektivs, denn alles, was Frank Vodenka bei der Arbeit außerhalb seines Büros tat, jedenfalls fast alles, bestand aus nicht enden wollender Warterei. Vieles ließ sich heute glücklicherweise am Rechner machen. Frank besuchte regelmäßig Fortbildungskurse, um sich über die Fortschritte der Überwachungstechnologien on- und offline zu informieren, und die waren rasant. Überwachungsgeräte boomten und wurden immer besser und billiger, eine kleine Cam für den Schlüsselanhänger mit beachtlicher Qualität bekam man heute für 10,99 Euro, eine gute Kamera-Drohne kostete keine tausend mehr. Was man theoretisch alles über den Rechner bequem im Büro herausbekam, das war unglaublich: Wie einfach sich Handys orten oder in Wanzen umwandeln ließen oder die im Rechner der Zielperson integrierte Webcam in eine Überwachungskamera umfunktioniert werden konnte, und wie leicht man über Trojaner und andere kleine Helfer auf private Dokumente, Mails und Bilder zugreifen konnte … Das Problem war nur, dass all das nicht legal war. Machte aber jeder heutzutage. Illegal war es schon, privaten Grund zu betreten, und welcher Detektiv hätte sich daran je gehalten? Den Kunden war das alles ohnehin egal. »Macht die Konkurrenz doch auch«, oder: »Ihren

Rechner habe eh ich gekauft«, sagten sie, oder: »In meinen vier Wänden kann ich doch wohl tun und lassen, was ich will«, oder: »Es dient doch nur dem Schutz des Jungen«, und so weiter.

Frank, eher der vorsichtige Typ, bediente sich bei den weniger gesetzeskonformen Online-Aktionen, wenn sie sich nicht umgehen ließen, meist der aktiven Mithilfe seiner Auftraggeber, sodass er nur als Berater fungierte. Die Arbeit am Rechner war jedenfalls meist spannend und führte vergleichsweise rasch zum Ziel. Ganz anders sah es bei klassischen Observationen aus.

Zum Beispiel das hier: Seit gut zwei Stunden hockte er im Wagen, starrte in den Regen und beobachtete den Eingang, bis die da drinnen endlich fertig waren. Jede halbe Stunde musste er hinaus und sich die Beine vertreten, sein Rücken machte ihm im Sitzen große Probleme. Ab und an kamen ein paar späte Jogger oder Nordic-Walker vorbei, aber ansonsten war hier um diese Zeit fast niemand mehr draußen, weshalb auch? Auf dem Parkplatz standen einige Wagen, und der mitternachtblaue Lexus, auf den er es abgesehen hatte, parkte zwei Reihen weiter.

Und all das nur für ein klassisches Foto der beiden, am besten in inniger Umarmung, noch erhitzt vom Liebesspiel, was seiner Auftraggeberin als Beweis reichen mochte.

Die CD war zu Ende, er hatte weder Lust, sie zu wechseln, noch darauf, erneut den süßen Honig Nancy Sinatras über sich ergehen zu lassen. Vodenka seufzte und kramte nach seinen gesalzenen Erdnüssen. Unter ihnen lag die Zeitung und verdeckte die Digicam, die bereitlag, das entscheidende 1.000-Euro-Foto zu schießen. Wieder und wieder drang die Headline »Kuh tötet Lehrerin. Von DNA-Test überführt. Bäuerin droht Prozess« in sein müdes Bewusstsein, sodass er endlich wissen wollte, was denn nun diese Kuh, die ihn da aus großen Augen treuherzig anglotzte, mit der Lehrerin für ein Problem gehabt hatte. Wäre er seiner Neugier gefolgt, hätte das den ganzen Auftrag gefährdet. Im Zweifelsfall ging es um Sekunden, und er war Profi.

Beschattung untreuer Ehemänner oder -frauen, das war, entgegen der Annahme vieler seiner Bekannten, noch immer ein Herzstück seiner Arbeit. Das waren nicht gerade seine liebsten Aufträge – er lobte sich die mittelständischen Unternehmen, die im Zuge der NSA-Affäre Angst um ihre Daten bekommen hatten, Industriespionage und Geheimnisverrat durch eigene Mitarbeiter fürchteten: Diese Jobs waren einfach und brachten viel Geld. Die Privataufträge dagegen, Leute, die wissen wollten, was ihre Kinder am neuen Studienort so trieben, die eine Zufallsbekanntschaft aus der Bahn wiederfinden wollten oder die erste Liebe und natürlich all die Eifersüchtigen und die Stalker, dieses Zeug war meist viel komplizierter und langwieriger, als es aussah, und man konnte nie sicher sein, dass diese Leute bezahlten.

Viele in Franks Bekanntenkreis meinten, heute gäbe es das nicht mehr, eifersüchtige Partner, die unbedingt einen stichhaltigen Beweis für ihren Verdacht wollten, in Zeiten, wo bei Scheidungsprozessen die Schuldfrage längst gleichgültig und Fremdgehen in Beziehungen eher zum Regel- als zum Ausnahmefall geworden war, wo die Frauenzeitschriften munter texteten: »Seitensprung als Jungbrunnen – Poppen, um die Beziehung aufzupeppen«. Neulich hatte er gelesen, bei den jungen Paaren unter vierzig gingen inzwischen die Frauen prozentual noch häufiger fremd als die Männer. Nun ja, bei diesem Job blieb ihm selbst keine Zeit, eine zu haben, die ihn betrügen könnte … Und als wäre das ein Trost, starrte er umso verbissener auf die Glastür, in der sich bloß immer dieselben Buchen spiegelten.

Seine Bekannten täuschten sich. Was seine Auftraggeber wollten, ja, brauchten, das war Gewissheit. Endlich die Ruhe des sicheren Wissens, das der oft monatelangen Gedankenqual ein Ende machte. Gewissheit hatte immer Konjunktur. Und dafür zahlten sie, nicht gut, aber immerhin. Das Misstrauen den lieben Mitmenschen gegenüber stieg ohnehin immer weiter an, so lautete die Quintessenz seiner inzwischen fünfzehnjährigen Berufserfahrung. Wissen schadete eben immer denjenigen am meisten, denen es fehlte.

Er selbst war sich da gar nicht so sicher. Jeder konnte leicht einsehen, aus der Erinnerung an Zeiten, da er oder sie manches noch nicht wusste, schlicht weil man jünger war, dass die Menge an Wissen, die man Erfahrung nennt oder Bildung, recht unabhängig vom guten oder schlechten Leben ist. Ja, man durfte das nicht sagen, aber wie oft wäre es das Beste gewesen, nichts zu wissen. Wenn diese Leute ihn nie beauftragt hätten, die meisten wären besser dabei gefahren! Natürlich konnte er ihnen das nicht sagen, denn dann blieben ihm nur noch Irre und Kriminelle als Auftraggeber. Erstens waren das viel zu wenige, um davon leben zu können. Außerdem gebrauchten sie ihn allzu offensichtlich als Werkzeug in ihrem meist bösen Spiel, von dem sie ihm natürlich nichts sagten … Und Werkzeug in den Händen anderer wollte er nicht sein, deshalb hatte er sich schließlich selbstständig gemacht.

Draußen tat sich nichts. Er könnte ein Buch schreiben über seine Grübeleien … Es war klar: Zu wissen ist für

Tiere, Menschen und auch die Gesellschaft insgesamt so lebensnotwendig wie die Luft zum Atmen; wie sollte man Autos bauen, Essen zubereiten, Krankheiten heilen ohne Wissen? Und etwas zu wissen, setzt natürlich immer anderes Wissen voraus. Es gibt immer viel mehr, was man wissen könnte, als das, was man weiß. Und die Klügeren wussten auch: Was wir wissen, muss nicht immer wahr sein. Aber war man sich einer Tatsache einmal sicher, konnte man sie weder in kleine Stücke teilen noch einfach so weitergeben (sonst wäre Lehrer der einfachste Beruf der Welt), und man konnte sie auch nicht wieder löschen.

Das Letzte war das eigentliche Problem. Denn was nutzte all unser Wissen oft? Man wusste zum Beispiel, alles war endlich. Nicht nur das eigene Leben, dieser Muckenschiss im Universum, auch dieser ganze Planet war dem Untergang geweiht. Gestern Abend war er über eine Fernsehsendung eingeschlafen, in der es um Astrophysik ging. Die Sterne, die so ruhig und beschaulich am Himmel standen, waren in Wirklichkeit eine tödliche Gefahr. Der Sendung, hauptsächlich eine nicht enden wollende Reihung psychedelischer Lichteffekte explodierender Gestirne, hatte er entnommen: Irgendwo da draußen im All gingen zwei riesige Sterne ihrem Ende entgegen, und aus der dann folgenden Supernova entstünde dann irgendein Gammaleuchten, das hellste Ereignis des Universums, welches dann allem Leben auf der Erde binnen Sekunden den Garaus machen würde. Freundlich lächelnde amerikanische Physiker hatten im Fernseher erklärt, niemand bräuchte sich Sorgen zu machen, denn das ließe sich weder beeinflussen noch sei vorherzusehen, wann es so weit sein würde; außerdem ginge das alles dann sehr schnell … Vielleicht erkaltete ja auch unsere kleine Sonne vorher. Frank würde das so oder so nicht mehr erleben. Er hatte sich einnickend gefragt: Was nutzten solche Gewissheiten? Wozu waren sie gut? Um Demut zu lernen?

Das andere Problem mit dem Wissen, das, von dem er lebte, schien ihm sein fehlendes Gegenteil zu sein: Im Unterschied zu Liebe, Gerechtigkeit, Schönheit und so weiter kennt unser Wissen kein eindeutiges Gegenteil. Der eine wusste gar nichts, der andere etwas völlig Verkehrtes, wieder ein anderer immerhin die halbe Wahrheit. Daraus folgte aber, dass die drei diesbezüglich in unterschiedlichen Welten lebten: Die Frau denkt, der Mann geht fremd. Der Mann geht nicht fremd und fragt sich, was die Frau die ganze Zeit hat. Und der Detektiv weiß, dass er zwar sein Geld bekommt, wenn er die Wahrheit sagt. Aber ob die Frau ihm dann glaubt oder nicht, ob sie einfach denkt, er habe einen schlechten Job gemacht und weitergrübelt, das weiß er nicht.

Mit dem Alter kam Frank mehr und mehr zu der Einsicht, dass Wissen und Wahrheit etwas völlig Verschiedenes waren: Wir können die Wahrheit meist gar nicht kennen, nur vermuten. Zugleich verfügen wir immer über irgendein Wissen, wie die fragliche Sache steht. Und dieses vielleicht falsche Wissen hält uns dann wie eine Marionette an seinen Fäden. Dabei wissen wir alle: Die Wahrheit zu kennen, macht uns weder besser noch glücklicher. Nur wo man nicht weiß, kann man noch hoffen. Trotzdem glauben wir, ohne Wahrheit nicht leben zu können. Menschen waren komplizierte Tiere.

Zum Beispiel diese Marie-Louise Magdanz: Was für ein Herumgeeiere, bis er den Auftrag endlich gehabt hatte! Erst war eine Mail gekommen. Sie müsse ihn sprechen, sie glaube, ihr Mann betrüge sie … Sie sei so verzweifelt!

Also vereinbarten sie einen Termin. Zur verabredeten Zeit erschien sie dann nicht, dafür kam, eine Stunde später, der Anruf, sie wäre sich nicht sicher gewesen, ob das alles richtig sei … Jetzt aber habe sie sich entschieden. Gut, ein neuer Termin wurde vereinbart. Wieder stand keine Frau Magdanz in seinem Büro, dafür kam, diesmal wenigstens pünktlich, ein weiterer Anruf. Erneut klang diese müde wirkende Frauenstimme in seinem Ohr. Ihr sei nicht wohl heute, aber sie brauche endlich Gewissheit. Ob er, wenn sie ihm alles, was er brauche, per Mail sende, einfach schon einmal anfangen könne? Sie zahle 1.000 Euro im Voraus, als Anzahlung.

Eigentlich wollte Frank die Leute sehen, für die er arbeitete. Es war ihm wichtig zu wissen, mit wem er es zu tun hatte. Aber weil die Unterlagen höchst brauchbar waren (Namen, Fotos, KFZ-Kennzeichen des Mannes, Foto und Name der Dame, um die es mutmaßlich ging, der Dienstagabend als Termin des anscheinend wöchentlichen Stelldicheins, detaillierte Infos über den Arbeitsplatz und -beginn ihres Mannes beziehungsweise seinen Feierabend, seine sonstigen Vorlieben und Gewohnheiten und vieles andere mehr), auch weil das Geld bereits zwei Tage später auf seinem Konto war, und vor allem, weil sonst kein Auftrag anlag, hatte er sich der Sache angenommen; das sah wirklich nach nichts Größerem aus.

Tatsächlich war alles ganz einfach gewesen: Er hatte bloß am Dienstag voriger Woche den mutmaßlich untreuen Ehemann, einen höheren Beamten im Kulturamt, zum pünktlichen Feierabend um 17 Uhr vor der Stadtverwaltung in der Eberhardtstraße abpassen und in einem bereitstehenden Taxi dessen Lexus folgen müssen. Der Mann war direkt hier herauf nach Asemwald gefahren und in eines der Gebäude gegangen. Frank glaubte bei der gemeinsamen Fahrt im Aufzug eine deutliche Nervosität an dem drahtigen Mittvierziger festgestellt zu haben. Im 18. Stock war er dann in einer Wohnung verschwunden, an deren Tür »Heerwald« stand. Etwa zwei Stunden später kam der Mann wieder heraus, allein.

Eine Recherche im Block ergab anderentags, die Wohnung stünde seit Längerem leer, die Besitzerin sei verstorben. Von einer jungen Frau, die hier aus und ein ginge, war niemandem etwas bekannt. Die Woche darauf, Frank hatte hier auf den Lexus gewartet, der pünktlich erschien, dasselbe Bild; er war im Wagen geblieben, den Blick auf den Eingang. Wieder kehrte der Mann alleine zurück.

Telefonisch hatte Frank daraufhin seine Auftraggeberin über das Dienstagsritual ihres Gatten informiert; ob es sich eventuell um einen gemeinsamen Freund dort oben handeln könne? Nein, die Wohnung müsse dieser Person gehören, meinte sie fest. Er solle dranbleiben, ein gemeinsames Foto der beiden reiche ihr, aber sie brauche dieses Foto, unbedingt!

Heute war also der dritte dieser Dienstage: Das Problem bei der ewigen Warterei (neben seinen philosophischen Anwandlungen, die ihn da notorisch überkamen) war, dass dieses Herumgesitze keineswegs sicher zum Ziel führte. Dass die beiden da heute nicht bis morgen früh drin bleiben würden, war nicht ausgemacht, noch, dass sie je gemeinsam das Gebäude verlassen würden. Manche waren ja recht vorsichtig. Kurz: Die ganze Warterei hier konnte sich als völlig umsonst, in jeder Beziehung *für nichts,* herausstellen. Und deshalb, schlussfolgerte Frank, war seiner der langweiligste Job, noch langweiliger als der von Nachtpförtnern oder Büro-Praktikantinnen; denn deren Langeweile endete garantiert spätestens nach acht Stunden. Das hier dagegen war immer *open-end*. Kein Wunder, dass man da ins Nachdenken kam … Frank seufzte und räumte endlich den Rucksack mit den Essentials, der ihn schon seit Stunden störte, unter die Rückbank; drin waren Handschuhe, Thermoskanne, Nachtkamera, Fernglas, Notizbuch, Stifte, Taschenlampe, Türöffner und anderes Gerät – und die gute alte Heckenschere.

*

Stefan stand nackt mit einem Fernglas am Fenster. Der Blick aus dem 18. Stock war grandios, doch dafür hatte er keinen Sinn. »Der sitzt immer noch da, scheint ja ein richtiger Profi zu sein.«

Sie lachte. »Ja, du kannst dann mal runtergehen. Aber nicht winken!«

Er küsste sie auf den Mund. »Nächste Woche wird er sein Bild kriegen … Wir werden einander verschlingen, dass es ihm die Schamesröte ins Gesicht treibt!«

Im Halbdunkel der früh hereingebrochenen Nacht sah sie noch verführerischer aus. Versonnen kaute sie die Spitzen ihrer dunklen Lockenmähne und sagte dann fest:

»Nächsten Dienstag also! Stefan, ich bin so froh! Noch drei, vier Monate werden wir aufpassen müssen, dann sind wir endlich frei!«

»Und alles gehört uns«, ergänzte er.

Fest fasste sie sein Glied. »Ja, alles …«

Sie sprang wieder aufs Bett und griff nach ihrem Glas. Genießerisch schwenkte sie das Rot des Weines gegen das flackernde Kerzenlicht, und Stefans Blick folgte der Linie ihrer nackten Schultern, die von ihren Locken umspielt wurden; sanft huschte ein Schatten um ihre Wirbelsäule, die in jener zarten, überzähligen Erhebung auslief, den er im Scherz ihren kleinen Teufelschwanz nannte. Ein plötzlicher Windstoß löschte die Kerzen; es wurde dunkel im Zimmer.

Während sie sich anzogen, sagte sie noch: »Ich werde den Kerl noch mal anrufen, zur Sicherheit …, spiele noch ein bisschen weiter die eifersüchtige Gemahlin. Dass er uns bei der Stange bleibt. Hey, lach doch nicht so blöd …!« Sie war wieder ganz konzentriert.

Stefan machte Licht. Im Zimmer war wenig, aber alles, was er sah, bezeugte ihren erlesenen Geschmack: das Rolf-Benz-Sofa, die Stiche aus der Serie »Die Liebenden« an der Wand, die raffinierten Echtholz-Glas-Designermöbel und die elegante Stehlampe von Panton, ein Unikat. Es war sensationell, und jedes Mal, wenn er ihr Liebesnest verließ, wirkten dessen Bilder in ihm nach und ließen ihn den schrecklichen Geschmack seiner Frau zu Hause noch schmerzhafter spüren; dort sah es aus wie das Mobiliar gewordene Gerede von »Achtsamkeit«, »innerem Kind« und ihrem ewigen »Spüren«: Gewachstes Fichtenholz, getrocknete Pflanzen und Feldfrüchte, bis ins Schlafzimmer mürbe Bio-Trostlosigkeit, so weit das Auge reichte, und alles garantiert schadstofffrei. Seit einigen Jahren wählte sie sogar Grün, ach, es war unglaublich, was aus ihr geworden war.

Jessica riss ihn aus seinen Gedanken. »Und denk dran, ich folge ihm aus der Stadt hierher, und erst, wenn er da unten wieder seine Wacht aufgenommen hat, bekommst du die SMS. Dann erst legst du los, den Schlüssel für den Keller hast du ja. Wie lange, denkst du, wirst du brauchen?«

»Mit dem Rad über Hoffeld bin ich in 15 Minuten drüben … 7 Eine Stunde vielleicht, höchstens eineinhalb. Das passt perfekt!«

»Hab ja auch ich mir ausgedacht – wozu habe ich Architektur studiert? Wir müssen immer an alles denken, Fehler können wir uns nicht leisten …« Sie schlüpfte in ihre Flamenco-Pumps, und selbst diese kleine Bewegung, die neckisch das allzu enge Kleid hochrutschen ließ, sodass die netzbestrumpften Beine sich in ihrer vollen Länge zeigten, geriet zu einem Fest für seine Augen. Alles an Jessica war Grazie, Grazie und Eleganz. Wie hatte er nur ohne sie leben können?

*

Frank konnte sich keinen langweiligeren Ort als diesen Parkplatz vorstellen. Diese Dienstagabende wurden langsam zu einer festen Gewohnheit; mittlerweile glaubte er, erste der größtenteils betagten Bewohner des Areals wiederzuerkennen. Umgekehrt würde das nicht der Fall sein; Frank trug heute Jeans und Hemd (weiß, mit blauen Streifen) und seine aschblonden Haare waren akkurat, aber nicht gerade modisch geschnitten, ein Dutzendtyp mit einem Dutzendgesicht. Auch der zweijährige dunkelblaue Golf war fast ein Muss, ein Auto, das wenig über seinen Besitzer verriet. Im Rahmen einer längerfristigen Beobachtung wie bei dieser Dienstagssache variierte er nämlich Kleidungsstil und Habitus durchaus. Was er heute trug, war immerhin bequem, im Anzug mit Krawatte als eine Art Versicherungsvertreter in der Vorwoche hatte er sich nicht recht wohl gefühlt. Unauffälligkeit war sein Kapital, und Frank konnte in der Masse nahezu nach Belieben verschwinden. Für eher ins Auge stechende Typen war dieser Job mit seinen ständigen Observierungen jedenfalls nichts.

Langsam ließ er eine gesalzene Erdnuss im Mund zergehen. Heute musste es klappen! Wenn nicht, verfolgte er da noch eine andere Idee, besondere Lagen erforderten besondere Maßnahmen. Aber davon hatte er seiner Auftraggeberin nichts gesagt. Sie war wieder so verzweifelt gewesen am Telefon, hatte ihn angefleht, es noch einmal zu versuchen. Sie spüre einfach, dass da etwas sei mit dieser Jessica Bergk, Stefan könne sie nicht länger täuschen!

Stefan und Marie Magdanz, Eheleute aus Stuttgart-Degerloch [8]. Im Netz war nicht viel über das Paar zu finden gewesen, außer dass sie in einer hübschen alten Villa wohnten und er beim Kulturamt irgendetwas mit Theater zu tun hatte. Theater, das interessierte Frank überhaupt nicht, und der Respekt vor diesem Mann hielt sich bei ihm in Grenzen. Nicht aus moralischen Gründen, Gott bewahre, eher war da etwas bei der gemeinsamen Aufzugfahrt gewesen: Der Typ gefiel ihm einfach nicht! Das war so einer, der immer alles wollte, und alles konnte man nicht haben. Man musste sich entscheiden.

*

Zweimal wäre er fast in einen dieser Köter gefahren! Überhaupt hatte Stefan die Hunde nicht bedacht: Das Ramsbachtal war voll mit diesen Tieren, selbst noch in den Abendstunden, und wo Hunde waren, da gab es auch Grüppchen tratschender, meist bereits leicht tatteriger Hundehalter, die es zu umfahren galt. [9] Auf Höhe des FKK-Geländes [10] begann ein Dackel, ihn zu jagen; bald gab das Tier auf. Bei dem ganzen Auflauf hier war er froh um den verspiegelten Schutzhelm, den er nebst Sportzeug im Baseball-Stil trug; in dieser Kluft aus der Altkleidersammlung hätte ihn nicht einmal seine Mutter erkannt, wie man so schön sagte. Die war lange tot, und ihre jahrelange

Demenz hatte sein gesamtes väterliches Erbe aufgezehrt. Die herbstlichen Felder lagen satt in der Abendsonne, die letzten Wiesen waren stopplig-kurz, und einige riesige Heuballen warteten darauf, eingebracht zu werden. Der Geruch des frisch gemähten Grases weckte in Stefan wie immer die Sehnsucht nach einem einfachen Leben, dessen gleichförmige Tage hingenommen werden könnten, wie sie kamen, eine Existenz frei von großen Fragen und kleinen Zweifeln. Na ja, etwas einfacher würde alles bald werden! Allerdings störte der Güllegestank; der hiesige Bauer meinte es mit dem Ausbringen der Fäkalien besonders gut. Degerloch, die alte Kirche mittig, erhob sich dagegen vor ihm wie ein unschuldiges Dorf. [11] Etwas weiter rechts ragte der Fernsehturm aus dem Wald und seine milde Beleuchtung kündete von der nahenden Nacht. [12] Stefan hasste diesen Anblick. Alles hier gehörte Marie, hatte immer Maries Familie gehört, die vor Jahrzehnten sogar den Bürgermeister des Stadtteils gestellt hatte. Vielleicht war diese materielle Ungleichheit ja der Grund, weshalb seine Ehe so grandios gescheitert war.

In der Löwenstraße lag er, sei es wegen der Hunde, sei es wegen seiner Aufregung, bereits 5 Minuten hinter der Zeit. Stefan war ein geübter Radfahrer, jeden Morgen fuhr der passionierte Frühaufsteher noch vor der Arbeit, so es nur irgend ging, zum Schloss Hohenheim [13] und wieder zurück, eine herrliche, größtenteils autofreie Strecke, die er in unter 40 Minuten schaffte. Aufgeregt war er, weil jetzt das Schwierigste vor ihm lag: Er musste unerkannt ins eigene Haus kommen. Das Problem löste er über die Geschwindigkeit: Er raste wie ein Geisteskranker, kreuzte den Gehweg. Sehr gut, die Hofeinfahrt stand offen, wie er sie hinterlassen hatte! Die Garage als Blickschutz gegen die neugierige Nachbarin nutzend, schleuderte er das Bike in das gepflegte, rabattengesäumte Grün. Gerade noch rechtzeitig dachte er daran, im Flur den Helm abzunehmen. Er wollte Marie nicht erschrecken.

»Oh, du bist es!«, begrüßte sie ihn; wie immer saß sie am Rechner. Seit sie mit Aktien spekulierte, verhielt sie sich wie ein professioneller Trader: Im Grunde starrte sie nur noch auf irgendwelche Kurse, morgens, mittags, abends, nachts, auf Zahlen, die sich freilich nie so entwickelten, wie sie hoffte. Bald wäre das ganze Geld weg, wenn er ihr nicht Einhalt gebot. »Ihr Geld«, wie sie immerzu betonte. Das Haus verließ sie seit Jahren nur noch zu den nötigsten Besorgungen. Früher hatten sie wenigstens am Wochenende gemeinsam etwas unternommen, doch seit dem schrecklichen Abend in der *Wielandshöhe* [14] vor gut einem halben Jahr, jenem so ungeheuer peinlichen Streit, war auch das eingeschlafen.

Sein Blick fiel auf all den Kitsch, den sie hier angehäuft hatte: All die Buddhastatuen und Lebensbäume, getrockneten Äste in Glasvasen, die so verstaubt waren, dass ihn seine Allergie nirgendwo stärker plagte als zu Hause, die mannshohe Holzgiraffe in der Ecke, überall diese Steinkätzchen, die Plastikorchideen und -rosen und all die anderen Geschmacklosigkeiten. Stefan hasste das! Der Gipfel war draußen im Garten: Die Halogenstrahler saßen auf dem Rücken täuschend echt modellierter Frösche, die tagsüber ekelhaft im Sonnenlicht glänzten. Auf die Holzbank beim Esstisch hatte sie diverse altertümlich gewandete Stoffpuppen gelegt, »damit die Ecke etwas freundlicher wirkt«, hatte sie gemeint. In letzter Zeit begann sie sogar, im Flur vereinzelte rustikale Porzellanteller mit Hafenszenen ihrer Hamburger Heimat aufzuhängen, gut, das war eine gezielte Provokation nach einem Streit gewesen. »Mein Haus«, hatte sie knapp gemeint. Kurz fragte er sich, ob alles anders geworden wäre, wenn das mit dem Kind damals geklappt hätte.

Sie starrte wieder auf die Zahlenkolonnen auf dem Bildschirm. Ihr fiel noch nicht einmal auf, dass er seit Monaten dienstags nicht mehr so früh nach Hause gekommen war. Was sie überraschenderweise doch bemerkte, war seine Montur: »Schatz, das sieht aber mal richtig Scheiße aus …«, waren ihre letzten Worte.

Augenblicklich hatte sie der Elektroschocker außer Gefecht gesetzt. Er verschloss die Wohnungstür und sprang die Treppe hinauf, um ein Vollbad einzulassen. Dann veranstaltete er in der Wohnung ein Chaos, so gut es nur ging. Insbesondere achtete er darauf, alle Schubladen zu öffnen und ihren Inhalt auf dem Boden zu verteilen. Den alten Tresor hatte er die Tage bereits aufgebrochen; sie zu überreden, einmal wieder zum Frisör zu gehen, war fast das Schwierigste an der ganzen Sache gewesen. Vor Jahren schon hatte sie darauf bestanden, einen besonders scheußlichen Hundertwasser-Druck – den liebte sie abgöttisch – vor den Safe zu hängen, so hatte sie nichts von seiner Aktion bemerkt.

Abgemagert, wie sie von all ihren Entschlackungsdiäten war, fiel es ihm nicht schwer, sie nach oben zu schleppen. Er zog sie aus, legte sie ins Wasser. Dann machte er den Fön an und warf ihn dazu. Es war der Geruch nach verbranntem Fleisch, der ihm dann doch zu schaffen machte. Er suchte ihren Puls, da war nichts. Irgendwie sah sie aber immer noch so lebendig aus. Da tauchte er ihren Kopf unter Wasser, so lange, bis es ihm genug schien. Er strich ihr das dunkle Haar aus dem Gesicht. Sie sah friedlich aus, jetzt.

Immer zwei Stufen auf einmal nehmend, sprang er die Treppe hinab, die ganze Zeit Jessicas Satz im Ohr: »Es muss alles ein bisschen dilettantisch aussehen, denk daran: Der Einbrecher improvisiert, das ist ein Amateur.«

Am Rechner sorgte er dafür, dass die Polizei die Korrespondenz mit dem Detektiv ziemlich bald finden würde. Er kannte schon eine ganze Weile ihr Mail-Passwort, las ihre ewigen Tiraden über ihn, gerichtet an diese unsägliche Britta, ebenso mit, wie er seit Längerem ihre vielleicht politisch korrekten, dafür aber immens verlustreichen Börsengeschäfte verfolgte. Es war nicht schwer, die unter ihrem Namen gesendeten, aber in Wirklichkeit an ihn gehenden und von ihm kommenden Mails nun in ihren Account einzufügen; *Outlook* sortierte sie sogar automatisch korrekt nach Sendedatum ein. »Irgendein Verdacht wird früher oder später ohnehin auf uns fallen, da ist es besser, wenn wir das gleich ausräumen, dann haben wir Ruhe«, lautete Jessicas Überlegung. Beim Posteingang, also den beiden Antwortmails des Detektivs, war es ein wenig schwieriger, aber auch das klappte schließlich mittels eines Tricks, den er nächtelang auf irgendwelchen Hackerseiten recherchiert hatte. Praktischerweise ließ er den Rechner gleich an, sie war ja vom Klingeln des Einbrechers überrascht worden … Ihr Handy legte er daneben, ein uraltes Motorola-Gerät, das sie aus Prinzip immer ausgeschaltet ließ (»Ich hab doch keine Lust, dass die mich orten …«) und meist irgendwo im Haus vergaß, sodass sie es die letzten Tage nicht einmal vermisst hatte.

Er dachte auch daran, seine alte *Freitag*-Tasche umzuhängen, gefüllt mit Jeans und Pullover. Im Flur sah er sich noch einmal um, alles schien zu passen. Dann setzte er den Helm auf. Inzwischen war es stockdunkel, wie geplant. Die Haustür ließ er angelehnt und sprang aufs Rad. Auf der

Höhe der Polizeiwache schaltete er die Helmlampe an. Es war 19.18 Uhr, er lag gut in der Zeit.

Stefan raste zurück, als hinge eine Meute zähnefletschender Rottweiler an seinem Hinterrad. Tatsächlich war etwas hinter ihm her, eine dunkle Ahnung, und sie ließ sich nicht so einfach abschütteln. Der Teufel, der sie ihm schickte, saß in all den kleinen Details, die wie Blitze in wildem Durcheinander durch seinen Kopf zuckten. Hatten sie etwas übersehen? Stefan konnte fahren, so schnell er konnte, er wurde diesen Geruch nach versengtem Haar und angebranntem Fleisch nicht los, der sich mit dem Jauchegestank von den Feldern mengte, als läge da überall Aas im Wald. Das alles hatte ihn doch stärker mitgenommen als erwartet. Marie im Bade … Er hatte sich die ganze Zeit ausgemalt, die Sache würde ihm so, so leichtfallen. Aber leicht war nichts daran gewesen.

Diesmal war das Tal fast menschenleer. Es war eine jener kalten Herbstnächte, in denen der Himmel von Sternen übersät war; ihr Gefunkel und das Streulicht der Stadt ließ die weiten Felder doppelt dunkel erscheinen. Die drei Türme von Asemwald ragten drohend am Horizont auf wie eine uneinnehmbare Festung.

Als er ankam, war die Luft so reglos, dass das dunkle Geäst der Bäume wie erstarrt gegen die Nacht stand. Das Rad brachte er an den sorgsam ausgesuchten Platz beim ersten Hochhaus; nicht allzu ungewöhnlich, dass hier eines stand, und doch etwaigen neugierigen Blicken weitgehend entzogen. Er schloss es gut ab und warf den Schlüssel etwas weiter vorn irgendwohin ins Gebüsch. »Wird wer vergessen haben«, lautete Jessicas Erklärung für das zurückgelassene Rad. Im nahen Unterholz zog er sich um und steckte die Radmontur samt Helm in die Tasche.

Dann schlenderte er wie ein Spaziergänger zur Rückseite des Gebäudes. Jessicas Baufirma hatte vorigen Herbst die Lüftungsanlage der Tiefgarage gewartet, deshalb besaß sie einen Schlüssel für den Schacht, in den er rasch huschte. Dankbar blickte er noch einmal an dem nur teilweise erleuchteten Gebäude hoch, das düster in die Nacht aufragte. Hier hatte alles begonnen, der ganze Plan. Jetzt waren sie endlich frei! Ein Glück, dass Jessica diese Wohnung gekauft hatte … Kurz entschlossen war sie, ohne ihm zuvor ein Wort zu sagen, zu der Zwangsversteigerung gegangen und hatte für ihr Liebesnest sogar einen Kaufpreis weit unter Marktwert erzielt.

Im Lüftungsschacht entsorgte er Helm, T-Shirt und die Radlershorts. Über die recht gut gefüllte Tiefgarage gelangte er in den Aufzug, der nicht stehen blieb, wie er zwischen dem zehnten und elften Stock kurz befürchtete. Er begegnete niemandem. Um halb acht lag er in Jessicas Armen. Ausführlich berichtete er, wie gut alles geklappt hatte. Bevor er unter ihren Küssen fast erstickte, fragte er noch: »Und der Trottel?«

»Sitzt noch brav unten …«

»Dann lass uns mal runtergehen …«

*

Frank schoss gestochen scharfe Bilder. Die üppige Brünette in dem hautengen, schwarz-weiß gestreiften Minikleid war wirklich ein Blickfang. Die beiden küssten sich, als wollten sie ins Fernsehen. Es war erst acht und so rief er gleich bei seiner Auftraggeberin an. Er wollte das hinter sich bringen. Niemand hob ab.

Er nahm noch ein paar Nüsse, dann genehmigte er sich

einen Schluck. Blöd war nur, dass er sich den ganzen Aufwand, diese teure 13-Megabyte-Minicam mit dem Supermikrofon, hätte sparen können. Morgen würde er schon wieder hierherfahren müssen, um sich das Ding wiederzuholen, zum Glück war diese Wohnungstür so leicht aufzubekommen ... So wie die Dame aussah, würde er vielleicht sogar einen Blick auf die Aufzeichnung riskieren.

FREIZEITTIPPS:

1 Die 1927 errichtete Siedlung nahe der Staatlichen Akademie der Bildenden Künste im Stuttgarter Norden (Stadtteil Killesberg) gilt als Monument der modernen Architekturgeschichte von Weltrang; alles Wissenswerte unter http://www.stuttgart.de/weissenhof/.

2 Die Architektur der Neuen Staatsgalerie, von James Stirling 1984 fertiggestellt, lohnt wirklich ein genaueres Hinsehen. Hier auch eine bedeutende Sammlung von Kunstwerken des 20. Jahrhunderts. Auch die danebenliegende Alte Staatsgalerie mit Werken seit dem 14. Jahrhundert lohnt einen Besuch, der im Sommer dienstags und donnerstags bis 20 Uhr möglich ist. Achtung: Die Museen sind montags geschlossen.

3 Das im März 2005 errichtete Kunstmuseum Stuttgart am Schlossplatz mit 5.000 m² Ausstellungsfläche wurde von den Architekten Hascher und Jehle (Berlin) entworfen. Es hat an Beliebtheit inzwischen sogar die Staatsgalerie überflügelt und zeigt wechselnde Ausstellungen, vorwiegend moderne und zeitgenössische Kunst. Es wirkt von außen als gläserner Würfel, der die Umgebung spiegelt, wobei meterhohe Wörter und Texte aus grauer und roter Klebefolie an den Glasfenstern angebracht sind, die auf die jeweilige aktuelle Ausstellung hinweisen. Mit Einbruch der Dunkelheit werden dann die beleuchteten Kalksteinwände im Innern sichtbar. Hier sind das Museum Haus Dix und das Archiv Baumeister mit Werken von Otto Dix und Willi Baumeister beheimatet. Das Museum ist bis 18 Uhr geöffnet und leider montags geschlossen.

4 Der zweite Würfel, den Stuttgart in den letzten Jahren bekommen hat, ist die 2011 fertiggestellte Neue Stadtbibliothek am Mailänder Platz. Architekt des Projekts war der Südkoreaner Eun Young Yi. Auf neun oberirdischen und zwei unterirdischen Stockwerken sind 1,2 Millionen Medien zugänglich. Mitten im sogenannten Europaviertel gelegen, das leider wieder eine der zahlreichen Stuttgarter Nachkriegsbausünden zu werden verspricht, ist ein Besuch der Bibliothek ein Spaß für Jung und Alt. Architektonisch insbesondere im Inneren hochinteressant, bietet sie mit ihrer zentralen Kinder- und Musikbibliothek sowie einer Graphothek alles, was eine zeitgemäße Bibliothek ausmacht. Es gibt eine Dachterrasse mit feinem Ausblick (wobei man besonders gut das unmittelbar benachbarte Gelände des Bahnhofsprojekt Stuttgart-21 besichtigen kann, um welches es in den letzten Jahren so viel Streit gegeben hat), ein spannendes Veranstaltungs-Programm (Infos unterhttp://www1.stuttgart.de/stadtbibliothek/) und viele ruhige Leseplätze für all die tollen Bücher. Noch mehr Bücher findet man nur in der Württembergischen Landesbibliothek (Konrad-Adenauer-Straße), der großen wissenschaftlichen Universalbibliothek.

5 Wer die Idee des modernen Wohnungsbaus mit all ihren Stärken und Schwächen auf kleinster Fläche verbildlicht sehen will, dem sei ein Besuch des 1971 fertiggestellten Ensembles Asemwald angeraten. Viele Informationen dazu finden sich auf www.asemwald.de. Unter der Leitung der Architekten Dr. Ing. Otto Jäger und Dr. Ing. Werner Müller wurde nach jahrzehntelanger Planung schließlich der mehrfach ver-

änderte Entwurf aus dem Jahr 1968 verwirklicht. Die Planung berücksichtigte unter anderem »schnell steigende Einkommen und mit ihnen wachsende Wohnansprüche« und »neueste architektonische, technische und wirtschaftliche Erkenntnisse«, die aerodynamische Standsicherheit und optimale Anordnung der Gebäude wurde im Windkanal modelliert. Der Bau wurde von Anfang an von einer höchst kontroversen Debatte begleitet. Insgesamt erreichten die Bauherren das Gegenteil des von ihnen Gewünschten: »*Tatsächlich ist es nicht zuletzt den Auseinandersetzungen um ›Hannibal‹ zu verdanken, dass die Einsicht in die Notwendigkeit schwerpunktartiger Bebauung weithin Boden gewonnen hat, dass die Nachteile und Gefahren der Zersiedlung nunmehr deutlicher gesehen werden, heißt es auf www.asemwald.de.*

6 Das öffentlich zugängliche Panorama-Schwimmbad im ersten der drei Blöcke bietet eine herrliche Aussicht auf die Filderebene, den Fernsehturm mit Fernsicht bis zur Schwäbischen Alb. Danach lockt ein Besuch des Höhenrestaurants ›Hannibal‹ im selben Gebäude.

7 Der Stadtteil Hoffeld bietet dem Interessierten, von Westen her kommend, ein nahezu einzigartiges Ensemble an aufwändig von überwiegend jungen Familien renovierten Häuschen aus den 1930er-Jahren; ein Spaziergang ersetzt den *Schöner-Wohnen*-Katalog.

8 Stuttgart ist mit einer Höhendifferenz im Stadtbereich von über 340 Metern (207 m ü. NN am Neckar bis 549 m ü. NN im Südwesten der Stadt), die seine kennzeichnende Kessellage ausmachen, und den damit ein-

hergehenden zahlreichen Steigungen eher etwas für sportliche Radfahrer. Wer es hingegen gemütlicher mag, der fährt (mit der »Zacke«, der U-Bahn – Linie 5, 6, 3 oder 8 – oder dem Auto) in den Stadtteil Degerloch. Trotz des Klangs des Namens (»-loch« bedeutet eigentlich »Wald«) liegt Degerloch über 200 Meter über dem Stuttgarter Kessel und ist deshalb geradezu ideal geeignet als Ausgangspunkt für eine entspannende Radtour über die Filderebene. Unter den zahlreichen Tourenvorschlägen auf http://www.unsere-filder.de/ ist für jeden Geschmack etwas dabei, etwa …

- Bella Vista, 43 km
- Durch den Sauhag, 19 km
- Gewässertour, 34 km
- Körschtalroute, 20 km
- Neckar-Körschtal-Weg, 23 km
- Rund um den Flughafen, 24 km
- Siebenmühlentalroute, 29 km
- Stuttgarter Filder-Radrundweg, 31 km
- Wiesen, Felder und Viecher: Rohr–Körschtal–Oberesslingen, 27 km

9 Hat man Lust auf einen Spaziergang und möchte einmal den um Stuttgart so reichlich vorhandenen Wald vermeiden, kann man das hübsche Ramsbachtal durchwandern; der Lauf des Bachs wurde zuletzt aufwändig künstlich renaturiert. Hier auch ein Feld-/Wiesenlehrpfad aus dem Jahr 2001.

10 FKK-Freunde finden hier im Raum Stuttgart die nahezu einzige Möglichkeit, ihrer Leidenschaft nachzugehen. Im sehr schönen, gut abgezäunten Gelände des Bunds für freie Lebensgestaltung Stuttgart e.V. (Bffl) in Degerloch mit kleinem See findet der FKK-

Freund alles, was sein Herz begehrt. Eine Mitgliedschaft beim Bffl kostet für eine Einzelperson 78, für eine Familie 145 Euro. Informationen unter Telefon: 0711/466410. Der Bffl hat zudem ein Wald- und Wiesengrundstück bei Birkmannsweiler nahe Winnenden sowie einen Familiensportpark auf dem Simonsberg bei Öhringen. Dazu: www.bffl-stuttgart.de.

11 Die alte Michaelskirche, die auf eine Kapelle von 1361 zurückgeht, daneben befindet sich auch noch eine alte Zehntscheuer. In der seit 1100 urkundlich erwähnten Gemeinde ist neben dem Fernsehturm auch unbedingt sehenswert das umliegende Sportgelände Waldau, wo auf kleinster Fläche sehr viel erstrangiger Sport zu erleben ist (Hockey, Fußball, Tennis, Eislauf usw.). Hoch interessant ist auch die »Zacke«, die bereits im Jahr 1884 als Dampfzahnradbahn (heute elektrische Zahnradbahn) den Stadtteil mit dem Stuttgarter Süden (Marienplatz) verbindet.

12 Der leider seit März 2013 aus Sicherheitsgründen geschlossene Fernsehturm in Stuttgart ist das unbestrittene Wahrzeichen der Stadt. Eigentlich nur ein 216,6 Meter hoher Fernmeldeturm, löste das 1956 eröffnete Bauwerk eine weltweite Turmbauwelle aus. Architektonisch stellt er den Beginn einer neuen Ära im Turmbau dar, da er ganz aus Stahlbeton besteht, einen vom Schaft ausladenden »Korb« unterhalb der Antenne besitzt, in welchem ein Restaurant untergebracht war, und in sogenannter »vertikaler Kragarmbauweise« errichtet wurde. Restaurant und Aussichtsplattform, von der man bei klarer Witterung nicht nur einen wunderbaren Blick über den Stuttgarter Kessel hat, sondern sogar die Alpen sehen kann, machten das

Gebäude rasch zu einer Touristenattraktion. Von einer Wiedereröffnung fürs Publikum ist auszugehen.

13 Schiller beschrieb einst den malerischen Park des Schlosses Hohenheim: »Aber die Natur, die wir in dieser englischen Anlage finden, ist diejenige nicht mehr, von der wir ausgegangen waren. Es ist mit Geist beseelte und durch Kunst exaltierte Natur …« Das Schloss wurde zwischen 1772 und 1793 vom württembergischen Herzog Carl Eugen für seine Geliebte (und spätere Frau) Franziska gebaut. Heute wird das Schloss hauptsächlich von der Universität Hohenheim genutzt. Es liegt inmitten der Hohenheimer Gärten, die noch heute nahezu 35 Hektar Parkfläche umfassen, wobei weite Teile von der Universität Hohenheim zu Forschungszwecken genutzt werden (u. a. ein Landesarboretum und ein exotischer Garten sowie ein Botanischer Garten finden sich hier). Die Gärten werden ergänzt durch einen Weinberg und eine Schafweide, die weitere 2,2 Hektar umfassen. Das Landesarboretum besitzt noch 18 aus der Zeit Karl Eugens stammende Bäume sowie drei historische Bauwerke: Das Spielhaus, das Römische Wirtshaus und die Trümmer der Säulen des Donnernden Jupiters. Bis heute werden die Gärten um weitere Bauwerke und Skulpturen ergänzt.

14 Das Restaurant Wielandshöhe (Alte Weinsteige 71, 70597 Degerloch), eines von nur neun Sternerestaurants in Stuttgart mit herrlichem Blick auf die Stadt, ist sicher das überregional berühmteste unter ihnen. Laut Betreiber und Starkoch Vincent Klink soll es gerade kein Gourmet-Tempel sein, in dem das Aussehen der Speisen mehr zählt als der Geschmack. Unbedingt vorher reservieren!

DAS LETZTE DATE

Na ja, dachte Mia, bei den Profilbildern lügen sie alle. Wer hübschte das eigene Aussehen in den gängigen Portalen nicht ein wenig auf? Etwa, im Fall der Männer, nach denen sie sich umsah, durch ein betagteres Foto – aus Tagen, als sich der Getränkebauch noch im Anfangsstadium befand und der Body von diversen sportlichen Aktivitäten kündete, Folge des Azubi- oder Studentendaseins mit seinem Übermaß an Freizeit? Oder man nutzte beim Porträt freundliches Gegenlicht, das wie mit Zaubermacht Fältchen und Hautunreinheiten entfernte, dafür den Dreitagebart und das markante Kinn umso besser zur Geltung brachte. Halbglatzenträger nutzten angeschnittene Fotos oder lässige Mützen. Einige, darin Bewanderte, bedienten sich diverser Software-Helfer, um die erstaunlichsten Effekte zu erzielen: vom Durchschnittshorst zum Johnny Depp in zehn Bildbearbeitungsschritten.

Die Realität, im Dämmerlicht eines italienischen Restaurants oder einer angesagten Szene-Bar, konnte da oft nicht mithalten, aber das war ›Frau‹ nach den ersten Dates gewohnt, und Mia verfügte über einige Dating-Erfahrung, denn nachdem sich irgendwann die Hoffnung auf Mr. Right verflüchtigt hatte, war ihr der Weg zum Ziel geworden und das Dating nebst den obligatorischen Schmetterlingen im Bauch und der Lust ersten körperlichen Kennenlernens genügte ihr völlig, um ihr etwas eintöniges Berufsleben als Anwaltsgehilfin bei der Kanzlei Ruppert & Schrader mit einem Hauch von Abenteuer aufzufrischen.

Bei *SanFrancisco2005* allerdings war alles anders: Sie hatte ihn per Zufall in einer anderen Börse als der üblichen gefunden, »Christian sucht Christiane« oder so ähnlich. Für Gläubige, eigentlich nicht ihr Revier. Sein dezentes Profilbild war ihr ins Auge gestochen, der Schattenriss eines Cäsarenhaupts, den Marcel, wie er wirklich hieß, vor Jahren als Logo seiner HipHop-Band benutzt hatte, wie sich dann im Laufe eines angeregten Chats herausstellte. Frauen konnten in vielen Portalen gratis mitmachen und so hatte sie ihn angeschrieben. Die eindrucksvollen Bilder, die er ihr mailte, ließen sie an einen nicht schlecht aussehenden Typen Mitte dreißig denken, doch was hier vor ihr saß und sie aus grünen Augen anlächelte, das war einfach der Hammer! Ein scharf gezeichnetes, überraschend blasses Gesicht, ein wunderschöner Mund, darunter das maskuline Kinn, dazu halblanges schwarzes Haar, wie sie es liebte – sie fand, ihr Blond passe am besten zu dunklem Haar – und diese bezaubernden Grübchen, in einem Gesicht, das immer zu lachen schien, selbst wenn die Augen melancholisch verhangen waren wie jetzt, da er ihr immer weitere Details von seiner gescheiterten Beziehung mit irgendeiner Lena erzählte, daheim in Balingen [15].

Nicht auszuschließen, dass es der Schmerz war, der den erfolgreichen Ingenieur, fest angestellt bei einem hiesigen Automobilzulieferer, vor acht Jahren endgültig nach Stuttgart geführt hatte. Der letzte Romantiker, lächelte sie in sich hinein. Er sprach ein wenig Schwäbisch, aber sie fand das eigentlich ganz süß.

»Ein Schnittchen«, hätte Franzi gesagt, aber die war ja nicht hier. Mia musste ihn unbedingt nachher noch zu einem gemeinsamen Foto überreden, damit sie ihr ihre Trophäe für die obligatorische Nachbesprechung am Montag vorzeigen konnte. Franzi, ihre Kollegin, war verheiratet und gierte regelrecht auf Mias neueste Storys, die wiederum ihre Wochenendbeute mit dem Stolz eines Großwildjägers präsentierte. Man gönnt sich ja sonst nichts, dachte sie vergnügt und nickte hier und da zu seinen Ausführungen, in denen jetzt seine ältere Schwester die Hauptrolle eingenommen hatte, weil sie dieser Lena einmal angetrunken in einem Gespräch … Es war nicht wichtig! Sie musste ein Lachen unterdrücken, als sie seiner Erzählung entnahm, dass sogar sein Nickname in diesem Dating-Portal auf einen gemeinsamen Kalifornien-Urlaub mit Lena zurückging.

Ihre Mimik war wichtig: Sie schien alles zu verstehen, was ihn bedrückte, gab ihm das Gefühl, vor Empathie und Hingabe schier überzufließen. Mia beherrschte das inzwischen perfekt.

Ihr Vorschlag, sich an diesem feinen Altweibersommerabend beim Teehaus zu treffen, war eine super Idee gewesen. 16 Es war weder zu leer noch zu voll im Außenbereich, und der herrliche Sonnenuntergang, der die Stadt unter ihnen in purpurnen Glanz tauchte, entschädigte sie für das leichte Frösteln, das sich bei ihr in ihrem zu leichten, dafür raffiniert ausgeschnittenen Kleid nach gut einer Stunde eingestellt hatte. Die erste Anwandlung von Herbst, die bereits in der Abendluft mitschwang, hatte ihr sogar erlaubt, mit Augenaufschlag Rilke zu zitieren: »Wer jetzt allein ist …« Als ein Rosenverkäufer auftauchte, nutzte sie die Gelegenheit, zu ihrem Foto zu kommen. Sie kaufte ihm eine ab, ehe Marcel protestieren konnte, und bat den Pakistani um ein Bild. Kurz entschlossen setzte sie sich auf Marcels Schoß und lächelte gekonnt in Richtung ihres iPhones. Sein muskulöser Oberkörper fühlte sich gut an.

Mia war Halbamerikanerin. In New York, wo ihr Vater seit der Scheidung von Mutter lebte, gab es ein regelrechtes »Dating-Business« mit festen Regeln, wie weit man zu gehen hatte. Spätestens nach dem dritten Date musste die Frage der besten Freundin »Did you get some?« mit »Ja« beantwortet werden, sonst war die Sache Geschichte. In Deutschland brauchte man nicht so lange zu warten. Sie sagte: »Ich glaube, die schließen hier gleich. Wenn du mich jetzt fragen würdest: ›Zu dir oder zu mir?‹, würde ich sagen: Zu dir.«

Seine Altbauwohnung im Lehenviertel hatte Klasse. 17 Alles war spärlich eingerichtet, ausschließlich erlesene Designermöbel, eine Wand war bordeauxrot gestrichen, dazu überall dunkles Leder auf geschmackvoll hergerichteten Dielenböden. Gedämpftes Licht entströmte raffinierten farbigen Hinterglaskonstruktionen, die Atmosphäre war für eine Männerwohnung überraschend sinnlich: Ein aufwändiges Wasserspiel plätscherte im Bad und von Platte ertönte gediegener Jazz.

Das Schlafzimmer allerdings war eine Enttäuschung: das Futon-Bett eher schmal, die Bettbezüge aus Frottee, und die Frau, die auf der Anrichte aus dem Bilderrahmen herauslächelte, musste wohl Lena sein. Brünettes Pferdeschwanzmädchen, ein Dutzendgesicht. Wahrlich nichts Besonderes.

Auch hier musste sie den ersten Schritt machen. Er berichtete ohne Ende von Theaterbesuchen in irgendeiner anscheinend ganz in der Nähe liegenden »Rampe«, womit er wohl punkten zu können glaubte, aber Mia war, abgesehen von einer Schulaufführung ihrer Klasse, in der sie eine Bäuerin gegeben hatte, die nur zwei Sätze zu sagen brauchte, noch nie im Theater gewesen und hatte das auch nicht vermisst. 18 Sie ging lieber ins Kino oder mal auf ein Konzert. Irgendwann machte er eine Pause, und sie nahm seine Hand. Immerhin küsste er gut.

Hinterher wandte er ihr bald den Rücken zu, umfasste aber weiter fest ihre Taille. Er atmete schwer. Weinte er etwa?

Irgendwann drehte er sich um und sah sie mit fast verzweifeltem Blick an: »Könntest du dir vorstellen, mich zu lieben?«

Sie traute ihren Ohren nicht. Wie uncool war das denn! Sie hatten gerade einmal eher vorsichtigen Sex gehabt, auf seltsame Weise tastend waren sie einander begegnet (eher wie Teenager, dachte sie) und irgendwie hatte sich seine unmännliche Gehemmtheit rasch auf sie übertragen. Sonst stellte sie sich nicht so an im Bett. Kurz kam ihr sogar in den Sinn, dass dies vielleicht sein erstes Mal nach dieser Über-Lena sein könnte, aber das war ja Unsinn. Hatte er nicht gesagt, das sei acht Jahre her?

Sie setzte sich auf. Lieben? Den hier? Sie kannten einander doch gar nicht. Es kam schon ab und an vor, dass sich einer kurz einbildete, sich in sie verliebt zu haben, aber das war nie ein großes Problem, das verlief sich mit der Zeit und der Vielzahl anderer hübscher Töchter in den Weiten des Netzes. Für Mia war es völlig klar, dass sie eines Tages den Richtigen heiraten und mit ihm Kinder haben würde, aber doch noch nicht jetzt! Und den würde sie kaum im Internet kennen lernen; da hatte sie so ihre Vorstellungen …

Etwas an seiner zitternden Stimme und dem lauernden Blick gefiel ihr nicht. Sie streichelte seinen Sixpack – er hatte wirklich den Body eines gut trainierten Zwanzigjährigen – und sagte: »Wer könnte dich nicht lieben …«

Tatsächlich war sie verärgert und beschloss, bei nächster Gelegenheit den Heimweg anzutreten. Die Lust auf ein weiteres Mal war ihr vergangen. War, was sie hier tat, nicht ein bisschen leichtsinnig? Gut, sie achtete darauf, dass sie Kondome benutzten, immer. Aber wenn einer der Männer ein Psychopath wäre, wie im Fernsehen, was würde sie dann tun? Ihr Pfefferspray in der Handtasche konnte kaum ernsthaft die Antwort auf diese Frage sein, die sich ihr bei ähnlichen Gelegenheiten ab und an in den Kopf schlich, ehe sie sie wieder verdrängte mit dem Argument, ihr passiere so etwas nicht, sie habe schließlich ein Gespür für Menschen.

Am nächsten Tag schickte er ihr 25 langstielige Rosen ins Büro. Wie peinlich das war! Selbst der alte Schrader konnte sich eine anzügliche Bemerkung nicht verkneifen. Für jedes Jahr ihres Lebens eine, stand auf der Karte. Das sollte wohl schmeichelhaft sein, aber Mia wusste, dass man ihr ihre 29 ansah, und außerdem, hatte er nicht gesagt, dass diese Lena damals bei der Trennung erst 25 gewesen sei? Und woher um alles in der Welt hatte er überhaupt ihre Arbeitsadresse? Sie ging nach Feierabend erst einmal mit Franzi ins Kino, und auch im Waldheim Gaisburg, das die Freundin so urig fand, dass sie gerne frierend ihre Weinschorle zu den obligatorischen Maultaschen herunterstürzte, stellte sich in ihr nicht die gewohnte Leichtigkeit bei der Nachbesprechung der Abenteuer des Wochenendes ein. 19 Als sie bei ihrer Schilderung bei den Rosen angekommen war, meinte Franzi: »Mit dem musst du aufpassen. Das ist voll der Stalker-Typ. So einer kann dir das Leben zur Hölle machen – und niemand kann dir helfen! Also, ich hab da neulich einen Film gesehen …« Davon erzählte sie lang und breit. Mia war bald der Appetit vergangen. Sie verzichtete auf den großen Wurstsalat, der eigentlich zu ihrem Montagsritual gehörte, und brach den Abend noch vor zehn ab, mit der Begründung, sie habe Kopfschmerzen. Franzi sah sie mitfühlend an und sagte zur Verabschiedung auch noch: »Mensch, Armes, lass dich drücken.« Widerlich! Zu Hause war der Anrufbeantworter voll – siebenmal hatte er inzwischen angerufen und klang immer besorgter. Mia löschte alle Anrufe. Sie ließ sich aufs Bett fallen. Sie war wütend und wusste nicht, worauf am meisten: auf ihn oder auf sich selbst? So eine Spaßbremse! In was war sie da nur hineingeraten? So etwas hatte ja einmal passieren müssen!

Aber sie wäre nicht sie gewesen, wenn sie nicht etwa eine halbe Stunde später bereits gewusst hätte, wie sie aus der Nummer wieder herauskommen würde. Ganz behutsam, vorsichtig, aber zielstrebig würde sie auf eine nachhaltige Enttäuschung seiner Erwartungen an die heilige Jungfrau Mia setzen; langsam wollte sie ihn so davon überzeugen, dass sie einfach nicht mit Lena mithalten konnte. Wichtig war nur, dass er am Ende glaubte, das ganz allein herausgefunden zu haben. Es würde einiges an Verstellungskunst nötig sein und eine Reihe von faden Dates mit sich bringen, beim Gedanken daran bekam sie bereits jetzt schlechte Laune. Aber es musste sein, das hatte sie sich selbst eingebrockt. Sie trank einen gut eingeschenkten Tequila Sunrise auf ex, dann nahm sie den Hörer in die Hand. Beim zweiten Klingeln war er am Apparat. »Mensch, Süßer«, sagte sie »hast du mich aber überrascht heute! Das hat ja noch keiner für mich getan, die Rosen waren doch bestimmt superteuer! Ich wollte ja gleich zurückrufen, so hab ich mich gefreut. Aber heute war einfach die Hölle los auf der Arbeit. Ich sag dir, ich bin so tot …«

Sie verabredeten sich für Donnerstagnachmittag auf einen Spaziergang zur Grabkapelle Rotenberg. Grabkapelle, das schien ihr passend. Seufzend setzte sie sich an den Rechner und löschte die gesamte Korrespondenz mit *SanFrancisco2005*. Dann beendete sie ihre Mitgliedschaft bei diesem Christen-Portal. Hätte sie gleich die Finger von lassen sollen! Sie war so verärgert, dass sie anschließend sogar ein Reinigungsprogramm über ihre Festplatte laufen ließ, mit 35 Überschreibungen: Geheimdienststandard. Richard, ein Flirt des vergangenen Sommers, hatte ihr das gezeigt, ein Software-Ingenieur, der kannte sich mit so etwas aus. Parallel verkündete sie den anderen im Datingportal, dass sie sich eine schwere Grippe zugezogen hätte und die nächsten Tage erst einmal offline sei.

Golden, dachte Mia, wirklich golden glänzte in ihrem Rücken die Grabkapelle im Abendlicht. [20] Es war so schön, dass sie sich nicht entscheiden konnte, wohin sie den Blick zuerst wenden sollte. Ein schwaches Rot färbte den Himmel über dem Talkessel, in dem sich eine der reichsten Städte des Landes ausbreitete, wie er eben noch einmal nachdenklich betont hatte. Marcel fand immer das Haar in der Suppe. Wenn es überhaupt eines war: War doch in Ordnung, dass es den Leuten hier gut ging.

Der prächtige Sandsteinbau hoch über den Weinbergen, die das malerische Uhlbach umrahmten, hatte selbst unter der Woche zahlreiche Besucher angelockt. [21] Irgendein württembergischer König hatte den einstigen Prunkbau seiner geliebten Frau erbaut – bestimmt war sie jung verstorben, so romantisch war alles hier oben. Mia hockte neben Marcel etwas abseits auf den Stufen, nicht an der Frontseite, wo in goldenen Lettern prangte: »Die Liebe höret nimmer auf«, das wäre Mia dann doch zu viel des Guten gewesen, sondern rückwärtig, wo etwas über die »vollendete« Tote stand, die anscheinend eine geborene Russin gewesen war. Der starke Wind hier drüben entzog sie weitgehend der Gesellschaft und damit den Blicken der anderen Besucher. Sie spürte gleichwohl die Sonne auf der Wange, ihre erfüllende Wärme, die nichts dachte und nichts forderte. Im Gegensatz zu Marcel, der Aufmerksamkeit brauchte wie ein Kind. Still hörte sie seinem ewigen Gerede über Lena zu. Ab und an warf sie etwas ein, etwas, das tiefsinnig klang, was er dann mit nachdenklichem Kopfnicken quittierte. Es war ein sogenanntes gutes Gespräch, in dem zumindest einer von beiden sein Tiefinnerstes offenbarte. Ein Fremder hätte vielleicht gedacht, dass die junge Dame, die mit geschlossenen Augen neben dem hübschen, so ernst dreinschauenden Herrn saß, der unentwegt auf sie einredete, nicht ganz bei der Sache war. Aber Mia hatte gut genug zugehört. Am Ende seines Monologs hatte sie die Informationen beieinander, die sie brauchte. Lena war doch nicht ganz perfekt gewesen, am Ende hatte sie ihn betrogen. Noch heute verstand der Trottel nicht, weshalb. Eifersucht, das war also sein wunder Punkt.

Der Nachmittag endete in ihrer Wohnung im Stuttgarter Westen. 22 Mit Besitzerstolz zeigte sie ihre Bleibe, die bisher noch jeden beeindruckt hatte. Die Hochparterrewohnung in dem prächtigen Jugendstilgebäude hätte sie sich niemals leisten können, aber sie hatte sie von ihrer Oma geerbt, deren einzige Enkeltochter sie war. Marcel stand am Fenster und genoss den Blick über die nächtliche Stadt. Sie hatte Musik gemacht, Lady Gaga, und ziemlich aufgedreht. Er zog fragend die Augenbrauen hoch und sie sagte: »Wir sind ganz allein im Haus – die Wohnungen werden alle saniert, in Eigentum umgewandelt, das ganze Haus steht leer. Es gibt also keine Zeugen!« Sie küsste ihn fordernd auf den Mund. Er sah wirklich fantastisch aus und küsste auch gut, das musste Mia ihm lassen. Sie sank auf das Sofa und ließ sich widerstandslos ihr Oberteil und den BH abstreifen. Er war sehr zärtlich. Als er in ihre Hose greifen wollte, war die CD schon eine Weile zu Ende. Sanft wehrte sie ihn ab. »Nein«, hauchte sie. »Ich kann heute nicht.«

»Aber wieso?«, fragte er, ehrlich erstaunt.

»Ach, es ist nichts. Ich bin nur müde.«

Sie wich seinem Blick aus. Er hakte nach, was denn los sei. Schließlich gelang es ihr, hervorzupressen, als sei es ein Geständnis tiefster Seelennot: »Ich weiß nicht, ob ich gut genug für dich bin! Du bist so ein toller Mann – hast viel Besseres verdient als mich. Sieh mal, das alles geht so schnell mit uns … Wer weiß, ob ich dir immer treu sein kann?« Sie senkte die Stimme und sah theatralisch zu Boden; tatsächlich stellte sich in ihr eine gewisse Rührung ein und sie spürte den Schimmer der Tränen. »Aber ich will dich auf keinen Fall enttäuschen, nach allem, was du durchgemacht hast!« Der erste Nadelstich war gesetzt. Sie ließ sich in der nächsten halben Stunde diesen »Unsinn«, wie er sagte, ausreden, und dass er dann, wohl vor Aufregung, bereits nach einer Minute kam, machte ihr überhaupt nichts aus. Ihr rasch dahingeplappertes Sprüchlein, das passiere doch jedem einmal, klang anscheinend überzeugend.

Als er endlich weg war, atmete sie auf und stellte ihr Smartphone laut. Frieder hatte angerufen – das war genau, was sie jetzt brauchte! Bei den nächsten Treffen achtete sie darauf, dass sie häufig und von verschiedenen Männern angerufen wurde. Im Bad hatte sie einmal eine zweite

Zahnbürste drapiert und das Bett nach der Nacht mit Frieder nicht abgezogen, hoffentlich befänden sich noch ein, zwei seiner dunkelblonden Haare und andere Spuren darin … Besonders um ihr Telefon machte sie jedes Mal ein riesiges Tamtam. Es war wirklich lächerliches Schülertheater, aber in der Tat machte er ihr bereits beim vierten Date eine grandiose Eifersuchtsszene.

Alles lief wie geplant. Am darauffolgenden Morgen kamen wieder Rosen ins Büro, und er lud sie für den Abend zum Essen ein, ins 5, ein Sternerestaurant in der Innenstadt. 23 Sei es wegen des gehobenen, aber keinesfalls steifen Ambientes, sei es, das in der Tat hervorragende Menü und der Wein waren schuld, es wurde ihr bester gemeinsamer Abend. Marcel war ungewohnt lässig, er machte ihr nicht nur die üblichen Komplimente, sondern war wirklich charmant und zum ersten Mal auch ein wenig witzig. Der Name Lena fiel nicht mehr. Einmal sagte er: »Du bist ein leichtsinniges Mädchen, Mia. Gehst einfach so mit Männern aus dem Internet aus. Weißt du nicht, dass gerade ein Dating-Killer die Stadt unsicher macht?« Seine Augen glänzten im Zwielicht wie das Meer bei Mondschein. So war Marcel, bei ihm kam man leicht auf kitschige Gedanken.

Das mit der Mordserie wusste sie, die Zeitungen waren voll davon. Mit Franzi fieberte sie bei jedem neuen Artikel mit, »wie ein echter Krimi«, meinte die. Der kranke Typ richtete die Frauen anscheinend furchtbar zu. Trotzdem ließen sie ihn immer in ihre Wohnung. Und die Polizei hatte noch immer keine Spur, dabei schienen die in der Zeitung alles zu wissen, es gab sogar Skizzen zum Tathergang. Wegen solchen Trashs las sie das Blatt doch ganz gerne, das an sich selbstverständlich unter ihrem Niveau war.

»Und das bist also du, der schöne, brutale Mörder Marcel?«, lächelte sie.

»Wer weiß«, gab er zurück und verzog sein Gesicht zu einer Grimasse, die an einen Psychopathen denken ließ. Dann sah er sie lange an und sagte: »Trinken wir auf diesen wunderbaren Abend, wer weiß, wie viele solcher Stunden das Leben noch für uns bereithält ...«

Man findet sich in allem wieder. Draußen gegenüber dem *Palast der Republik* wurde Mia, vermutlich wegen des andauernden Verliebt-Spielens, erstmals wirklich ein wenig schwindelig in seinen muskulösen Armen, mit Blick auf eine unübersichtliche Menge größtenteils junger Menschen, die sich hier zum Start in eine laue Freitagnacht trafen. 24 Aber sie behielt klaren Kopf. Zur Abkühlung schlug sie den Spätfilm im Programmkino um die Ecke vor, den müsse sie unbedingt sehen. Der iranische Dokumentarfilm war schwarzweiß mit deutschen Untertiteln und, wie es der Titel bereits ahnen ließ, furchtbar ermüdend. Mia wusste nichts vom Iran und interessierte sich auch nicht für dieses Land, auf die Idee mit dem Kino war sie nur durch das Plakat gekommen, dessen grafische Anmutung einigermaßen sperrige Kost versprach. An diesem Abend ließ sie ihn nicht mit hochkommen, sondern verabschiedete ihn vor ihrer Wohnung in der Hasenbergsteige im Auto; mehr als ein rascher Kuss auf die Wange war für ihn nicht drin. Selbst sein an sich verlockendes Angebot, wenigstens noch einen kleinen Spaziergang auf der Karlshöhe zu machen – ihr Magen spannte nach dem ungewohnt opulenten Mahl ziemlich –, schlug sie aus. 25

*

Die Tür fiel laut ins Schloss. Jetzt war Marcel endgültig weg. Mia lächelte: War sie ihn also doch noch losgeworden! Es hatte alles in allem zwei Wochen und vier weitere Dates gebraucht. Zweimal hatte er sie sogar ins Theater ausgeführt, sie hatte erwartet, es ginge ins Große Haus, wo sie in ihrer Jugend im Schlossgarten immer die vornehm gekleideten Menschen bewundert hatte, doch es ging ins Theater im Depot im Stuttgarter Osten, das an ein evangelisches Gemeindezentrum erinnerte. Das Stück war eher sperrig und sie in ihrer Garderobe ziemlich overdressed gewesen. 26 Am schwierigsten aber waren ihre Versuche geraten, sich seiner Leidenschaft für sportliche Aktivitäten aller Art gegenüber wenigstens einigermaßen offen zu zeigen: Seine allmorgendliche Joggingstrecke um die Bärenseen hatte sich (in ihren Augen) als Halbmarathon herausgestellt. 27 Und der Versuch, zusammen Inlinern zu gehen, im zu allem Überfluss auch noch völlig überfüllten Schlosspark die Berger Sprudler entlang, eine Sonntagnachmittags-Schnapsidee, war zu einer Peinlichkeit erster Ordnung geworden. 28 Schon lange hatte sie nichts derart Demütigendes erlebt – kleine Kinder flitzten überall an ihr vorbei, selbst Dreiräder schienen ihr schneller voranzukommen; sie war mehrfach gestürzt, und ein den missratenen Ausflug schließlich beendender Zusammenstoß mit einem ausrastenden Radfahrer hatte für beträchtlichen Auflauf gesorgt.

Aber all das waren notwendige Opfer, die Trennung ein Sieg der weiblichen List! Sie lag nackt auf dem Bett und dachte wohlig an die letzten beiden Stunden. Heute war es viel besser mit ihm gewesen, leidenschaftlicher. Fast schon bedauerte sie, ihn nicht mehr zu sehen. Zum Sex war es nur gekommen, weil sie ihn zunächst gar nicht hatte zu Wort kommen lassen. Hinterher hatte er dann, etwas verlegen, aber doch in recht entschiedenem Ton, »auf erwachsene Weise« die Beziehung beendet, wie er es nannte. Daraufhin hatte sie sogar einige Tränen herausgebracht, alles hatte sehr echt gewirkt. ›Ich hätte damals wirklich nicht auf Mutter hören und das mit der Schauspielerei wenigstens versuchen sollen!‹ Das dachte sie in letzter Zeit öfter. Sie schaltete den Fernseher ein, es lief noch die Tagesschau. Tessy kam angelaufen und umspielte sanft ihre Beine. Auch sie schien froh, Mia wieder ganz für sich zu haben. Sie nahm das Tier in den Arm und kraulte gedankenverloren ihr Fell, was Tessy durch wohlige Laute dankte. Mia war eigenartig zumute, irgendwo in einem Winkel ihrer Seele spürte sie sogar so etwas wie ein leises Bedauern. »Unter anderen Umständen wäre er vielleicht gar nicht so verkehrt gewesen«, sagte sie zu der Katze, die davon nichts wissen wollte. Das Fenster war noch offen, und von draußen wehte die Nachtluft in ihr Zimmer, es roch unbestimmt nach Herbst. Dieses Jahr wurde es recht früh kalt, fehlte nur noch der Schnee. Ihr fröstelte und sie erhob sich seufzend. So bekam Tessy endlich ihr Futter und sie zog sich ihr langes T-Shirt über. Da klingelte es an der Tür. Sie runzelte die Stirn. Hatte er etwas vergessen? Widerwillig tappte sie auf Zehenspitzen durch den kalten Flur in Richtung Sprechanlage: »Hallo?« Es war nicht Marcel.

*

Lieselotte Gernsbach war erstaunt. Wiesner sah nicht auf, schien sie gar nicht bemerkt zu haben. Nicht einmal ein anzüglicher Spruch. Er starrte regungslos auf seinen

Bildschirm, mit versteinertem Ausdruck. Alles an seinem Gesicht schien heute mehr noch als sonst nach unten zu hängen, die Tränensäcke unter den Augen, die scharfen Mundfalten, der angegraute Oberlippenbart, selbst die buschigen Augenbrauen. Das Weiß des Bildschirms spiegelte sich in seinen stahlgrauen Augen. Er bewegte keinen Finger, auch der Blick war starr. Meditierte er?

Sie war eine der wenigen Frauen in diesem Job. Seit zwölf Jahren arbeitete sie jetzt als Fallanalytikerin bei der Kripo; gleich nach dem Psychologiestudium hatte sie in Leipzig als Polizeipsychologin ihre berufliche Laufbahn begonnen, ehe sie dann, in den frühen Neunzigern, ein Aufbaustudium in Fallanalyse gemacht hatte. Sie wollte näher heran an das Geschehen, mit dessen Folgen sie Tag für Tag zu tun hatte.

Ihr Start im neuen Beruf klappte gut, und besonders das LKA Stuttgart zog sie nun schon seit Jahren zurate bei Sexualstraftaten, insbesondere bei Vergewaltigungen in Serie oder Kindesmissbrauch. Ein Fall konnte auch schon ein verdächtiges Ansprechen von Kindern sein, was unter Umständen ja bereits die Vorstufe eines sexuellen Missbrauchs war. In der Regel aber ging es um ungeklärte Tötungsdelikte. Die entsprangen bekanntlich fast ausschließlich dem näheren sozialen Umfeld, solche Fälle konnte die Mordkommission auch ohne ihre Hilfe lösen. Als Fallanalytiker unentbehrlich war sie hingegen oft, wenn der Täter nicht aus dem Bekanntenkreis des Opfers zu stammen schien oder sich anderweitig abzeichnete, dass es keine rasche Aufklärung geben würde – wie im Fall der aktuellen Mordserie des »Internetkillers«; den reißerischen Namen der SOKO hatte die Staatsanwaltschaft den Medien entnommen.

Gernsbach war routiniert im Umgang mit männlichen Kollegen und ihren Macken. Die ewigen Machosprüche Kommissar Wiesners beispielsweise überhörte sie fast schon automatisch. Umso überraschter war sie, als er, nachdem er sie endlich bemerkt hatte, trotz ihres heute wirklich etwas zu kurzen Rocks keinen Kommentar abgab – das Ding war wohl in der Wäsche eingegangen, und ihr war das erst aufgefallen, als sie schon im Wagen saß. Ohne aufzusehen, fixierte er nun einen Bericht, den er in den Händen hielt. Ihr »Guten Morgen« hatte er noch immer erwidert. Ja, weinte er etwa? Das verdächtige Glänzen in seinen Augen war sicher nur dem trüben Tag geschuldet, der September dieses Jahr erwies sich als ein gefühlter November.

»Gut, dann wissen wir das auch«, sagte Wiesner endlich und klappte die Akte zu.

Er sprach also noch. Der Singsang seines starken badischen Akzents irritierte sie wie immer ein wenig, weil das Weiche dieser Aussprache so schlecht zu diesem harten Gesicht passte. Hier störte seine badische Herkunft niemanden, er war beliebt unter seinen männlichen Kollegen. Im umgekehrten Fall, Lieselotte hatte drei Jahre in Karlsruhe gearbeitet, wäre das ein Problem gewesen: Schwaben hatten es dort schwer.

»Was wissen wir?«, fragte sie.

Langsam wandte er sich um, als koste es ihn immense Mühe, seine Muskeln zu den nötigen Bewegungen zu zwingen. Die Dauer, bis er endlich Blickkontakt hergestellt und ein müdes »Heiß!« hervorgebracht hatte, ließ Lieselotte denken, er sei womöglich krank. Seufzend deutete er auf die Akte: »Ach, die Sache mit dem jungen Mann unten auf dem Wasen, das brennende Auto. Kein Fremdverschulden, die Schmierfinken mit ihrem linksradikalen ›Zündler vom Wasen‹ waren mal wieder zu schnell: Wir können die Ermittlungen einstellen. Die von der Gerichtsmedizin gehen davon aus, dass es Suizid war. Man muss sich das mal vorstellen, der arme Kerl fährt nachts da runter, ans Neckarufer. Er überschüttet sich und das Wageninnere mit Benzin – und bumm! Kann man sich einen grausameren Tod vorstellen als zu verbrennen? Wie kann man sich selbst nur derart hassen? Steckt bestimmt eine Frauensache dahinter!«

Gernsbach bewunderte wie immer seine Eindimensionalität. Sicher war dieses Motiv bei der Selbsttötung eines 21-Jährigen nicht auszuschließen, auch das impulshafte Vorgehen sprach dafür – etwas Benzin und ein Feuerzeug bekam man an jeder Tankstelle, zu jeder Tages und Nachtzeit – wie auch das Theatralische der Inszenierung: Sieh, was du mir angetan hast! Ich brenne für dich! Aber erstens könnte der Mann ja auch homosexuell gewesen sein, und außerdem (und vor allem) waren das reine Spekulationen, das musste ja gerade ermittelt werden! Ihr waren Fakten lieber. Und zwar die Fakten des Falles, an dem sie gerade miteinander arbeiteten: Es ging um die Serie, genauer um die ermordete Mia Hauser, nicht um irgendeinen Jungen auf dem Wasen.

»Herr Wiesner, ich möchte Sie ungern daran erinnern, weshalb ich unter Ihnen weile: Wegen des sogenannten Internetkillers. Wir Analytiker bekommen im Gegensatz zu Ihnen, den Leuten von der Front, zwar keinen medialen oder politischen Druck, was aber nicht heißt, dass wir nichts tun! Ich habe gestern eine systematisierte und strukturierte Aufarbeitung des Falls gemacht, zuvor den diesmaligen Tathergang rekonstruiert. Daraus habe ich einige

Schlussfolgerungen abgeleitet, die ich Ihnen und Ihren Kollegen nun gerne als Ermittlungshinweise zur Verfügung stellen würde. Nicht mehr und nicht weniger. Und, wie gesagt, manchmal finden auch wir Theoretiker etwas.« Sie lächelte. Wiesner sah zweifelnd auf. »Sie haben etwas gefunden? Im Fall der Serie – ausgerechnet bei der Hauser?«

Der Ablauf war wie immer gewesen: Nach dem Auffinden der vierten Leiche, dieses Mal in Stuttgart-West, war wegen der ungewöhnlichen Brutalität der Tat und des gewaltigen Medienechos eine neue, nunmehr beim LKA in Stuttgart angesiedelte Sonderkommission zusammengestellt worden, unter Rückgriff auf Beamte des ursprünglichen Böblinger Ermittlungsteams. Es gingen bis zum heutigen Tag massenhaft Informationen ein: Zeugen waren vernommen worden, einigen neuen Hinweisen aus der Bevölkerung war nachgegangen worden, ohne allerdings zu einer einzigen brauchbaren Spur zu führen.

Als auch in Stuttgart nichts mehr vorangegangen war, kam sie ins Boot. Das war fast immer so. Ihre Aufgabe bestand nun darin, noch einmal alle möglichen Informationen aus den Akten, der Rechtsmedizin, der Spurenauswertung und den Gutachten zusammenzutragen, die mit den Morden zu tun hatten. Die Betonung lag auf »noch einmal«. Kurz: Es ging bei ihrer Arbeit um den Blick von außen, gerade die Distanz zu den bisherigen Ermittlungen war wichtig. Erst mal hatte sie die Aktenlage gesichtet. Im vorliegenden Fall waren das zehn gut gefüllte Ordner. Das war in Ordnung, sie hatte schon vergleichbare Fälle gehabt, bei denen die Aktenberge ganze Räume füllten. Allerdings mordete der »Internet-Killer« auch erst seit knapp einem halben Jahr.

Dann hatte sie sich vorgestern gemeinsam mit den ermittelnden Kommissaren noch einmal alle tatrelevanten Örtlichkeiten angesehen. Sie machte sich so ein Bild von den Umgebungen und begutachtete auch die Nachbarschaft des jeweiligen Tatorts, zuletzt die hübsche kleine Jugendstilwohnung in der Hasenbergsteige im Stuttgarter Westen. Es ging fürs Erste darum, noch einmal einzuordnen, wo jeweils genau die Spuren, Opfergegenstände, Tatmittel aufgefunden wurden. Dann musste die exakte Chronologie bestimmt werden: Die zeitliche Reihenfolge der Geschehnisse und Zeugenaussagen war das A und O jeder Ermittlung.

Sie hatte es in diesem Job stets mit Schwerverbrechern zu tun, Kindesentführern, Vergewaltigern und Mördern, und vieles ähnelte sich nach einigen Jahren. Aber worauf zu achten war, das war vor allem, was im jeweils vorliegenden Fall das Besondere war, das Einmalige. Dafür musste man einen Blick bekommen. Wenn man so wollte, ging es um die jeweilige Handschrift des Täters. Beim »Internetkiller« stand natürlich vor allem das Online Profiling im Vordergrund.

Aus dem Agieren von Opfer und Täter in den sozialen Netzwerken und den Dating-Portalen konnte man viele Informationen über den Ablauf der Tat und die zu beurteilenden Personen – Zeugen, Opfer, mutmaßliche Verdächtige – gewinnen. Bereits die erste Durchsicht der Korrespondenz in diesen Portalen ergab allerdings, dass das hier nicht viel weiter führen würde. Zu routiniert hatten beide Parteien jeweils notorisch die Unwahrheit gesagt, wenn man so wollte, waren in diesen wenigen romantischen Mails, die den fatalen Dates vorausgegangen waren, Luftschlösser errichtet worden, die mit der Wirklichkeit nicht viel zu tun hatten.

Das angeblich schwer enttäuschte und zum ersten Mal in einem solchen Portal aktive Opfer Mia Hauser etwa hatte parallel mit mindestens vier anderen Männern geflirtet und sich mit mindestens zweien auch getroffen. Der Kontakt hatte jeweils mit einem One-Night-Stand geendet, danach hatten beide Herren nichts mehr von *mia666_berlin* gehört, was laut Vernehmungsprotokoll zumindest einer der beiden sehr bedauerte. Über den mutmaßlichen Täter war auf diesem Weg nichts herauszufinden gewesen; er hatte perfekt anonymisiert agiert und keinerlei digitale Spuren hinterlassen. Es gab keinen gemeinsamen Online-Kontakt der vier getöteten Frauen.

Punkt 1 des Täterprofils war also, dass er, vielleicht sogar beruflich, mit EDV zu tun hatte.

Was der einzige nicht zuordenbare Kontakt im Fall des ersten Opfers, Lucy Rilling, – und damit vermutlich der Serientäter – geschrieben hatte, klang einerseits so ehrlich und war andererseits sosehr das, was diese Frau hören wollte, dass es, das musste Gernsbach aus psychologischer Sicht zugestehen, gut gemacht war. Zweifellos stimmte nichts von dem wenigen, was der Mann in diesen beiden Mails von sich preisgab. Wie in den anderen Fällen auch, hatte er nach der Tat am Rechner des jeweiligen Opfers alle Spuren von sich getilgt. Die Rilling-Mails hatte man nur gefunden, weil das Opfer sie aus irgendeinem Grund ausgedruckt hatte. Fotos von sich hatte er keine online versandt, sondern per Post, stand darin – weil er angeblich digitale Bilder verabscheute und selbst hobbymäßig analog in Schwarz-Weiß fotografierte. Wenig überraschend war von daher, wenn unter den vielen Männerbildern, die sich in Rillings Wohnung gefunden hatten, keines analog oder schwarz-weiß gewesen war außer dreien, die eindeutig viel älteren Liebschaften zuzuordnen waren. Der Mörder hatte also auch seine Bilder wieder mitgenommen.

Im Gegensatz zu gängigen Fernsehkrimis traf man nur selten auf Täter, die über eine hohe Intelligenz verfügten; die meisten machten ganz primitive Fehler, die oft nur durch eine Verkettung unglücklicher Umstände nicht richtig eingeschätzt worden waren. In diesem Fall aber, das spürte Lieselotte, lagen die Dinge anders.

»Bei der Ortsbesichtigung in Stuttgart ist mir etwas aufgefallen«, begann sie.

Wiesner, der bereits in der ersten Böblinger SOKO in leitender Funktion beteiligt gewesen war, begriff endlich, was sie wollte: »Warten Sie kurz, ich hole die anderen. Teambesprechung!« Das charakteristische Klacken seiner Westernstiefel verhallte im Flur.

Als sich zehn Minuten später alle im Konferenzraum versammelt hatten, begann er, der heute anscheinend wirklich neben sich stand – vermutlich hatte er die Nacht zuvor wieder gesoffen: »Unsere geschätzte Kollegin Gernsbach glaubt, sie habe etwas gefunden, was wir alle übersehen haben. Wir haben ja nur an die hundert Zeugen vernommen. Wir haben alle Zugangs- und Abfahrtmöglichkeiten zu den Tatorten zigmal untersucht. Wir haben geschaut, wo es an den Tatorten oder in deren Umgebung von außen einsehbare Stellen gab, um herauszufinden, wer noch als Zeuge infrage käme, etwa in weiter entfernten Nachbarhäusern – was sind schon fünfzig weitere Vernehmungen? Gut, wir alle wissen: Manchmal stößt man erst bei einer zweiten oder dritten Tatortbegehung auf neue Erkenntnisse; wir waren jeweils fünf- oder sechsmal dort: Nichts! Im Fall Hauser war es notwendig, den Weg des Täters zur Wohnung nachzuvollziehen. Wir haben uns bemüht, das originalgetreu nachzustellen, und sind mehrere Sonntage ziemlich sinnlos im Stuttgarter Westen herumgelaufen. Nun konnten wir sagen, welche Menschen sich zu dieser Zeit, vielleicht auch am relevanten Abend, hier bewegt haben, Jogger, Hundebesitzer, Kneipengäste; die haben wir alle befragt. Nichts! Dazu kam das Online-Profiling, auf das wir anfangs so große Hoffnungen gesetzt hatten: Wieder nichts. Aber Frau Gernsbach hat aufgrund zweier Stunden nachmittäglicher Lektüre der Akten gleich etwas gefunden. Wo, bitte schön, sollen wir etwas übersehen haben? Bitte klären Sie uns auf!«

Hauptkommissar Noack erwiderte sanft: »Kollege Wiesner, sparen Sie sich Ihren Sarkasmus! Es ist mittlerweile zu mir durchgedrungen, dass Sie von Fallanalytikern im Allgemeinen und von Frau Gernsbach im Besonderen nicht allzu viel halten. Aber vielleicht hören auch Sie erst einmal zu, was sie uns zu sagen hat?«

Lieselotte lächelte. »Danke, Michael. Gut, nachdem Herr Wiesner bereits so schön den Stand zusammengefasst hat, lassen Sie uns gleich zur Sache kommen … Ich glaube, dass im Fall Hauser nicht unser Täter der Mörder ist.«

Allgemeines »Oho« und »Aha« erklang. Ihr Publikum war eine reine Männerrunde – Kommissarin Finkbein, die einzige weibliche Ermittlerin der SOKO, war heute erkrankt. »Wie denn das jetzt?«

»Nach der Tatortbegehung habe ich noch einmal mit den Rechtsmedizinern gesprochen. Bei der erschlagenen Mia Hauser hatten Sie ja eine 3-D-Aufnahme vom Schädel in Auftrag gegeben, um die Trümmerfrakturen genau festzustellen und somit das Ausmaß an Gewalt beurteilen zu können. Haben Sie alle das Gutachten gelesen?«

»Klar, aber das hat doch nichts ergeben.«

»Eben … Doch da sind signifikante Abweichungen im Fall Hauser. Ich muss vielleicht ein wenig weiter ausholen. Wir haben mittlerweile ein recht brauchbares Täterprofil …«

»Brauchbar? Das ist relativ. Bisher hat es uns nicht viel gebracht.«

Gernsbach ließ sich von Wiesner nicht aus der Ruhe bringen. Sie war sich ihrer Sache sicher.

»Wir waren uns einig, dass es sich um einen Mann zwischen 28 und 40 handeln muss. Er stammt aus dem mittleren Neckarraum, ist offenbar im IT-Bereich tätig oder zumindest sehr sachkundig auf diesem Feld. Er sucht sich seine Opfer sehr genau aus: In allen Fällen handelt es sich um Frauen, die in diversen Dating-Portalen aktiv waren, die also gleichzeitig mit verschiedenen Männern Kontakte, auch sexuelle, unterhalten haben. Alle Frauen wohnen allein und in Wohngegenden, die es sehr einfach machen, ungesehen in und aus der Wohnung zu kommen: Beim zweiten Mord das völlig einsam stehende Haus in Herrenberg mit der eigenen Zufahrt, dann das verschachtelte Hochhaus in der Sindelfinger Stadtmitte mit nicht weniger als sechs Zugängen, bei Lucy Rilling der Aufzug aus der Tiefgarage direkt in ihr Loft am Berliner Platz, bei Hauser das praktisch leerstehende Haus im Westen. Wir gehen also davon aus, dass er das im Vorfeld sorgfältig recherchiert, die Wohnsituation genau ausspäht, wozu er ihre Datenspuren in den sozialen Netzwerken nutzt. Eventuell setzt er sogar Spionagesoftware ein. Er weiß also viel mehr über die Frauen, als die ahnen. Dann fällt die Ähnlichkeit der vier Opfer auf: Alle sind brünett, jung, schlank, mit braunen Augen und vollen Lippen. Und wir wissen, dass er ein Psychopath mit krankhaften sadistischen Neigungen ist, eine extrem gestörte Persönlichkeit, dem es aber gelingt, seine Veranlagung im Alltag zu larvieren. Mit einiger Wahrscheinlichkeit gilt er bei Nachbarn und Kollegen als netter, wenn auch vielleicht stiller Zeitgenosse; es ist anzunehmen, dass er allein lebt oder gar noch in einer Einliegerwohnung bei den Eltern wohnt. Letzteres ist nicht sicher, sondern folgt nur Erfahrungen bei vergleichbaren Taten. Signifikant ist die Mischung aus Übertötung und planvollem Vorgehen. Hintergrund der Tötungsdelikte ist mutmaßlich Frauenhass, sei es ein Trauma mit der Mutter oder irgendeine schmerzhafte Trennung. Es könnte sich unter Umständen auch um einen geschiedenen Vater handeln, dem sein Kind seitens dessen Mutter entzogen wurde, aber auch das ist Spekulation. Jedenfalls muss er einigermaßen attraktiv und auch recht charmant sein – alle Frauen lassen ihn nach recht kurzem Kontakt in ihre Wohnung!«

»Ja, so lautet wenigstens Ihr Profil …«, warf Hauptkommissar Holzinger, der Älteste im Team, ein.

»Was wir noch kennen«, fuhr Gernsbach ungerührt fort, »ist der genaue Ablauf der Morde: Der Täter tötet nachgerade rituell, der Ablauf ist immer exakt identisch, wie auch immer die Wohnung des Opfers, der Tatort, beschaffen ist. Wir haben uns das folgendermaßen zusammengereimt, aber das fasst vielleicht besser du zusammen, Michael …« Während alle saßen, ging sie die ganze Zeit vor ihrem Publikum auf und ab. Wie eine Lehrerin, dachte Wiesner.

Hauptkommissar Noack räusperte sich: »Also, er klingelt. Die Opfer öffnen. Es kommt zu keiner Berührung, einem Begrüßungskuss etwa, mutmaßlich weil der Mann einen riesigen Blumenstrauß in Händen hält. Jedenfalls haben wir an jedem Tatort so einen gefunden. Die Frau geht mit den Blumen in die Küche, um eine Vase zu holen. Er schließt die Tür und schlägt die Frauen dann praktisch sofort mit einem mitgebrachten schweren Metallgegenstand von hinten nieder. Wie die Blutspritzanalyse jeweils ergab, wird sie dann nicht mehr bewegt. Nun muss er sich umziehen, irgendeinen professionellen Schutzanzug. Wir haben keine übereinstimmende DNA gefunden, obwohl es jeweils reichlich Spuren gab, nicht einmal an zweien der vier Tatorte war auch nur eine einzige DNA-Spur identisch. Das ist absolut bemerkenswert und lässt nur den Schluss zu, dass er Schutzkleidung trägt und bei seinem ersten Aufenthalt in der Wohnung der Frau tötet. Das wiederum heißt auch, er hat eine Umhängetasche oder Ähnliches dabei … Gut, wo waren wir? Ja, die Frau ist bewusstlos oder, wie Lucy Rilling, bereits tot. Dann nimmt er aus der Küche der Opfer ein großes Messer und sticht zu, bis zu 50 Mal. Einzig hierbei variiert er ein wenig. Rilling hat er regelrecht ausgeweidet, das erste und das letzte Opfer weisen nur etwa 20 Stiche auf. Was ihm wichtig zu sein scheint, ist, den Opfern die Augen auszustechen – das war in allen vier Fällen so. Und es ist kein eigentlicher Sexualtäter, es kommt jedenfalls zu keiner Penetration der Opfer.«

»Das ist sehr wichtig«, sagte Gernsbach, die jetzt neben Noack stand.

»Das also sind unsere Hypothesen zum Täter.«

Der Leiter der SOKO ergänzte: »Und so haben wir bisher auch ermittelt, nicht wahr? Wir haben Zeugenaussagen ausgewertet und Männer verhört, die bei den Frauen gesehen wurden. Wie gesagt, gibt es aufgrund der mit Bedacht ausgewählten Tatorte nur wenige Hinweise aus der Bevölkerung, und keiner davon hat etwas gebracht. Wir sind der Blumenspur nachgegangen und haben die Blumenhandlungen befragt – natürlich hat er uns nicht das Papier dagelassen, sodass wir alle Blumenhändler des jeweiligen Umraums befragt haben. Auch hier kein Ergebnis. Eventuell lässt er die Blumen holen, es gibt Onlinedienste … Da sind wir dran. Und wir haben alle Männer identifiziert, die im Raum leben und in den relevanten Datingbörsen aktiv sind, nicht wahr, Schröder?«

Das Küken im Team sah von seinem Smartphone auf. Die jungen Leute heute schienen allesamt mit diesen Geräten verwachsen, mit denen sie mit eigenartigen Wischbewegungen kommunizierten. Gernsbach wusste nicht recht, was sie von dieser Generation halten sollte. Kaum zwanzig Jahre jünger als sie, schien ihr zum Beispiel Schröder mit seinem pickeligen Kindergesicht und dem adretten Haarschnitt immer ein wenig fremdartig, zwar zweifellos von dieser, aber keinesfalls von ihrer Welt. Allein wie er beflissen nickte, ohne aufzusehen, als spräche er mit dem Ding in seiner Hand und nicht mit ihnen … »Zum Glück waren unsere vier Opfer insgesamt nur in sechs Börsen unterwegs. Leider sind das noch immer sechshundertfünfundachtzig Verdächtige in ›unserer‹ Altersgruppe, und immer noch einhundertundzwölf IT-ler. Wir bekommen nie für alle eine Handy-Funkzellenabfrage für die Tatzeiten genehmigt, sofern unser Mann so blöd ist, mit Handy in der Tasche zu morden, was ich bezweifele. Immerhin, ich komme ganz gut voran mit dem Aussortieren … Geht eben alles sehr langsam.«

Wiesner grinste Schröder an. »Unsere süße kleine Lady hier ist jetzt als *Melissa1992* unterwegs und nimmt diskret Kontakt mit dem einen oder anderen Herren auf … Ein Naturtalent!« Holzinger und Petersen lachten. Vermutlich würde das wieder ihr einziger Beitrag sein. Sie hatten es nicht so mit Teambesprechungen.

»Das ist nur *eine* Maßnahme unter vielen«, gab Schröder, ein wenig verlegen, zurück. Noack schloss: »Wir sind also dran – aber bisher ohne Ergebnis, ist das korrekt, Schröder?«

»Ja. Unser Täter agiert im Netz völlig anonym. Und nur einige der Männer haben zumindest gelegentlich anonym im Netz agiert – das herauszufinden, war hart an der Grenze der Legalität, Amtshilfe vom BKA – und die haben, soweit ich mit ihnen durch bin, jeweils für mindestens einen Mord ein Alibi. Auch keine relevanten Vorstrafen darunter. Aber diese Gruppe ist noch nicht abschließend gecheckt, ich kann nicht endgültig ausschließen, dass unser Mann nicht doch darunter ist.«

Gernsbach sah aus dem Fenster auf die fast menschenleere Taubenheimstraße. Manchmal, gerade wenn der Regen fiel wie heute und es eigentlich gar nicht richtig hell wurde, konnte man hier oben denken, Cannstatt sei ein ganz verschlafenes Nest. Dabei war keine fünf Minuten von hier eine belebte Fußgängerzone und auf der anderen Seite der Gleise, keine 200 Meter entfernt, arbeitete im Mercedes-Benz-Motorenwerk die komplette Tagesschicht daran, den Wirtschaftsstandort nach vorne zu bringen. 29 Kurz überlegte sie, in der Mittagspause einen neuen Rock zu kaufen, sie fühlte sich unwohl. Die Details der Recherchen Schröders interessierten sie gerade nicht besonders, sie schnitt ihm das Wort ab. »Gut. So viel noch einmal zum Stand, ich denke, das ist allgemein bekannt … Jetzt also zur Gerichtsmedizin. Im Fall Hauser gibt es signifikante Abweichungen vom Muster unseres Täters. Ich möchte betonen, dass der Mann hochintelligent ist und einem genauen Plan folgt. Dieser Tätertyp hat vor der Tat alle Möglichkeiten und Versionen in seinem Kopf durchgespielt. Auswahl der Tatzeit,

Auswahl des Opfers, der Tatörtlichkeit, der Tatmittel, die spurenarme Tatbegehung – all das ist bis ins Detail vorausbedacht. Worauf ich hinausmöchte, ist, dass solche Menschen meist leicht zwanghaft sind. Es ist kein Zufall, dass er immer in der Wohnung der Opfer tötet. Es ist kein Zufall, dass er den Metallgegenstand, vermutlich einen Schraubenschlüssel, mitbringt und immer denselben benutzt. Es ist auch kein Zufall, dass er Blumen dabei hat und diese am Tatort lässt. Und es ist kein Zufall, dass er immer ein aufgefundenes Küchenmesser benutzt und es neben der Leiche liegen lässt. Und so weiter …«

»Schön, aber wo sind denn jetzt Ihre Abweichungen?«, unterbrach Wiesner.

»Es sind drei. Zunächst die bereits angesprochene 3-D-Untersuchung der Schädelfraktur: Auffällig ist, dass es sich bei Hauser als Tatwerkzeug keinesfalls um besagten Schraubenschlüssel handeln kann, sondern um einen etwas breiteren Gegenstand. Der Schlag wurde auch nicht wie üblich von hinten ausgeführt, sondern eher seitlich. Außerdem war er zwar wie bei Rilling sofort tödlich, aber eher durch Zufall, die Schläfenregion wurde voll getroffen, und der Tod trat infolge einer geplatzten Arterie des rechten Temporallappens ein. Der Schlag selbst war übrigens nicht übermäßig heftig. Zweiter Unterschied: Mia Hauser hatte unmittelbar vor der Tat Geschlechtsverkehr. Das gab mir zu denken …«

»Na ja, den kann sie ja auch zuvor mit einem ihrer Männer gehabt haben. Der eine ist raus, dann kommt unser Mann.«

»Richtig. So in der Art hatte ich mir das auch gedacht.« Gernsbach lächelte Wiesner freundlich an. »Dann sind da noch die Blumen. 25 rote Rosen, fast dreimal so viele wie sonst. Ein Beamter der Spurensicherung sagte, die ganze Wohnung hätte nach ihnen gerochen. Hier ist übrigens das Foto …« Sie wies auf die Pinnwand, wo diverse Beweismittel hingen.

»Nun, meine Herren, Sie bekommen vermutlich nicht allzu oft Rosen geschenkt. Ich aber schon …«, wieder lächelte sie Wiesner an. »Und Rosen duften meist erst nach ein bis zwei Tagen – die Blumenhändler nehmen nicht die ganz reifen Blüten, die Beschenkte soll ja ein paar Tage etwas davon haben. Kurz: Vielleicht waren die Rosen schon da. Das aber hieße, unser Täter hätte an besagtem Tag nicht nur sein Mordwerkzeug, sondern auch die Blumen vergessen. Das wäre absolut ungewöhnlich für diesen Tätertyp – der improvisiert nicht.«

Die Männer redeten durcheinander, aber sie sah, wie in der Runde erste Zweifel aufkamen. Sie fuhr fort.

»Und dann kommt da noch diese Zeugenaussage ins Spiel, mit der wir bisher nichts anfangen konnte. Eine Nachbarin, die glaubwürdig ist, sagt aus, sie habe um 20.30 Uhr – da war Mia Hauser bereits tot – eine Frau aus dem Haus kommen sehen; sie trug Mantel und Kopftuch, konnte also nicht näher beschrieben werden, aber es habe sich eindeutig um eine Frau gehandelt. Das Haus aber steht derzeit bis auf Hausers Wohnung bekanntlich völlig leer. All dies aber lässt in meinen Augen nur einen Schluss zu …«, sagte sie in die Runde. »Wir haben es im Fall Hauser mit einem Trittbrettfahrer zu tun. Eine Nachahmungstat – der Fall ist ja jeden Tag in allen Medien. Und ich denke, wir suchen im Fall Hauser nach einer Frau …«

Ihre Worte lösten ein allgemeines Durcheinander aus. Holzinger protestierte, Noack runzelte die Stirn, doch Wiesners lautes Organ übertönte wieder alle. »Das würde immerhin die weibliche DNA erklären, die an der Leiche gefunden wurde ...« Er klang ungewohnt nachdenklich.

»Weibliche DNA? Wo haben Sie das denn her, Wiesner?«, fragte Noack ruhig. Michael Noack war ein rundlicher Endfünfziger, der sein Team gut im Griff hatte. Wieder einmal fand Gernsbach, dass er überhaupt nicht wie ein Polizist aussah (sofern es das überhaupt gab: Aussehen wie ein Polizist). Sein breites Schwäbisch, die altmodische Brille, der abgewetzte Pullover und überhaupt sein insgesamt behäbiges Auftreten ließen eher an einen Archivar als an den brillanten Ermittler denken, der er war. Gernsbach hatte wiederholt mit ihm gearbeitet, den Respekt, den er weit und breit genoss, hatte er sich redlich verdient.

»Aus der Ergänzung zum Protokoll der Gerichtsmedizin, die ging letzten Montag per Mail ein. Die Schreibkraft hat da beim eigentlichen Bericht offenbar was verbaselt und Seite zwei nicht mitgeschickt. Übrigens wurde auch ein Katzenhaar und die entsprechende DNA gefunden.« Noack sah in die Runde. »E-Mails liest hier keiner?«

Wiesner fügte entschuldigend hinzu: »Ich dachte mir, sie hat eben am Tag ihrer Ermordung nachmittags eine Freundin besucht, die eine Katze hat. Fand ich in unserem Zusammenhang nicht so wichtig, die Spuren von geschütztem Geschlechtsverkehr ein, zwei Stunden vor dem Mord und die nicht zuordnenbare männliche DNA, die ja auch gefunden wurde, schienen mir jedenfalls bedeutend wichtiger zu sein – und seltsam genug.«

Schröder warf ein: »Das, der zweite Mann, war von Anfang an das Rätselhafte bei der Hauser. Unser Täter hinterlässt ja keine DNA-Spuren ...«

Gernsbach, der die Männer hier mit Ausnahme Michaels alle ein wenig zu langsam im Kopf waren, fasste bereits zusammen: »Nüchtern betrachtet, könnte auch dieser Unbekannte der Täter im Fall Hauser sein – sicher aber handelt es sich um einen anderen Mann als den, den wir suchen. Doch zuletzt gesehen wurde eben eine Frau …«

Wieder redeten alle durcheinander; die Spannung musste sich Luft verschaffen. Alle hatten das Gefühl – zum ersten Mal bei diesem Fall –, einen Schritt weitergekommen zu sein. Nachdem sich die Aufregung im Raum gelegt hatte, sagte Noack: »Gut, dann werden wir uns zuerst die Frauen in Hausers Umfeld noch einmal genauer ansehen! Wiesner, das übernehmen Sie. Und ansonsten hat der weitere Datenabgleich aus den Dating-Portalen mit allem, was wir über die ersten drei Morde wissen, Vorrang; Schröder, nehmen Sie alle, die wegen eines Alibis zum Tatzeitpunkt Hauser aussortiert wurden, sicherheitshalber wieder rein. Holzinger und Petersen übernehmen die zugehörigen Befragungen.«

»Wenn wir endlich bei einer einstelligen Zahl potenziell Verdächtiger wären, könnte ich vielleicht doch eine Funkzellenabfrage erwirken«, fügte Schröder hinzu. Noack nickte kurz und verschwand in Richtung seines Büros, die anderen folgten ihm.

Gernsbach blieb alleine zurück. Die unvermittelt aus den Wolken brechende Nachmittagssonne tauchte den Raum, der von alufarbenen Rollos gegen neugierige Blicke geschützt werden konnte, in ein bizarres Schattenspiel. Die Bilder der grausam verstümmelten Frauen, an die sie sich einfach nicht gewöhnen konnte, obwohl der Job natürlich abstumpfte, wurden kurz darauf wieder in gnädiges Dunkel gehüllt. Sie war zufrieden mit der Besprechung. Über hundert Täterprofile hatte sie in all den Jahren erstellt, und ihre Aufklärungsquote lag bei gut neunzig

Prozent; das konnte sich sehen lassen. Aber eine Mörderin, das hatte sie bisher erst einmal gehabt … Sie setzte sich, ihre Beine taten weh von der ganzen Steherei. Das ging erst jetzt, nachdem die Herren gegangen waren. Sie sah an sich hinab. Den blöden Rock würde sie über den Mittag wirklich austauschen müssen.

*

Wiesner stand auf der Weinsteige im Stau. 30 Er war schlecht gelaunt, wie meistens, seitdem er nach Stuttgart abkommandiert worden war, als Relikt der alten, gescheiterten SOKO. Es war unglaublich, wie Noack nach der Pfeife dieser Frau tanzte! »Danke, Michael!« und »Wiesner, das übernehmen Sie«. Das war typisch! Ja, die da oben lebten, und sie hier kümmerten sich um die Details. Dass das, was diese Besserwisserin sich ausgedacht hatte, hieß, wieder bei null anzufangen – wen scherte das schon? Hans Wiesner würde es schon machen! Wenn sie nicht diese rattenscharfen Beine hätte, nicht einmal mit dem Arsch würde er die ansehen.

Was ihm Bauchschmerzen machte, war das Folgende: Angenommen, es gab wirklich zwei Täter, und angenommen, im Fall dieser Hauser war wirklich eine Frau die Mörderin. Da stellte sich doch die Frage: Welches Motiv sollte sie gehabt haben? Gernsbach hatte ihm in ihrer neunmalklugen Art noch gleich eine neue Version des Hathergangs mit auf den Weg gegeben, in der Art: Mann ist zu Besuch bei Miss Internet, sie haben Sex. Mann geht. Frau kommt, die ominöse Katzenbesitzerin. Schlägt Hauser nieder. Dann inszeniert sie den Tatort nach Art des Serienkillers. Das Schmierblatt, in dem dessen Vorgehen sorgfältig erörtert worden war, – wenn man ihn fragte, waren solche Indiskretionen über laufende Ermittlungen eine Sauerei – hatte, wenn er sich recht erinnerte, sogar am Tatort gelegen. Na ja, nahm man das Unwahrscheinliche der neuesten Kopfgeburt der Frau Profilerin mal beiseite, Wiesner wusste, dass die meisten Morde wie alles im Leben ziemlich unwahrscheinlich waren, war Gernsbach zufolge das einzig plausible Motiv für eine Frau in diesem Fall Eifersucht.

Damit mochte sie sogar recht haben. Bei dieser umtriebigen Dame gab es ohne Zweifel eine ganze Reihe potenziell eifersüchtiger Geschlechtsgenossinnen. Allein fünf Männer in den letzten drei Monaten hatte dieses Luder gehabt, alle waren sie verhört worden und hatten ein Alibi. Dazu kam mindestens noch ein sechster, von dem auf ihrem Rechner nichts gefunden worden war – gut, man konnte einen Mann ja auch noch im wirklichen Leben kennen lernen; Wiesner hielt ohnehin nichts von diesem ganzen Internetgedöns. Von dem Unbekannten in Hausers Wohnung, der vor der Tat verschwunden war, hatten sie nichts als seine DNA, und die sagte nichts darüber aus, ob er eventuell vergeben war. Die fünf bereits Verhörten konnten allesamt auch zweigleisig gefahren sein, man hatte sie nicht dazu befragt …

Ehe er also wieder ein Riesenfass aufmachte, dachte Wiesner sich, ging er lieber eine Abkürzung. So war es ihm am liebsten. Denn er hatte gleich nach dieser Besprechung, die eher ein Vortrag gewesen war, seine Hausaufgaben gemacht und sich noch einmal, und diesmal gründlich, die Akten vorgenommen. Solide Polizeiarbeit, nichts für intellektuelle Besserwisser wie diese Gernsbach! Der Mailverkehr und die Telefonate der Hauser hatten einen sehr überschaubaren weiblichen Bekanntenkreis ergeben.

Und nur einer Freundin hatte sie offenbar immer wieder von ihren Männergeschichten erzählt, das war den Mails zu entnehmen gewesen: ihrer Arbeitskollegin Franziska Siebert, wohnhaft in Steckfeld. Zu der war er jetzt unterwegs und kam nur sehr zäh voran. Vermutlich schon wieder ein Unfall.

Wiesner mochte das Wort Intuition nicht, denn Intuitionen verleiteten zu unsinnigen Spekulationen. Was es besser traf, war Erfahrung. Und so gut kannte er die Frauen: Wenn eine wusste, wer Mister Unbekannt war, dann diese beste Freundin. Und seine Nase sagte ihm, dass, falls überhaupt etwas an der ganzen Sache dran war, die Ehefrau des letzten Besuchers die Täterin sein würde. Die anderen fünf konnte man erst einmal vergessen, das gab bloß unnötigen Schreibkram, obwohl es selbstverständlich auch Ehemänner in diesen Dating-Portalen gab und man – er! – das gegebenenfalls später doch noch würde prüfen müssen.

Doch viel plausibler schien ihm ein Affektszenario wie aus dem Bilderbuch: Sie ist ihm gefolgt, sitzt im Auto, während er sich mit der Hauser vergnügt, er kommt endlich heraus: Der Mann schwebt geradezu über die Straße, sie hat er wochenlang nicht angerührt. Jetzt ist die Frau unseres Unbekannten so wütend, dass alles passieren kann. Sie klingelt bei der Rivalin …

Mit dieser Franziska Siebert war bereits gesprochen worden, die Finkbein hatte das übernommen. Die hatte es gut, war immer noch krankgeschrieben! Penibel wie sie war, hatte sie die Frau sogar nach einem Alibi gefragt, stand in den Akten: Siebert hatte mit ihrem Gatten den Tatort gesehen, was dieser bestätigt hatte. Was der Kollegin nicht in den Sinn gekommen war, das war, nach weiteren Männern im Leben der Toten zu fragen. Alles musste man selber machen. Na ja, vielleicht sah sie auch so gut aus wie diese Hauser!

Es dauerte eine halbe Stunde, bis er endlich vor dem Neubau in Steckfeld stand, der bis hin zum heckenumzäunten Vorgarten genauso aussah wie alle anderen Häuser und Vorgärten in dieser Straße. 31 Über der Klingel befand sich ein getöpfertes Schild, auf dem zu lesen war: ›Hier lieben, streiten und versöhnen sich Franziska, Frieder, Anna-Lena und Carlo.‹

Carlo war mutmaßlich der Kater, der sich gleich an seinen Beinen rieb. Die Siebert trug ein dunkelgrünes, eng anliegendes Wollkleid. Sie war blass und sehr nervös. Hatte vielleicht ein paar Kilo zu viel auf den Hüften, sonst ganz ansehnlich. Als er sich vorstellte und mit dem Dienstausweis wedelte, schien sie den Tränen nahe. Es war nun doch reine Intuition, dass er das Gespräch mit einer ganz anderen Frage begann als geplant. Er fragte: »Ich möchte es kurz machen. Bleiben Sie wirklich bei Ihrer Aussage, am Sonntagabend, dem 24. 10., hier mit Ihrem Mann ferngesehen zu haben?« Es war ein Schuss ins Blaue, und der saß.

Franziska Siebert gestand noch im Hausflur, ihre Freundin Mia Hauser im Streit erschlagen zu haben. Es war fast, als habe sie darauf gewartet, diese Last endlich ablegen zu können.

Sie habe das nicht gewollt, doch auch gar nicht fest zugeschlagen, mit ihrem Regenschirm … Als Ursache des Streits gab sie an, Mia habe doch so viele Männer gehabt, da hätte sie doch die Finger von ihrem Frieder lassen können! Er habe ihr am Abend vor der Tat die Affäre mit ihrer besten Freundin gestanden. Sie liebe Frieder doch und habe Mia bloß zur Rede stellen wollen, da sei es eben passiert … Mia sei gleich tot gewesen, da sei sie sich als gelernte

Krankenschwester ganz sicher. Nie hätte sie gedacht, dass ein Mensch von so einem Schlag gleich sterben könne. Die nachträgliche Inszenierung sei ihr beim Anblick der Rosen in den Sinn gekommen, in der Zeitung habe ja genau gestanden, was sie tun musste, damit es aussah wie bei diesem Verrückten. Sie habe dann dort geduscht, ihr völlig blutverschmiertes Kleid in kleine Fetzen zerrissen und in der Klospülung entsorgt und schließlich gegen halb acht in einem von Mias Kleidern das Haus verlassen. Das sei alles ganz falsch gewesen, schrecklich. Sie bekomme die Bilder nicht mehr aus ihrem Kopf, könne nicht mehr schlafen … Wäre Anna-Lena nicht gewesen, hätte sie sich gleich am nächsten Tag gestellt. »Aber ich kann mein Mädchen doch nicht im Stich lassen! Sie ist erst zwei …«

Wiesner schloss das Protokoll mit der für seine Verhältnisse ungewohnt sentimentalen Notiz: »Im Laufe der Vernehmung ergaben sich immer wieder längere Unterbrechungen, weil die Befragte zwischenzeitlich nicht ansprechbar war. Nach Beendigung des Verhörs machte sie einen fast befreiten Eindruck.«

15 Wer länger in Stuttgart ist, sollte unbedingt einen Ausflug auf die Schwäbische Alb einplanen, die nicht nur die Wanderfreunde lockt. Schließlich handelt es sich um die höhlenreichste Landschaft in Deutschland. Von den über 2.000 bisher bekannten Höhlen sind die schönsten und erd- beziehungsweise kunstgeschichtlich interessantesten für Besucher zugänglich und ein unvergessliches Erlebnis, etwa die Bärenhöhle bei Sonnenbühl oder die Nebelhöhle bei Genkingen – Letzteres lässt sich mit einem Besuch des wunderschönen Schlosses Lichtenstein verbinden. Auch der malerische Blautopf bei Blaubeuren ist unbedingt sehenswert. Alle genannten Spots sind mit dem Auto in einer Stunde von Stuttgart aus zu erreichen. Dazu Infos und Wissenswertes unter http://www.schwaebischealb.de/Zeitreisen/Eiszeitkunst-Erdgeschichte2/Hoehlen.

16 Das Teehaus im Weißenburgpark (Hohenheimer Straße 119) ist die wohl am schönsten gelegene Stuttgarter Außengastronomie; die 1913 errichtete Villa im klassizistischen Stil bietet ein zugleich stilvolles und unprätentiöses Ambiente für einen Plausch bei Speis und Trank mit Blick über die Stadt. Der anliegende Marmorsaal kann für Festivitäten wie Hochzeiten etc. bei der Stadt Stuttgart vergleichsweise preiswert angemietet werden.

17 Das Lehenviertel im Stuttgarter Süden ist mit seinen gut erhaltenen Jugendstilensembles eine der begehrtesten Wohnlagen für Alt- und Neu-Stuttgarter (jen-

seits der noch etwas höherpreisigen Villengebiete in Halbhöhenlage). Von hier aus lassen sich in kleineren Spaziergängen die Markuskirche, der Marienplatz mit seinen Geschäften und Cafés, der historische Schwabtunnel und vieles andere mehr entdecken.

18 Das Theater Rampe in der Filderstraße 47 im Stuttgarter Süden ist für Freunde anspruchsvollen Schauspiels immer einen Besuch wert. Programm unter http://theaterrampe.de. Für Freunde des Nachtlebens und der gepflegten Feierei im Anschluss an die Kunst befindet sich hier auch eine Location namens Rakete, die zu Kaltgetränken einlädt.

19 Die aus der Arbeiterbewegung stammenden Waldheime sind so etwas wie die Stuttgarter Variante der Biergartenkultur. Nahezu jedes Stadtviertel hat sein Waldheim; am bekanntesten ist neben dem Genannten mit schönem Blick ins Neckartal das Waldheim Heslach: http://www.waldheim-heslach.de/index.html.

20 Die romantische Grabkapelle Rotenberg liegt auf dem gleichnamigen letzten Ausläufer des Schurwalds ins Neckartal, den jahrhundertelang die Burg Wirtemberg, die Stammburg der Württemberger, geprägt hatte. König Wilhelm II. ließ ihn deshalb 1907 in »Württemberg« umbenennen, was sich aber nie durchgesetzt hat. Das Mausoleum wurde nach dem Tod Königin Katharinas erbaut und entstand zwischen 1820 und 1824 nach dem Entwurf des in Florenz geborenen Architekten und Topografen und Stuttgarter Hofbaumeisters Giovanni Salucci, der als Revolutionsbefürworter und Freigeist lange in Diensten der französischen Armee gestanden und auch an

Napoleons desaströsem Russlandfeldzug teilgenommen hatte. Er verantwortete in Stuttgart unter anderem auch noch das Wilhelmpalais, das Löwentor und das Schloss Rosenstein; die idyllisch gelegene Grabkapelle für Katharina Pawlowna Romanowa, die 1819 nach nur drei Jahren als Württemberger Königin im Alter von 31 Jahren an einer Grippe verstarb, welche sie sich der Legende nach zuzog, als sie angesichts der Untreue des Ehemanns im Winter nur leicht bekleidet im Park des Neuen Schlosses umherirrte, diente dann auch 43 Jahre später dem untreuen Gemahl als letzte Ruhestätte, der zumindest insofern dem Spruch »Die Liebe höret nimmer auf« gerecht wurde. Dazu: http://www.grabkapelle-rotenberg.de/.

21 Das malerische Weindorf Uhlbach, inmitten der Weinberge gelegen, bietet dem Reisenden ein ganz besonderes Flair, zahlreiche prächtige Fachwerkhäuser und beherbergt auch das Weinbaumuseum Stuttgart; Öffnungszeiten und Wissenswertes unter www.weinbaumuseum.de.

22 Der Stuttgarter Westen – seine kennzeichnende Tallage mit der mittigen Erhebung der lauschigen Karlshöhe wurde durch den Vogelsangbach und den Röckenwiesenbach geschaffen, die wie der berühmte Nesenbach allerdings schon seit vielen Jahren in irgendwelchen Kanälen verschwunden sind, – bietet das größte erhaltene Gründerzeitviertel Deutschlands. Die Erschließung des Viertels begann relativ spät, in der ersten Hälfte des 19. Jahrhunderts (vom Rotebühlplatz und vom Büchsentor aus hangaufwärts). Hier befinden sich heute unzählige kleinere und größere architektonische Sehenswürdigkeiten, insbesondere für Liebhaber des

Jugendstils. Der Westen ist zugleich das wohl angesagteste Stuttgarter Wohnviertel – eines der am dichtesten besiedelten in ganz Deutschland! Seine Reize erkundet man am besten zu Fuß, etwa auf dem sogenannten Panoramaweg West, dessen 4,2 km man in zwei Stunden leicht bewältigt. Dazu das sehr informative PDF der Stadt: http://www.stuttgart.de/item/show/305805/1/publ/21391.

23 Stuttgart ist nicht gerade gesegnet mit Sternerestaurants nach dem Guide Michelin; eines von derzeit sieben ist das Lokal 5 in der Bolzstraße 8, das mit dem Slogan wirbt: »Café, Bar, Restaurant, Lounge, Club – ein paar Schritte vom Schlossplatz findet das gastronomische 21. Jahrhundert statt«. Unkonventionelle Gourmetküche.

24 In Stuttgart gibt es zahlreiche Clubs und Bars, sodass das rege Nachtleben der oft als verschlafen geltenden Stadt Reisende aus aller Welt häufig überrascht. Aufgrund der Lage mit dem umgebenden »Speckgürtel« aus Klein- und Mittelstädten findet an Wochenenden in der Innenstadt das Nachtleben einer 2,5 Millionenmetropole statt. Die Namen der Locations wechseln ständig, eine der wenigen Konstanten seit den 1980er-Jahren ist der »Palast der Republik« in der Friedrichstraße 27. Das schmucke ehemalige Toilettenhäuschen ist zugleich auch eine sehr beliebte Außengastronomie-Location (von Biergarten sprechen hier wohl nur Stuttgarter), das mit seiner Insellage inmitten verwaister Bankpaläste an einer vielbefahrenen Hauptstraße eine ganz besondere Atmosphäre kennzeichnet.

25 Auf dem Hügel inmitten der Stadt, die etwa 100 Meter über dem Stuttgarter Westen aufragt und seit dem

14. Jahrhundert als Steinbruch für den in Stuttgart allgegenwärtigen Schilfsandstein gedient hatte, liegen heute Weinberge, Gärten und eine ausgedehnte öffentliche Grünanlage. Im unteren Bereich ist der Hügel, vor allem auf der Südseite, teilweise bebaut; hier stehen einige prachtvolle Villenanlagen, etwa die Villa Gemmingen. Auf dem Gipfel, von dem sich ein hübscher Blick über die Innenstadt bietet, befinden sich ein Gartenlokal mit Aussichtsterrasse und ein Kinderspielplatz. Im Jahr 1864 erwarb der »Verschönerungsverein Stuttgart« die Flächen und gestaltete sie als öffentlichen Park neu. 1889 wurde der Rainsburghügel zum 25-jährigen Regierungsjubiläum König Karls I. in »Karlshöhe« umbenannt. Erst für die BuGa 1961 wurden mit den Grünanlagen am östlichen und nördlichen Hang Zugänge von der Innenstadt beziehungsweise vom Stuttgarter Westen geschaffen. Am Fuße der Höhe, in der Mörikestraße, befindet sich das Städtische Lapidarium, das für historisch Interessierte in der warmen Jahreszeit einen Besuch wert ist (geöffnet Montag bis Samstag 14.00–18.00 Uhr).

26 Im Großen Haus ist die Stuttgarter Oper ansässig, das bedeutendste Theater der Stadt spielt im danebengelegenen Schauspielhaus, auch Kleines Haus genannt – ein aus heutiger Sicht wenig Aufsehen erregender Zweckbau aus den 1950er Jahren nach Entwürfen von Hans Volkart. Hier finden die Stuttgarter Schauspiel-Aufführungen von überregionaler Bedeutung statt. Programm unter: http://www.schauspiel-stuttgart.de. Im Theater im Depot in der Landhausstraße beim Ostendplatz spielt die freie Theaterszene Stuttgart. Infos unter: http://www.ost-stuttgart.com/aktuelles/.

27 Das wohl beliebteste Naherholungsgebiet Stuttgarts sind die drei kleinen Bärenseen im Westen (Richtung Vaihingen), die im 16. Jahrhundert auf herzogliches Geheiß aufgestaut wurden und lange Zeit der Trinkwasserversorgung der Stadt Stuttgart dienten. Man kann die Seen bequem in einem größeren Spaziergang umrunden und im malerischen Bärenschlössle einkehren (ursprünglich 1768 im klassisch-römischen Stil errichtet, insgesamt viermal nahezu vollständig zerstört und wieder aufgebaut), einem ehemaligen Jagdschlösschen mit gegenüberliegendem Pavillon, das zuletzt nach einem Brand in den 1990er Jahren restauriert wurde. Von hier aus lassen sich auch der beliebte Stuttgarter Rot- und Schwarzwildpark besuchen.

28 Der inzwischen gut 600 Jahre alte Stuttgarter Schlossgarten ist der größte Park der Stadt und eine der größeren derartigen Anlagen in Deutschland. Man kann hier vom Alten Schloss, am Landtag und Neuen Schloss vorbei bis ans Cannstatter Neckarufer gehen, ohne die Parkanlagen zu verlassen, wenn man möchte, an der Wilhelma vorbei über den Rosensteinpark den Pragsattel erreichen oder aber über den Stadtteil Berg die Parkanlagen um die Villa Berg bis zur Teckstraße – dieses imaginäre Dreieck hätte einen Umfang von 10 km! Der Park beherbergt zahllose Sehenswürdigkeiten und Attraktionen, unter anderem auch die Berger Sprudler (die Stuttgarter Mineralquellen), das Leuze (Stuttgarts bekanntestes Schwimmbad) und das Mineralbad Berg.

29 Das bereits in der Römerzeit besiedelte Bad Cannstatt, 1905 mit Stuttgart vereinigt, ist der älteste und einwohnerstärkste Stadtteil Stuttgarts. Mit seinen 19 Mineral-

quellen besitzt es, was nur wenige wissen, die zweitgrößten Mineralwasservorkommen Europas. Es gibt zahlreiche Sehenswürdigkeiten, die neugotische Stadtkirche aus dem späten 15. Jahrhundert etwa, das 1840 eingeweihte Wilhelma-Theater oder das Römerkastell. Überregional am bekanntesten sind das Cannstatter Volksfest im Herbst, das nach dem Münchner Oktoberfest zweitgrößte dieser Art, das WM-Stadion, welches, 1933 als Adolf-Hitler-Kampfbahn errichtet, lange Zeit als Neckarstadion bekannt war und seit 2008 Mercedes-Benz-Arena heißt, wo der VFB Stuttgart seine Heimspiele austrägt, die Porsche-Arena (2006 errichtet, 7.500 Plätze) und die Hanns-Stefan (Martin)-Schleyer-Halle (1983 errichtet, 15.000 Plätze), wo u.a. die größeren Stuttgarter Hallensport- und Konzertveranstaltungen stattfinden. Nicht nur achitektonisch interessant ist das 2008 nach Entwürfen des Stuttgarter Büros hg merz errichtete Mercedes-Benz-Museum, das mit seinen Exponaten zur Automobilgeschichte das meistbesuchte Stuttgarter Museum ist. Alle genannten Spots kann man auf einem Spaziergang betrachten, das Museum ist dienstags bis sonntags von 9 bis 18 Uhr geöffnet, Infos unter http://www.mercedes-benz-classic.com/content/classic/mpc/mpc_classic_website/de/mpc_home/mbc/home/museum/home.flash.html.

30 Die Neue Weinsteige, ursprünglich 1826-1831 erbaut und damals eine straßenbautechnische Pionierleistung, bietet noch heute einen wunderbaren Blick auf Stuttgart, den man, etwa auf dem Weg nach Degerloch, nicht versäumen sollte.

31 Der südlichste Stadtteil Stuttgarts, Plieningen, liegt 10 km vom Zentrum entfernt und bietet sich an als

Ausgangspunkt eines Spaziergangs auf der Filderebene, wo sich auch der Stuttgarter Flughafen befindet. Noch heute entwickeln die typischen blauen Krautfelder im Herbst einen ganz eigenen Charme. In Plieningen sollte man auch die romanische Stefanskirche aus dem 12. Jahrhundert besuchen, eine der ältesten Kirchen Stuttgarts (ursprünglich befand sich hier seit 600 eine Urkirche aus Holz). Zu einem Spaziergang regt auch das Körschtal mit der Oberen und Unteren Mühle und dem Mühlensee an. Den hier angesprochenen Teilort Steckfeld hingegen muss man nicht unbedingt besuchen.

U-BAHNHOF MAYBACHSTRASSE

»Was ist das für eine verfickte Scheiße, du Opfer? Nokia? Willst du uns verarschen?«

Der Größte der drei hebt mein Mobiltelefon in die Höhe, dann lässt er es fallen. Er tritt so lange darauf herum, bis irgendetwas zerspringt. »Du bist tot, Mann!« Die anderen beiden grinsen dazu. Die Bande riecht nach Wodka-Bull, billigem Rasierwasser, gewürzt mit stechendem Testosteron, Vorfreude liegt in ihrem Lächeln. Klar bin ich nicht für so etwas gemacht wie das hier. Aber dramatisiere ich, wenn ich in ihren Augen nichts als blanke Mordlust wähne?

In den beigefarbenen Kacheln der Bahnsteigwand, an die der Große mich mit einem Unterarm presst, der an Umfang zweifellos meinen Oberschenkel übertrifft, tut sich noch immer kein Fluchtweg auf, die blauen Metalltüren bleiben geschlossen. Keine Rettung naht. Die Videoüberwachung hier unten ist offensichtlich defekt, irgendein Aktivist hat mit weißer Sprühfarbe ganze Arbeit geleistet im wackeren Kampf gegen den Überwachungsstaat. Es riecht nach der üblichen Mischung aus Reinigungsmittel, kaltem Rauch, Urin und Erbrochenem. Nichts hier unten deutet darauf hin, dass noch vor zwei Stunden Reste eines gemischten Kulturpublikums aus dem benachbarten *Theaterhaus* nach dem Genuss modernen Tanztheaters den Heimweg angetreten haben müssen, eine Aufführung nach einer Vorlage von Sibylle Berg, wenn ich das Programm richtig in Erinnerung behalten habe. 32 Ansonsten gibt es in dieser Gegend nur einige große Hotels, die am Wochenende weitgehend leer stehen, seitdem es hier oben keine Messe mehr gibt, und diverse neu errichtete Bürogebäude, sodass Zeugen meiner unglücklichen Lage sehr unwahrscheinlich sind. 33 Außer dem bis auf einen schmalen schwarzen Streifen auf der Schädelmitte kahl rasierten Kerl, der arabischer Herkunft zu sein scheint und mir seinen Döner-Atem ins Gesicht bläst, wobei er, was mein größeres Problem ist, meinen Hals immer fester zudrückt, und seinen beiden Kumpanen ist nur noch das überlebensgroße Gesicht einer jungen Mutter zu sehen, die mit aseptischem Lächeln ihrer Zielgruppe Bio-Kräuterquark offeriert. Die Leuchtreklame steht am Bahnsteig gegenüber.

Man denkt nicht viel Brauchbares in solchen Momenten. Da ich mich nicht bewegen kann, frage ich mich, was ich sagen könnte. Sicher keine rhetorischen Feinheiten: Wer am Abgrund steht, sollte nicht tanzen. Aber etwas zu erwidern, das Richtige am besten, scheint mir doch die einzige Chance zu entkommen. Ich will nicht als das nächste unschuldig zu Tode getretene Opfer der zunehmenden Verrohung unserer Jugend für einige Tage durch die Medien geistern. Doch mir fällt zu dieser Lage, diesem lächerlichen Klischee – Akademiker verläuft sich in den frühen Morgenstunden und trifft prompt auf die falschen Leute – nichts ein, beim besten Willen nicht.

Meine Arbeit über Goethes *Wahlverwandtschaften* hat dieser Tage endlich einige Früchte getragen, bis ich angesichts einiger Schwierigkeiten in Bezug auf Kants Rolle meinen Schreibtisch ungewohnt fluchtartig verlassen habe. Der Einfluss des Königsberger Philosophen, jenes »Leuchtfeuers der Aufklärung«, auf Goethe, darüber weiß ich zu wenig, und ich bin mir nicht sicher, ob es nicht ohnehin eine in die Irre führende Abschweifung ist, dem nachzuspüren. Plötzlich einsetzende Kopfschmerzen und die Angst, wieder in meine lähmende Schreibhemmung des letzten Jahres zu verfallen, veranlassten mich jedenfalls dazu, mitten in der Nacht die Wohnung zu verlassen. »Niemand ist mehr Sklave als der sich für frei hält, ohne es zu sein«, heißt es bei Goethe.

Man kann also sagen, dass es mein Aufsatz war, der mich letztendlich in diese Lage gebracht hat; denn der Gedanke an einen den Geist belebenden Spaziergang durch den benachbarten kleinen Park an der Mönchhalde ist es doch gewesen, der mich zur Unzeit hierhergeführt hatte. 34 Genauer, der dann überraschend einsetzende Regen, dessentwegen ich für den Rückweg in Richtung Tunzhofer Straße die U-Bahn nehmen wollte. 35 Wäre ich nur auf der anderen Seite des Friedhofs über den Nordbahnhof zurückgegangen; durchnässt wäre ich, hätte mir vielleicht eine Erkältung eingefangen, aber das hier wäre mir erspart geblieben. 36

Womit ich monatelang gerungen habe, ist das Paradoxe an dem Versuch, über eine Interpretation dieses klassischen Romans die Unhaltbarkeit jeder Interpretation aufzuzeigen. Inzwischen ist mir die große Linie des Aufsatzes klar: Ich will zeigen, dieses Werk ist Goethes modernstes. Ja, man kann sogar sagen, hier werden Gedanken heutiger Dekonstruktivisten vorweggenommen. Goethe mit Derrida zu lesen, mag nicht allzu originell sein, aber so etwas nicht nur anzudeuten, sondern minutiös am Text zu zeigen, schien mir der Mühe wert: etwa Ottilies Schweigen, als letzter Ausweg nach dem Kindstod. Dann das neben dem Kind gleichfalls im See verschwundene Buch, in welches sie so tief versunken war, dass das Unglück geschehen konnte … Oder ihr Entschluss, fortan nicht mehr zu sprechen – all dies ist doch Postmoderne *avant la lettre*! Jedenfalls stehen in den *Wahlverwandtschaften* Lesbarkeit und Sinn erstmals im literarischen Schreiben selbst zur Debatte. Doch ist das nicht bereits in Kants berühmter Formel von der »Gesetzmäßigkeit ohne Gesetz« der ästhetischen Einbildungskraft angelegt oder zumindest in Hegels späterer Position zum Ästhetischen der Kunst als eines »Noch-Nicht«, geboren aus einem Mangel – nicht einem Zuviel – an Wissen?

Davon kann ich der Bande hier nichts erzählen, auch nicht von dem anstehenden Vortrag im Hegel-Haus, dessen Termin bedrohlich näherrückt, ohne dass ich bisher auch nur ein Wort zu Papier gebracht hätte. 37 Seit Maries Auszug geht alles schief, das lässt sich nicht leugnen. Warum aber verhöhnt mich jetzt aus einem Winkel meines Gehirns das offizielle Wort für solche Typen: Bildungsverlierer? Wer ist denn hier der Verlierer? Ja, ich gebe eine lächerliche Figur ab! Der Kerl presst jetzt meine Wange mit derartiger Gewalt gegen die Stahlkante der Fluchttür, dass irgendetwas an meinem Ohr reißt; ich spüre einen pochenden Schmerz, blute wohl. Panik steigt in mir auf.

»Hey, ich rede mit dir, du Spast! Hast du wenigstens Kohle da?«

Ich schüttele den Kopf, so gut das in meiner Lage geht. In meiner Geldbörse ist gerade genug für die Bahnfahrt. Der Blonde mit dem zart geschnittenen Gesicht, offenbar der jüngste der drei, tritt heran und reißt mein Jackett herunter. Das Geld hat er schnell gefunden. »Ey, Mann, soll das ein Witz sein?« Er lässt die Münzen auf den Bahnsteig fallen.

Seine Augen glänzen böse im Neonlicht. Auch er hat diese Frisur, die sie gerade alle tragen, an den Seiten abrasiert, oben ein gelverstärkter Seitenscheitel. Der Ausdruck der geweiteten Pupillen in seinen wasserblauen Augen gefällt mir nicht, irgendetwas sagt mir, dass von ihm die größte Gefahr droht, obwohl der, der mich hält, mit seiner Narbe auf der Wange und den Tätowierungen ungleich brutaler aussieht. Der Jüngere steht zusätzlich zum Alkohol, den alle drei reichlich konsumiert haben müssen, ganz offensichtlich unter Drogen, er ist buchstäblich nicht mehr zurechnungsfähig.

Ich keuche: »Ihr seht doch, dass es bei mir nichts zu holen gibt. Was wollt ihr denn von mir?«

Der Blonde wendet sich ab und hebt theatralisch die Arme in Richtung des Dritten, der die Haare bis auf die Farbe auf exakt dieselbe Weise trägt. Alle drei tragen Jogginghosen in unterschiedlichen Farben und weiße, klobige Markenturnschuhe. »Alter, hörst du, was der sagt? Was wollen wir denn von ihm?« Dann folgt eine Drehung wie bei einem Kampfsportler; sein Tritt trifft mich in die Nierengegend.

Obwohl er mich nicht voll erwischt hat, raubt mir der Schmerz den Atem; es fühlt sich an, als sei etwas in meinem Unterleib geplatzt. Würde mich der Kahlrasierte nicht ungerührt weiter festhalten, wäre ich zu Boden gegangen.

»Hältst du uns für Diebe?«, kommentiert er den Tritt.

Mein ganzes Leben bin ich solchen Kreaturen ausgewichen, kann man mir da vorwerfen, dass ich nicht ihre Sprache spreche? Dennoch irrt Wittgenstein, von wegen »Worüber man nicht reden kann …«: Schweigen ist hier kein Ausweg. Ich muss endlich etwas die Situation Entschärfendes sagen. Aber was?

»Hey, Murat, ich glaub, der Hurensohn will dir nicht antworten! Redet wohl nicht mit Ausländern! Dabei hat er selber nicht einmal ein richtiges Handy; läuft hier rum wie ein Mongo im Zoo mit seinem schwulen Jackett und so, und hat gerade mal dreifünfzig bei sich … Was für ein Opfer!«

Er zeigt auf seinen Schlagring. »Alter, gleich fehlen ihm fünf Zähne …«

Der Kleinste, das ist relativ, auch er überragt mich, lacht aus dem Hintergrund: »Mehr als vier schaffst du nie. Nicht mit einem Schlag. Ich wette dagegen!« Er redet mit deutlich schwäbischem Akzent.

»O.K., um einen Zwanni.«

Sie schlagen lässig ab.

Der hinten hat jetzt seine Handykamera rausgeholt und beginnt zu filmen.

»Hey, Mann, morgen bist du im Netz«, lacht er. »Wenn du Glück hast, kannst im Krankenhaus *Youtube* gucken …« Ich versuche mir ihre Gesichter einzuprägen. Das soll man doch tun, in so einer Situation. Für später. Wenn es ein Später gibt.

Mein Herz rast. Soll ich versuchen, ihnen die Konsequenzen ihres Tuns vor Augen zu führen? Eher könnte ich durch einen Tritt mit dem linken Knie zwischen die Beine vielleicht den, der mich hält wie eine Pressmaschine, dazu bringen, seinen Griff zu lösen – um dann direkt in den Schlagring zu laufen? Sie noch wütender zu machen? Auch das scheint mir kein guter Plan. Einfach irgendetwas sagen, und wenn es nur Zeit bringt, vielleicht etwas, das sie belustigt … Nur was? Ich verstehe jetzt, was der Klischeeausdruck »Mein Mund fühlte sich an wie zugenäht« bedeutet.

Mir kommt, ich weiß nicht, warum, ein Bild in den Kopf, ich war vielleicht dreizehn oder vierzehn, Außenseiter natürlich, und wurde oft gehänselt, wie es damals hieß, von ein paar pubertierenden Schwachköpfen in meiner Klasse auf dem Gymnasium in Esslingen. 38 Den Ranzen wegnehmen und mich wie ein Kind beim Männerbasketball durch geschicktes Zuwerfen im Kreis laufen lassen, die Jacke ins Klo, dumme Sprüche im Unterricht oder vor Mädchen – das Übliche halt. Heute hieße das Mobbing. Wenn einem der Pädagogen damals etwas aufgefallen wäre, dann höchstens meine völlige Unfähigkeit, mich zu wehren; weder körperlich noch verbal machte ich je die leisesten Anstalten dazu. »Aggressionshemmung, vielleicht in krankhaftem Ausmaß, mit dem Schulpsychologen ggf. abzuklären«, hätte es vielleicht als Notiz in einer Konferenz heißen müssen, eigentlich. Doch Derartiges interessierte die Lehrer damals nicht, Jungs in dem Alter sind eben so, hieß es, das gibt es doch in jeder Klasse.

So ging das ein, zwei Jahre, bis eines Tages auf dem Schulhof eine Kleinigkeit, wieder einmal ein dummer Spruch des Anführers, mich derart in Rage brachte, dass ich plötzlich auf ihn losging. Sei es, es war der Überraschungseffekt, oder aber man hatte mich wirklich die ganze Zeit nur zum Widerstand reizen wollen, der Punkt ging jedenfalls an mich. Von da ab wurde es besser. Jahre später bekam ich Post von einem Mädchen aus Bayern, wohl der Freundin des Typen, der inzwischen Polizist geworden war. Er müsse noch oft an mich denken, habe ein schlechtes Gewissen und wolle sich entschuldigen. Ich ließ den Brief unbeantwortet, hatte andere Sorgen. Es muss das alte Muster sein, das mich in diese Lage gebracht hat. Solche spüren die Schwäche des anderen instinktiv, wie Tiere.

Vielleicht hätte ich doch einmal einen Selbstverteidigungskurs machen sollen, wie es mir viele Jahre später einmal eine Psychologin im Zuge meiner damaligen Panikattacken nahegelegt hat. Doch all das nützt nichts, hier und jetzt.

Ich sage: »Was wollt ihr denn von mir?« Es klingt wie: Wieso ich? – Nicht sehr klug.

Der Kahlrasierte versteht: »Ey, weisch, was dein Problem ist? Du bisch einfach voll das Opfer.«

Das wäre also auch geklärt.

»Jetzt laber nicht, Alter. Mach ihn endlich fertig. Das müssen wir alles rausschneiden. Ich hab nicht ewig Zeit für das hier …« Der Blonde.

»Rausschneiden is kein Problem. Ich hab da so eine App. Die macht das in paar Sekunden.«

Der Dritte ist wohl Kameramann. Er steckt sich eine Zigarette an, ohne mit dem Filmen innezuhalten.

Die Werbetafel hat gewechselt, jetzt steht da gelb auf orange: ›Die Welt gehört denen, die lauter denken als andere schreien.‹ Das ist nicht nur in politischer Hinsicht falsch, wie ich weiß, sondern auch ganz konkret, in diesem Moment: In mir denkt es ununterbrochen und sehr laut Worte; sinnlose Worte rasen durch meinen Schädel, wie ein wild gewordener Bienenschwarm lassen sie mir keine Ruhe, doch schreien kann ich nicht. So weiß ich natürlich, dass die drei die Opfer sind, chancenlos schon durch ihre Geburt. Folgen einer Politik, die seit über dreißig Jahren die Welt zum Markt und die Menschen zu konkurrierenden Produkten in einem erbarmungslosen Kampf jeder gegen jeden gemacht hat, die ergo die Klassengrenzen wieder viel enger gezogen hat, damit am Ende nicht so ein Yussuf oder Sergeij, sondern der geliebte Moritz Lieven oder René-Pascal den gut dotierten Ingenieursjob beim mittelständischen Automobilzulieferer erhält oder Besseres. Denn alle verantwortungsvolle Politik dreht sich letztlich darum, auch den Kindern der Bessergestellten ein besseres Leben, besser noch als das ihrer Eltern, zu ermöglichen; das ist nur gerecht, das wollen alle Eltern, und zu diesem höheren Zweck muss beim Kampf um die immer weniger werdenden Plätze in der Gesellschaft, die solches ermöglichen, kräftig ausgesiebt werden. Solche wie diese drei hier sind spätestens nach der Grundschule aus dem Rennen gewesen, mit vierzehn dann durch das letzte Raster gefallen, behördlich abgestempelt als noch nicht einmal für einfachste Tätigkeiten verwertbar, und das wissen sie. Sie sind und bleiben sich selbst reproduzierende Unterschicht, ewige Wiederkehr. Und das muss so sein, denn all die Lektüre wertvoller pädagogischer Werke der liebenden Eltern der Mittelschicht, all die bilinguale Erziehung, das Frühchinesisch und das Kinderyoga sollen sich am Ende lohnen, und um das sicherzustellen, braucht es feine, aber effektive Selektionsmechanismen, die dafür sorgen, dass als biopolitischer Effekt unten bleibt, was nach unten gehört.

Verfasste ich gerade einen meiner Leserbriefe, zu Hause am Schreibtisch, wären mir die drei höchst sympathisch, als Überflüssige par excellence, als Leidtragende einer durch und durch verkehrten Politik würden sie meine Thesen durch ihr »nacktes Leben« im Sinne des italienischen Philosophen Giorgio Agamben bezeugen, also durch ihre bloße Existenz, wobei für den düsteren Agamben, wenn ich mich recht erinnere, das KZ das Paradigma des modernen Lebens ist, der Kampf jeder gegen jeden, ein Gedanke, der bereits bei Eugène Ionesco auftaucht und spätestens durch Herbert Marcuse in der Philosophie bekannt gemacht wurde, und das war Anfang der 1960er, was wiederum zeigt, wie man heute ein akademischer Star wird, durch Abschreiben, aber das gehört nicht hierher, gehört entschieden nicht hierher … Jedenfalls ist jetzt, hier, nichts mehr von meiner abstrakten Sympathie für die Ausgeschlossenen übrig, ja, ich kann die Kerle buchstäblich nicht riechen, wie ein Hund den anderen, und Abschaum ist noch das mildeste Wort, das mir zu ihnen einfällt. Doch um Worte geht es hier nicht, und das ist mein Problem. Auch, dass gegenüber nun für das nächste Lichterfest geworben wird, hilft mir nicht auf die Sprünge. 39

Der Blonde hat jetzt genug. Sein nächster Schlag ist noch immer halb im Scherz, über die Schulter des mich Haltenden hinweg. Ich kann mich ein wenig wegducken, sodass er mich nur an der Wange streift, die dennoch wegen der scharfen Kante des Schlagrings sofort zu bluten anfängt. Dann zerschmettert eine linke Gerade meine Nase.

Ich spüre zugleich auch weiter unten eine warme Flüssigkeit.

»Ich fass es nicht! Der pisst sich voll! So eine schwule Drecksau … Findest du wohl geil, die Sache hier, was?«, ruft der mit der Kamera und lacht dreckig.

Angewidert stößt mich der weg, der mich gehalten hat. Aus meinen Beinen weicht die Kraft, ich beginne zu weinen und sinke auf den Boden. Voll das Opfer. Seltsamerweise fährt mir der Gedanke durch den Kopf, dass Goethe den Titel »Wahlverwandtschaften« der zeitgenössischen Chemie entnommen hatte: Ein Vorgang, der eintreten kann, wenn zwei chemische Verbindungen zusammentreffen. Unter gewissen Umständen lösen sich die Elemente der einen voneinander, um sich mit einem frei gewordenen Partner der anderen zu vereinigen. Was geschieht hier mit mir? Und was denkt in mir dieses Zeug?

»Hey, du bist es nicht wert, dass ich mir mein Shirt an dir schmutzig mache. Los, machen wir das fertig!« Der Glatzkopf tritt mir in die Seite, der andere erwischt mich am Kopf. Ich krümme mich vor Schmerz und sehe, dass auf der gegenüberliegenden Seite jetzt ein Grüppchen Jugendlicher ist. Sie starren herüber.

»Hey, was soll das?«, höre ich eine Mädchenstimme. »Aufhören!«

Sei es, die Störung bringt sie aus dem Konzept – die drei fallen bestimmt noch unter das Jugendstrafrecht, sind sicher nicht welche von den ganz harten Jungs. »Alles in allem eher Gelegenheits- als Intensivtäter«, wird der Richter später mit strenger Miene kommentieren. Oder es ist die Lautsprecherdurchsage »Zug fährt ein«, die sie veranlasst, von mir abzulassen. Einander nach vollbrachter Heldentat mehrfach abschlagend, schlendern sie zur Rolltreppe, den Stinkefinger rückwärtig gegen die Jugendlichen auf der anderen Seite erhoben. Ihr Gang ist noch immer dieser »Pimp-Roll«, wie ihn Tom Wolfe im *Fegefeuer der Eitelkeiten* so treffend beschrieben hat.

Ich weiß nicht, was über mich kommt. Da ist auf einmal diese Wut. Ich sehe, dass einer zurückbleibt, sich in Richtung des anderen Bahnsteigs verbeugt, wie ein Schauspieler nach gelungener Premiere. Es ist der Blonde. Ich sehe, dass die beiden anderen längst von der Rolltreppe in Richtung Messehotel verschluckt sind. Ich sehe die Lichter des einfahrenden Zugs, welche in der Tunnelröhre aufflackern, da springe ich auf, humpele dem Typen hinterher. Ich weiß nicht, woher ich die Kraft nehme. Wegen des allgemeinen Lärms bemerkt er mich nicht. Mit Anlauf erwische ich ihn voll zwischen seinen muskulösen Schultern. Überrascht gerät er ins Taumeln und stürzt schwer von der Bahnsteigkante. Dann ist in meinem Kopf eine wunderbare Stille, wie durch Watte dringen sein überraschter Schrei, das Quietschen der Bremsen der Bahn, die erst gut fünfzehn Meter weiter hinten zum Stehen kommt, und das Kreischen der Mädchen in mein Ohr. Ich sinke auf die Knie und warte. Ich warte lange, ein Pulk bildet sich um mich, ich warte, bis sie mich abführen. Die Stille bleibt.

32 Das Theaterhaus, das seit 2003 am Pragsattel ansässig ist, ist eines der bedeutendsten Theater- und Veranstaltungsorte in Stuttgart. Pro Jahr besuchen über 300.000 Besucher rund 1.000 Veranstaltungen im Theaterhaus; rund 150 dieser Termine sind eintrittsfrei. Näheres unter http://www.theaterhaus.com/theaterhaus/index.php.

33 Anstelle des vormaligen Messegeländes Killesberg (bis 2007) entstand das mehrfach ausgezeichnete Architekturprojekt Killesberg Höhe (http://www.killesberghoehe.de/index.htm) mit dem bezeichnenden Wahlspruch *Sind Sie hier, sind Sie oben.* Außerdem in der Nähe sind die Staatliche Akademie der Bildenden Künste Stuttgart und die Weißenhofsiedlung, *die* architekturgeschichtliche Attraktion in Stuttgart schlechthin! Weltweit ist sie, 1927 unter der Leitung Ludwig Mies van der Rohes im Rahmen der Werkbund-Ausstellung »Die Wohnung« errichtet, neben dem Bauhaus und den weißen Häusern Le Corbusiers in Paris das einflussreichste Vorbild der aufkommenden modernen Architektur gewesen. Hier auch das sehenswerte Weißenhofmuseum (Rathenaustraße 1–3, 70191 Stuttgart), wo eine gebuchte Führung sehr empfehlenswert ist; Näheres unter http://www.stuttgart.de/weissenhof. Achtung: Montags ist das Museum wie fast alle Stuttgarter Museen geschlossen.

34 Vor allem der auf der Höhe jenseits der Staatlichen Akademie der Bildenden Künste anschließende Höhenpark Killesberg ist ganzjährig einen Spazier-

gang wert! Mit seinen Seenterrassen, dem Killesbergturm, der Tierwiese, dem Höhenfreibad Killesberg u.v.a.m. ist es zweifellos die abwechslungsreichste Grünanlage Stuttgarts. Infos unter http://www.stuttgart.de/hoehenpark-killesberg.

35 Eine geschichtsträchtige Ecke, auch wenn heute nur noch der schöne Pragfriedhof (geht auf das Jahr 1873 zurück, darin einige sehenswerte Jugendstilbauwerke und auch der hiesige israelitische Friedhof) davon Zeugnis ablegt. In der Gegend des heutigen Südausgangs des Friedhofs befand sich an der damaligen »Tunzenhofer Steige« der Stuttgarter Galgenberg, der Mitte des 15. Jahrhunderts auf die damalige Wolframshalde verlegt worden war – zu dieser Zeit jenseits der Stadtgrenzen. Im Jahr 1738 wurde hier der herzogliche Finanzrat Joseph Süß Oppenheimer nach einem Schauprozess öffentlich hingerichtet; seine Leiche beließ man sechs Jahre in einem eigens dafür gefertigten Eisenkäfig. Oppenheimer lieferte die Vorlage für den NS-Hetzfilm »Jud Süß«.

36 Sein Weg hätte ihn dann die Nordbahnhofstraße entlang geführt, vorbei an Stuttgarts in den letzten Jahren bedeutendstem Kreativareal für junge Künstler, in dessen Zentrum im Inneren Nordbahnhof die Wagenhallen liegen. Das ehemalige Bahndepot im Gründerzeitbau ist heute ein etablierter Stuttgarter Kulturbetrieb mit Kulturveranstaltungen, Biergarten und Gastronomie. Drum herum liegen einige der wichtigsten künstlerischen Off-Spaces der Stadt, z. B. gab es hier jahrelang die legendären Waggons (FFUS und Waggonateliers), die den Bauarbeiten für S-21 weichen mussten. Zum Programm der (fortbeste-

henden) Wagenhallen: http://www.wagenhallen.de; über den Stand der Diskussion um die Waggons und eventuelle Nachfolgeprojekte informiert u.a.: http://bauzug.net.

37 Stuttgart ist der Geburtsort eines der weltweit bedeutendsten Philosophen: Das Hegel-Haus in der Eberhardstraße 53 erinnert an diese Tradition, denn Georg Wilhelm Friedrich Hegel wurde ebendort am 27. August 1770 geboren. Die Dauerausstellungen widmen sich »Stuttgart zur Zeit Hegels« und natürlich dem Philosophen und seinem Wirken selbst. Außerdem finden hier regelmäßig literarische und philosophische Veranstaltungen statt; Informationen zum aktuellen Veranstaltungsplan unter http://www.stadtmuseum-stuttgart.de/hegel-haus.html.

38 Liebhaber mittelalterlicher Altstädte sollten einen Besuch Esslingens am Neckar (10 km südöstlich von Stuttgart) nicht versäumen. Die ehemalige Freie Reichsstadt, 1246 bis 1519 die große Rivalin des aufstrebenden Herzogtums Württemberg, verfügt über zahlreiche mittelalterliche Bauten. Esslingen ist neben Limburg an der Lahn und Göttingen die deutsche Stadt, in der die ältesten Fachwerkhäuser Deutschlands stehen. Noch heute kann hier der mittelalterliche Wohnbau in größerem Zusammenhang studiert werden: Die Heugasse 3 von 1262/63 und die Webergasse 7 von 1267 gelten als die bislang ältesten datierten Fachwerkhäuser Deutschlands. Sehenswert insbesondere die Burg, die Stadtkirche, das Schelztor und das Alte Rathaus: Das Stadtmuseum im Gelben Haus zeigt die Stadtgeschichte vom frühen Mittelalter bis in die Gegenwart, das Archäologische Museum

St. Dionys unter der Stadtkirche widmet sich den mittelalterlichen Ausgrabungen der Stadt. Historische Altstädte, nicht ganz so prächtig wie die in Esslingen, findet man auch in Leonberg (18 km westlich von Stuttgart), Weil der Stadt (23 km westlich von Stuttgart, hier auch in den »tollen Tagen« ein sehenswerter Schwäbisch-Alemannischer Fastnachtsumzug) und Waiblingen (10 km nordöstlich von Stuttgart). Alle genannten Städte sind bequem mit der S-Bahn zu erreichen.

39 Für den Philosophen Adorno war das Feuerwerk das Paradigma gelungener Kunst schlechthin. Wer sich davon überzeugen mag, der sei auf das immer im Juli stattfindende Lichterfest verwiesen, bei dem sich der Höhenpark Killesberg vor meist über 20.000 Zuschauern in ein kunstvolles Lichtermeer verwandelt: ein Feuerwerk der Extraklasse. Wer im Juli in Stuttgart ist, sollte es nicht verpassen. Den exakten Termin findet man unter http://www.stuttgart.de/item/show/205333.

HAUPTGEWINN

Alles hatte zunächst so leicht ausgesehen. Doch jetzt, hier drin, Tom war verschwunden, diese Scheißdunkelheit und überall das verdammte Blut, sodass sein Magen revoltierte, jetzt verlor Darko die Beherrschung: Er rannte einfach davon. Den Schmuck ließ er liegen. Auf seiner überstürzten Flucht Richtung Veranda zerstieß er eine Vase, stürzte um ein Haar auf dem glatten Parkett und trat auch noch auf die regungslose Alte auf dem riesigen Lederteppich, dessen Blau das Rot, das ihr aus dem Schädel rann, begierig aufsaugte. Das unangenehm weiche Gefühl, ihr in den schwabbeligen Leib zu treten, gab ihm den Rest. Was für eine Scheiße! Toms angeblich so sichere Sache war völlig aus dem Ruder gelaufen. Und überhaupt: Wo zur Hölle steckte der Idiot?

Sein Herz setzte aus, als er plötzlich in das Licht einer auf ihn gerichteten Halogentaschenlampe starrte. »Immer langsam mit den jungen Pferden!«

Darko stammelte: »Tom, bist du das?«

*

Der Tipp stammte wieder einmal von B. und hatte 3.000 Euro gekostet. Der Kunde war B. gleich interessant vorgekommen, bei der Adresse eigentlich zu reich, um bei *my-hammer.de* nach einem Parkettschleifer zu suchen. 478 qm waren allerdings schon ganz ordentlich. Offenbar wollte der Mann alles schwarz haben … Meist sind die mit richtig viel Geld am geizigsten. Jedenfalls hatte die Renovierung der Villa in der Hackländerstraße im September stattgefunden, und der alte Herr war mit seiner Gattin wegen des Drecks und des Krachs in die Ferien gefahren, weshalb B. und seine Männer eine ganze Woche im Haus hatten ein- und ausgehen können, wie sie wollten. 40 Die beiden Alten waren sehr freundlich gewesen, hatten B. sogar das Ein- und Ausschalten der Alarmanlage gezeigt, für alle Fälle.

Wie immer lieferte er Tom einen Grundriss, die Seriennummer der Anlage und den Typenschlüssel des Tresors mit, das gehörte zu seinem »Service«, wie auch die Bedingung, dass nach den Renovierungsarbeiten seiner Firma mindestens ein Jahr vergehen musste, ehe die Sache steigen konnte. Im Netz fanden sie alles, was sie zu der Alarmanlage wissen mussten, auch den Hinweis auf ihre einzige Schwachstelle: So ein Störfunksender war schnell besorgt, und tatsächlich marschierten sie in die Villa wie in eine *Media-Markt*-Filiale zur Stoßzeit.

Auch an den Rest war gedacht: Es war wieder September und das Paar im Urlaub, jedenfalls waren schon seit vier Tagen die Läden geschlossen geblieben. Der Zeitpunkt war perfekt: dienstagabends, während eines Championsleague-Spiels, bei Starkregen. Tom und er trafen sich in der Kneipe; wie erwartet war es beutelvoll, und die beiden machten ein großes Hallo, um von möglichst vielen gesehen zu werden. Mindestens drei Zeugen würden zudem schwören, dass sie die ganze Zeit über da waren. Sicher war sicher, und die 1.500 Euro für die Kollegen waren gut angelegt …

Damir, Toms Cousin aus Sydney, wollte den Schmuck und die Wertgegenstände im kommenden Frühjahr downunder über *ebay.au* verticken, auch das hatte sich bewährt. Das Wichtigste war, dass die beiden nicht nur ein eingespieltes Team, sondern sozusagen vom Fach waren: Ihre gut gehende Schreinerei in Zuffenhausen war einerseits Tarnung, andererseits brachten sie einiges an Know-how mit, und selbst wenn ihr Wagen angehalten worden wäre, hätte das Sammelsurium an Geräten bis hin zum Trennschweißer niemanden erstaunt. 41

Im Grunde war wie immer das einzige Problem, ungesehen aus dem Wagen ins Haus und wieder zurückzukommen; diese Anwesen lagen ja immer in den dümmsten Gegenden, wo sogar ein einzelnes kurz geparktes, offensichtlich *fremdes* Auto bei Anwohnern für Kopfzerbrechen sorgen konnte.

Tom hatte gelacht: »Wir beiden Hübschen ziehen uns einfach was nettes Rotes an, 'nen scharfen Catsuit … Warum sollten die nicht ab und an einen Klempner brauchen? Sogar bei reichen Leuten verstopft nachts mal ein Abfluss. Und ein Notdienst, der im Privat-PKW kommt, das erstaunt heute niemanden mehr. Ich habe sogar schon ein Schild gemacht …«

Der Wagen, ein blauer Renault-Kastenwagen, stammte wieder von K.; er würde bald auf dem Weg nach Polen sein. Die falschen Kennzeichen waren selbstverständlich schon drauf.

Das letzte Problem hatte Denisa für sie gelöst. Mit ihrer blauen BW-Post-Uniform, die sie mal spaßeshalber im Sozialkaufhaus mitgenommen hatte, und einem Brief in der Hand hatte sie gestern bei den Nachbarn geklingelt. 42 Besagtes Einschreiben müsse persönlich abgegeben werden. Leider habe man die Adressaten nebenan mehrfach nicht angetroffen, ob sie eventuell im Urlaub seien? Eine ältere Dame gab bereitwillig Auskunft. Die Nachbarn seien auf Besuch beim Herrn Sohn, des kleinen Enkels wegen, für zwei Wochen.

Wenn Darko und Tom sauber arbeiteten, und das taten sie immer, würde der Einbruch erst bei Rückkunft der Alten bemerkt werden, und zwei Wochen waren eine ganz schön lange Zeit, in der irgendwer auf den Straßen dieses Wohngebiets in bester Halbhöhenlage etwas vermeintlich Verdächtiges bemerkt haben könnte. Das Geld würde wie immer auf ihr Nummernkonto auf den Cayman Islands gehen. Auf dem Weg zur Kneipe feixte Tom: »Wirst sehen, gerade jetzt, wo die alle den Banken nicht mehr trauen und das Geld zu Hause bunkern – die Sache hier wird ein Hauptgewinn! Alter, ich sag dir: Das ist der Jackpot unseres Lebens!«

*

»Mit wem hast du gerechnet, mit dem Weihnachtsmann?« Tom hatte inzwischen alles, was sie mitnehmen wollten, neben der Terrassentür gestapelt. Auch das Bargeld und der Papierkram lagen da, einigermaßen akkurat in einer Reisetasche verstaut. Im Halbdunkel wirkte er wie ein Gespenst aus einem von Marcos Kinderbüchern – wirklich unheimlich, dieser weiße Ganzkörperschutzanzug, ein Modell aus dem Internet, wie ihn Kriminaltechniker am Tatort trugen, um keine DNA-Spuren zu hinterlassen. Darko trug dasselbe Outfit.

»Findest du es gut, mit der Taschenlampe rumzumachen?«, entfuhr es ihm.

»Wieso, die Läden sind doch zu. Soll ich uns lieber Festbeleuchtung machen, während ich das Zeug zusammenpacke? Sag mir lieber, wo du den Schmuck hast.«

»Oben.«

»Oben? Läuft der von selbst in den Wagen?« Wieder strahlte er Darko mit der Lampe direkt an.

»Hey, hast du Schiss? Alles easy, Mann. Wir packen das, kleine Komplikation, nichts weiter. Denk an Norac, was hätte er gesagt ...«

Darko fluchte, dass ihn dieser Drecks-Schutzanzug wahnsinnig mache und wieso es überhaupt hier drin so abartig heiß sei. Längst hatte er sich wieder im Griff, nahm die Taschenlampe und ging, wütend auf sich selbst, den Schmuck holen. Wie konnte er sich nur so anstellen!

*

»Kleine Komplikation ...« Die Bullen würden das Mord nennen, auch wenn es bloß ein Unfall gewesen war. Warum konnte diese Alte sich nicht besser im Griff haben? Hatte die zu viel *Aktenzeichen xy* geschaut? Darko zwang sich, an Marco zu denken. Wie Julia vorhin nach dem Stillen selbst halb eingenickt war, der Kleine mit dem zerzausten Haar friedlich an ihrer schönen Brust schlummernd – dieses Bild gab ihm die Kraft, die er jetzt brauchte. Für Marco tat er das alles. In ein, zwei Stunden würde er an seinem Bettchen stehen, ihm durch den Flaum auf seinem Kopf streicheln und sich freuen, wie kraftvoll das winzige Händchen seinen kleinen Finger umkrallte, ohne dass sein Junge aufwachen würde ...

Er nahm den Schmuck und sah sich um: Hier war nichts mehr, was nicht hätte hier sein sollen. Eigentlich war alles gelaufen wie geplant. Bis auf die Alte. Wer wäre auch auf die Idee gekommen ... Wie dumm manche Leute sind! Sie waren gerade am Tresor zugange gewesen, als plötzlich im Garten das Licht anging. Da war jemand! Sie lauschten. Kein Zweifel, die Automatik des riesigen Stahltores der Hofeinfahrt setzte sich quietschend in Bewegung, und kurz darauf war ein großer Wagen zu hören, der sich der Villa näherte! Tom hielt den Finger auf den Mund. Sie zogen die Hasskappen über, schlichen die Treppe hinab, verharrten kurz unschlüssig im marmorgetäfelten Eingangsbereich, ehe sie, einer links, der andere rechts der Tür, jeweils halb von einer Säule verborgen, Position bezogen. Von draußen näherten sich erregte Stimmen, offenbar ein Streit.

»Ich sag dir noch einmal, das ist doch gesponnen! Wird sich alles klären. Wir hätten in München bleiben sollen. Du siehst wieder einmal Gespenster.«

Die Frau erwiderte: »Karlheinz, noch einmal: Wer soll uns denn ein Einschreiben schicken? Das muss die Staatsanwaltschaft sein! Das kam doch alles im Fernsehen, da heißt es doch auch immer: Du musst dich selbst anzeigen, rechtzeitig. Ich hab dir schon vor drei Wochen gesagt, als diese CD aufgetaucht ist, dass die *Credit Suisse* sicher nur *eine* solche Liste hat … Und dann sind wir eben auch mit dabei! Und sobald dieses Schreiben einmal zugestellt ist, kann man nichts mehr machen! Morgen gehe ich zu Dr. Schröder und lasse ihn die Selbstanzeige aufsetzen … Mir ist völlig gleichgültig, was du sagst.«

»Du weißt, dass uns deine Fantastereien 500.000 Euro kosten, mindestens?«

»Na und? Willst du lieber ins Gefängnis? Und jetzt schrei hier nicht so rum, was sollen denn die Nachbarn denken!«

»Gefängnis – ha! Ich habe dir doch auf der ganzen Fahrt zu erklären versucht, dass die BW-Post überhaupt keine

Einschreiben zustellt. Das Ganze ist ein Missverständnis … Du weißt doch, wie Ulla ist.«

»Sie hat am Telefon keinerlei Zweifel gelassen: Einschreiben ist Einschreiben. Und ob DHL, BW Post, DPD, UPS oder Hermes, wer blickt da noch durch? Davon hat die doch keine Ahnung. Der Alten schreibt doch niemand.«

»Wer schreit denn hier? Tu, was du nicht lassen kannst! Ich fahre jedenfalls unverzüglich zurück. Gernot braucht uns jetzt … Was soll er denn mit der Kleinen machen, ohne Stefanie?«

»Hör mir mit der auf! Die kommt wieder …«

»Ja, vielleicht, aber morgen früh sicher noch nicht.«

»Dein Sohn ist groß genug, mal einen Tag allein mit dem Kind …«

»Jetzt reicht es mir. Endgültig. Ich fahre.«

Eine Autotür schlug zu, der Motor startete, und der Wagen, ein Cheyenne dem Geräusch nach, fuhr rückwärts, ziemlich schnell. Dann schloss sich das Eingangstor, die Motorengeräusche verhallten und die Festung trotzte wieder der Stille der Nacht.

Es dauerte eine kleine Ewigkeit, in der Darko die Luft anhielt, bis sie den Schlüssel hörten. Jemand öffnete die Tür und machte Licht. Es war die Frau. Tom packte sie von hinten und hielt ihr die Hand auf den Mund. Darko zischte: »Schsch …!« Er führte die flache Hand vor dem Hals entlang. Sie schien zu verstehen. Er machte das Licht wieder aus. Langsam bugsierten sie die Alte ins Dunkel des Wohnzimmers, in das das Straßenlicht nur spärlich fiel.

Noch jetzt war Darko sich ganz sicher: Das Problem war gewesen, dass sie, vielleicht für zwei, drei Sekunden, beide nicht mehr weiterwussten. Sicher musste man sie fesseln, aber wie? Womit? Schon biss sie Tom in die Hand und versuchte, zur Tür zu rennen. Da musste er sie doch packen und zu Boden werfen. Konnte doch keiner ahnen, dass sie mit dem Kopf gleich gegen die Marmorkante des offenen Kamins stürzen würde … Als sie sich nicht mehr regte und nicht mehr zu atmen schien, fühlte Tom ihren Puls, so gut das mit dem Schutzanzug eben ging. Da war nichts mehr zu machen. Tom hatte eine Ausbildung als Rettungssanitäter bei der Armee gemacht, zu Hause. Der wusste so etwas.

*

Im Auto hörten sie die Radioliveübertragung des Spiels, um nachher besser auf dem Laufenden zu sein. Vor dem Eugensplatz bogen sie in die Haußmannstraße ein. 43 Sie hatten keine Augen für den herrlichen Blick auf die nächtliche Stadt, als sie schweigend die beiden schweren Kisten mit dem Zeug in den vor der Waldorfschule parkenden Firmenwagen umluden. 44 Aus der Aktentasche mit dem Geld ragte noch ein Stück Schutzkleidung. Darko kam es vor, als seien sie Stunden in dem schrecklichen Haus gewesen, dabei lagen sie gut in der Zeit. Es lief gerade die 71. Minute, leicht würden sie sich, jeder eine Flasche Krombacher in der Hand, unter die Zuschauer mischen können. »Jetzt heißt es, Ruhe bewahren …«, meinte Tom auf der für ihre Verhältnisse ungewöhnlich schweigsamen Fahrt. In Darkos Kopf ging es drunter und drüber. Eine einzige Befürchtung beherrschte das Chaos, gab seinen Gedankenfetzen ein dunkles Leitmotiv: Wie komme ich nur aus dieser Scheiße wieder raus? Ihm fiel nichts ein. Denisa, immer wieder dachte er an Denisa: Würde sie zum Problem, wenn die Sache erst einmal in der Zeitung stünde?

Natürlich wusste sie nicht, weshalb sie diesen Leuten das fingierte Einschreiben hatte bringen sollen, warum das für Tom und ihn so wichtig gewesen war … Sie wusste gar nichts. Aber es war eben das Haus nebenan. Darko dachte an den Kleinen. Noch eine Stunde die Nerven behalten … Tom hatte schon recht. Tom war immer so cool.

*

Nachdem sie mit den anderen ausgiebig auf den Sieg angestoßen hatten, standen sie um Mitternacht vor der kleinen Sportsbar in der Schubartstraße. 45 Darko war vom Alkohol etwas ruhiger geworden und wollte gerade ein Taxi rufen, als Tom ihm kraftvoll die Hand auf die Schulter legte. Er rief aufgekratzt: »Tomislav – Bruder …«, und fiel ihm um den Hals. Tom erwiderte nur einen Satz, leise und bestimmt: »Denisa … Sie muss weg!« Darko zog seine Hand weg, und sie diskutierten eine Weile. Aber es war nicht zu ändern: Denisa war die einzige Spur, die zu ihnen führen konnte. Sie war ein Risiko. Wieder dachte er an Marco. Sie konnten sich kein Risiko leisten.

*

Im Wagen ist es stickig, fast so schlimm wie in diesem verdammten Haus! Darko hat immer noch kein gutes Gefühl bei der Sache. Denisa ist Toms abgelegte Geliebte, eine Hautärztin aus Rumänien, hier hat sie für eine Zeitarbeitsfirma als Putzhilfe gearbeitet. Zurzeit ist sie arbeitslos. Sie lebt allein und steht wohl nach wie vor auf Tom. Womöglich glaubt die noch immer, er würde wegen ihr einmal Bianca verlassen … Niemals! Darko kennt ihn gut. Allerdings hat er bis eben auch nicht gewusst, dass zwischen den beiden noch immer etwas läuft …

Toms Frau ist vor einem halben Jahr draufgekommen, auf die Sache mit Denisa. Und mit Bianca ist diesbezüglich nicht zu spaßen. Sie kommt aus der Gegend von Split; die Mädchen da unten haben ein Feuer, dass einem Hören und Sehen vergehen kann, wenn sie in Fahrt sind.

Tom holt ein Prepaidhandy aus der Seitenverkleidung, das er offenbar für diesen ganz speziellen Zweck nutzt, und ruft Denisa an; er müsse sie sehen. Sofort. Sie scheint nicht allzu überrascht. Solche Anrufe sind wohl noch immer nichts Ungewöhnliches. Jedenfalls geht sie gleich darauf ein, macht nicht lange rum. Er sagt bloß: »Treffpunkt wie immer.« Wie immer, das ist anscheinend ein Park im Süden, den kaum jemand kennt. 46 »Ich fahre.«

Er legt das Handy wieder weg und grinst breit: »Da oben ist es super, da gibt es einige Stellen, wo du sie im Unterholz in aller Ruhe nehmen kannst, fast wie daheim, und doch draußen. Ist sogar tagsüber fast immer leer. Und diese Gebüsche da, unterhalb der Mammutbäume, die sind wie ein großes Zelt, das Moos ein weiches Bett, und du bist völlig ungestört.«

Darko lächelt gequält. Marco, Marco! Gleich bin ich da, Papa muss nur noch was erledigen.

Sie sind schon in der Immenhoferstraße, als das Handy klingelt. 47 Denisa. Ihr Auto springt nicht an. Ob er nicht zu ihr …

Er spielt den Enttäuschten: »Ist doch so eine schöne Nacht … Also gut, treffen wir uns am Höhenpark, da wo wir … Das ist doch gleich um die Ecke bei dir.«

Sie willigt wohl ein, jedenfalls sagt er noch: »Hey, Baby, ich freu mich!« Er legt auf und verdreht die Augen. »Diese

Kiste … Wie oft hab ich ihr gesagt, das Ding ist nicht mal die Kohle zum Verschrotten wert …« Er erklärt kurz, wo sie sich verabredet haben.

Es dauert um diese Zeit nicht lange in den Norden. Darko hält am Ende eines völlig verlassenen Sträßchens, dessen Namen er noch nie gehört hat. Der Killesberg ist nicht sein Revier. Immerhin, hier steht um diese Zeit kein einziges Auto. Im Halbdunkel gegenüber liegt anscheinend ein alter Ausgang des Höhenfreibads, auch hier haben sich die beiden wohl schon oft getroffen, wie Tom munter erzählt, der überhaupt andauernd vom Ficken redet. [48] Darko antwortet nur einsilbig, irgendwie nervös. Auf ungewisse Art hat er die ganze Zeit gehofft, ihnen fiele noch etwas Besseres ein. Das durfte doch nicht sein, dass er da heute in so eine Scheiße geriet, wo jahrelang alles so reibungslos geklappt hatte …

Denisa. Die Sache gefällt ihm nicht, gefällt ihm ganz und gar nicht. Aber was soll er tun?

Er würgt den Motor ab. Nichts ist auf der Fahrt passiert, ihm ist keine rettende Idee gekommen, kein tröstender Engel ist mit einer Lösung ihres Problems vom Himmel gestiegen. So macht er nicht einmal den Versuch, Tom aufzuhalten. Er bleibt einfach im Auto sitzen.

Ein Lied vor sich hin pfeifend, schlendert Tom in Richtung des Freibadausgangs; er wartet auf Denisa. Im Licht der Laterne wirft er einen aberwitzig langen Schatten. Da kommt sie. Froh sieht sie aus, sie küssen sich. Zwei Liebende, hätte jeder gedacht. Eng umschlungen schlendern sie nach rechts in den Park, Richtung Freilichttheater. [49] Vermutlich liegt auch hier so ein Gebüsch auf ihrem Weg.

Eine Viertelstunde später kehren sie zurück. Sie wirkt jetzt, noch immer untergehakt, wie eine Betrunkene. Tom bugsiert sie unsanft auf die Rückbank. Dunkel ragt die Wendeltreppe des Killesbergturms gegen das Streulicht der Stadt im Kessel auf. **50** Er deutet darauf und sagt: »Stairway to heaven.« Sie lachen nervös.

Darko startet den Motor und sieht nicht auf die Rückbank. Er kann an Toms Blick sehen, sie ist tot. Nur das Fahrtgeräusch dringt in das Innere des Wagens, als sie die Feuerbacher Heide passieren, auf welcher der hell erleuchtete Bismarckturm thront. **51** Das ist zwar ein Umweg, aber eindeutig die ruhigere Strecke: Eine Kontrolle könnten sie jetzt nicht gebrauchen. Darko ist inzwischen schweißgebadet.

Alles geht gut. Sie entsorgen die Leiche auf der Baustelle, auf der sie seit zwei Wochen arbeiten: einen ganzen Satz Modellküchen in einer kleinen Neubausiedlung installieren, nichts Aufregendes, aber bei der Menge der Küchen doch lukrativ. Am Morgen wird hier das Fundament eines geplanten Einkaufszentrums gegossen werden, alles ist vorbereitet. Wahrscheinlich ist es die einfach zu gute Gelegenheit gewesen, die den Ausschlag gegeben hat. Arme Denisa, war so eine Hübsche! Aber Tom hat schon recht, wir können kein Risiko eingehen, denkt Darko. Links der Mitte, etwa an der Stelle, wo später die Verladerampe sein wird, vergraben sie sie. Danach trampeln sie so lange auf der Stelle herum, bis die Erde wieder einigermaßen aussieht wie zuvor. Tom blickt zur Uhr: »In vier Stunden kommt der Beton …« Am Auto umarmen sie einander kurz, aber fest. Sie sind ein gutes Team, wie schon damals in Gospić im Oktober 1991, als sie es dem Serbenpack besorgt hatten. Neunzehn waren sie, Kinder fast noch.

40 Stuttgart ist nicht Malibu, und die hiesigen Superreichen stellen ihren Wohlstand nicht so gerne zur Schau. Wer einen Eindruck gewinnen möchte, wie die *rich and infamous* Stuttgarts, derer es nicht wenige gibt, leben, macht sich auf Richtung U-15-Haltestelle Bubenbad in die vornehme Gänsheide. Ein kleiner Spaziergang entlang diverser Villen, etwa der Villa Reitzenstein, dem Amtssitz des Ministerpräsidenten (Öffnungszeiten des Parks usw. unter http://stm.baden-wuerttemberg.de/de/ministerium/villa-reitzenstein/) oder vorüber an der Bosch-Villa (Heidehofstraße 31, Sitz der Robert-Bosch-Stiftung) kann sehr anregend sein. Außerdem hat man von der oberen Gänsheidestraße einen der schönsten Blicke auf Stuttgart überhaupt.

41 Zuffenhausen gilt als der unattraktivste unter den größeren Stuttgarter Stadtteilen, obwohl ein Spaziergang im Burgholzhof beim Robert-Bosch-Krankenhaus über dem Pragsattel des Blickes wegen durchaus reizvoll sein kann. Touristen besuchen Zuffenhausen hingegen wegen der Magie der Automarke Porsche, die hier ihren Firmensitz und ihr Hauptwerk hat und mit dem futuristischen Porschemuseum (Porscheplatz 1) einen entsprechenden Besuchermagneten. 2009 errichtet, konnte schon nach zwei Jahren der 1.000.000 Besucher begrüßt werden. Infos unter http://www.porsche.com/museum/de/.

42 Immer etwas Interessantes findet man bei FAIRKAUF Stuttgart der Caritas im Stadtteil Feuerbach (Steiermärkerstraße 53). Im Secondhand-Kaufhaus

lässt sich Mo. bis Fr. 12 bis 18 Uhr wunderbar in all dem stöbern, was die Konsumgesellschaft so für überflüssig erachtet, und dabei manches gute Stück entdecken – zu einem fairen Preis, der oft unter dem liegt, was man auf einem der überwiegend hochpreisigen Stuttgarter Flohmärkte bezahlen müsste (Tipp für Fans des Gebrauchten: Jeden Samstag 8.00 bis 16.00 Uhr findet auf dem Karlsplatz, wenn nicht gerade Hamburger Fisch- oder Weihnachtsmarkt ist, ein großer, meist gut besuchter Flohmarkt statt). Überdies unterstützt man eine gute Sache und konsumiert nachhaltig. Anfahrt und Weiteres unter http://www.caritas-stuttgart.de/84518.html.

43 Am Eugensplatz in der oberen Alexanderstraße befindet sich Stuttgarts schönster Brunnen, der Galateabrunnen. Der Bau wurde von Königin Olga 1884 angeregt und vom Bildhauer und Architekten Otto Rieth 1890 fertiggestellt. Man hat eine wunderbare Aussicht von hier, und Stuttgarts wohl beliebteste Eisdiele liegt direkt gegenüber.

44 Stuttgart ist die heimliche Hauptstadt der Anthroposophen, und in der Haußmannstraße liegt mit der Freien Waldorfschule (Haußmannstraße 44), dem Rudolf-Steiner-Haus und dem Eurythmeum das Zentrum des sogenannten Anthroposophenviertels, das sich vor allem Richtung Urachplatz und der Kirche der anthroposophischen *Christengemeinschaft* in der Werfmershalde erstreckt. Alle Gebäude sind an der typischen Architektur zu erkennen, die den rechten Winkel meidet.

45 In der Schubartstraße findet man einige hübsche Jugendstilgebäude, eine typische der unzähligen

Stuttgarter Staffeln, einen Zugang vom Osten zum Schlosspark und mit dem Neckartor (U-Bahnhaltestelle) eine Art Mahnmal des größten Stuttgarter Problems: der schlechten Luft infolge der Kessellage. Nirgendwo in Deutschland wird eine höhere Emmissionsbelastung gemessen als an der Messstelle am Neckartor. Ein Tipp also für Mutige beziehungsweise für angehende Peking-Touristen.

46 Gemeint ist der »Park ohne Namen«, zwischen Rebmannstraße und Neuer Weinsteige gelegen; das öffentliche Grün im Süden der Stadt heißt nicht so, sondern hat nur offenbar keinen Namen. Es handelt sich um eine herrliche kleine Oase der Ruhe und zugleich um den Geheimtipp unter den Stuttgarter Parks: Nirgendwo in Stuttgart trifft man in einer derartigen Anlage so selten auf Menschen. Dabei ganz zu Unrecht, man kann von hier aufsteigen bis in den Degerlocher Wald, hat eine wunderbare Aussicht, es gibt exotische Mammutbäume zu bestaunen, diverse Ruhebänke u.v.a.m.

47 Das Heusteigviertel ist die begehrteste Wohnlage des Stuttgarter Südens. Auch hier bietet sich dem flanierenden Jugendstilliebhaber ein wahres Eldorado. Zugleich ist hier meist Ende Juni auf dem Mozartplätzle in der Immenhofstraße eines der beliebtesten unter den großen Stuttgarter Stadtteilfesten – musikalische Unterhaltung, kulinarische Köstlichkeiten, Kinderprogramm und ein gut gemischtes Publikum erwarten den Besucher. Auch sehr empfehlenswert sind das Henkersfest auf dem Wilhelmsplatz und das Bohnenviertelfest.

48 Das schön im Höhenpark gelegene Höhenfreibad Killesberg (Beim Höhenfreibad 37) ist Stuttgarts schöns-

tes Freibad; 1939 im klassischen Stil erbaut, lässt es noch ein wenig von der alte Bäderkultur der 1910er- und 1920er-Jahre ahnen. Öffnungszeiten Mai bis September etc. unter https://www.stuttgart.de/baeder/hfbkillesberg.

49 Im Sommer ein Muss für Freunde gepflegter Unterhaltung ist das 1939 errichtete, inmitten des Parks gelegene Freilichttheater Killesberg. Programm unter http://www.spardawelt-freilichtbuehne.de/2014/home.htmls .

50 Der 2001 auf Betreiben des Verschönerungsvereins Stuttgart zu dessen 140. Jubiläum errichtete Killesbergturm inmitten des Höhenparks bietet mit seinen 43 m Höhe eine prächtige Aussicht. Die abenteuerliche Konstruktion, die den Verein rund 1,2 Millionen Euro gekostet hat, kann bis zum Anbruch der Dunkelheit gegen ein geringes Entgelt erstiegen werden, zur Nachtzeit ist der hübsch beleuchtete Turm schön anzusehen.

51 Der Großraum Stuttgart ist nicht gerade berühmt für seine Heidelandschaften. Gleichwohl gibt es solche zu besichtigen, etwa zwischen Rutesheim und Flacht (ca. 25 km im Westen) oder auf der Gerlinger Heide (18 km westlich, beim alten Golfplatz Leonberg gelegen); in Stuttgart selbst braucht man auf der Feuerbacher Heide ein wenig Fantasie, um das Heidetypische zu erkennen. Dafür ist das Gelände rund um den stattlichen Bismarckturm, der, 409 m ü. NN gelegen, eine herrliche Aussicht bietet, eine beliebte Liegewiese und zudem eine der wenigen semioffiziellen Auslaufflächen für Stuttgarter Hunde. Der 1902 errichtete Turm folgt wie viele andere deutsche Bis-

marcktürme dem Entwurf »Götterdämmerung« des Architekten Wilhelm Kreis. Ein ewiges Mahnmal der dumpfen Deutschtümelei, die in die Katastrophen des 20. Jahrhunderts führten – und doch recht hübsch anzusehen. Gewissermaßen als Kontrastprogramm kann man hier auch das Theodor-Heuss-Haus im Feuerbacher Weg 46 mit seiner ständigen Ausstellung besichtigen. http://www.theodor-heuss-haus.de/theodor-heuss-haus/. Es liegt im Sterbehaus des ehemaligen Bundespräsidenten, der sich nach dem Ende seiner zweiten Amtszeit im Herbst 1959 auf dem Killesberg ein Einfamilienhäuschen hatte bauen lassen.

DIE EXEKUTION

Das Blau der frühen Nacht sank schwer in die Tiefen der ein wenig geweiteten Pupillen Felix S. Brantenbergs. Ein verträumtes Lächeln umspielte die Mundpartie des Schriftstellers, während er in Musik und Erinnerungen badete, die den treibenden Rhythmus der Bilder in seine Träumereien stanzten. Er hatte getrunken, und der Abend in Tübingen war verlaufen, wie er es sich erhofft hatte. [52] Ihr Parfum haftete noch an seinen Kleidern, und diese Nacht, endlich, war er ans Ziel seiner monatelangen Sehnsüchte gelangt.

Ganz nebenbei, fast belanglos war alles geschehen, wie er es sich erträumt hatte all die Tage, die sie zusammen gearbeitet hatten und Solveig – so distanziert, aber immer verlockend – ihn hatte zappeln lassen, in all ihrer professionellen Nähe doch stets fern, ihre üppige Schönheit kaum verhüllt an den heißesten Tagen des Sommers …

Dieser verlorene Ausdruck in ihren Augen, als sie sich unter ihm vergessen hatte, entschädigte ihn für so manches, was er bis dahin an bitteren kleinen Niederlagen durch sie hatte einstecken müssen.

Die Straße fraß sich in seinen Kopf und er machte sich einen Spaß daraus, die Silberkatze auf der Motorhaube mit dem unruhigen Geflacker des Mittelstreifens verschmelzen zu lassen: Gegenverkehr war um diese Zeit, zumal auf einer solchen Strecke, nicht zu befürchten; die Abfahrt zum Kloster Bebenhausen lag erst einige Minuten hinter ihm. [53] Leichter Nebel im tiefen Wald verzauberte die alte Bundesstraße mit ihren wunderbaren

Kurven in Richtung Waldenbuch; die Szenerie hatte in all ihrer herrlichen Allverlassenheit – seit Minuten war ihm kein Fahrzeug begegnet – etwas Entrücktes. 54 Die Kurven, die gute 100 Stundenkilometer vertrugen, erinnerten ihn an einen seiner Ausflüge auf die alte Solitude-Rennstrecke mit der Harley. 55 In Begleitung von Steinbach und Moser, beides alte Biker und Stuttgarter Schriftstellerkollegen (nun ja, eigentlich waren sie eher Hobbyautoren geblieben, die sich mit überschaubarem Erfolg an Kriminalromanen versuchten), ging es hinaus ins urige Glemseck, wobei ihm besonders der Streckenabschnitt Frauenkopf in Erinnerung geblieben war, eine an eine Kompression bei einer alpinen Skirennstrecke erinnernde Abfahrt endete hier abrupt in zwei scharfen Haarnadelkurven, herrlich; hier trennte sich die Spreu vom Weizen, fahrerisch gesehen. 56

Das Zwölfzylinder-Cabrio schnurrte, wie es in den Jaguar-Foren im Internet immer hieß, in denen er gelegentlich Zerstreuung fand, wie ein Kätzchen über die Landstraße, dynamisch, elegant und kraftvoll. Brantenberg strich über das kühle weiße Leder der Sitze, in denen er mit seiner angegrauten Lockenmähne und der markanten Hornbrille eine besonders gute Figur machte, wie alle sagten. Der V12 war bereits 1995 nicht mehr in der Preisliste aufgeführt und nur noch auf Wunsch gebaut worden; mit seinen gerade mal 22.000 Kilometern Gesamtleistung und im überaus gepflegten, praktisch fabrikneuen Lackzustand war der flamingorote Roadster geradezu eine Sensation. Mit diesem Wagen machte man überall Eindruck, außer vielleicht bei einem GRÜNEN-Parteitag. Der Wagen war ein Geschenk seines Verlegers zum Erscheinen seines zehnten Romans gewesen. Bei dem Gedanken daran, dass er für die Besitzer von Fahrzeugen solcher Marken früher nur Verachtung übriggehabt hatte, musste er innerlich lächeln: Die Zeiten ändern sich, und wir verändern uns mit ihnen.

Heute machten ihn gewisse Details des Wagens glücklich wie ein Kind, etwa dass dieses Modell wieder über die klassisch verchromten Spiegel und Scheinwerferumrandungen verfügte, natürlich auch die fast ganzflächigen Felgen, in denen man den Zustand des eigenen Schuhwerks begutachten konnte. Das Glänzen der Holzvertäfelungen im Fond, das Teilholzlenkrad und der Automatikwählhebel aus Holz stimmten ihn nostalgisch; er liebte alles, was aus den Siebzigern stammte.

Nein, er war auf dem Gipfel, daran konnte es keinen Zweifel geben: Seine letzten Bücher verkauften sich prächtig, überall riss man sich förmlich um ihn. Zuletzt die SWR-Reihe über schwäbische Dichter, die er moderieren durfte. Dabei hatte er Solveig kennen gelernt, welche am Dreh die Regieassistenz innehatte. Obwohl es inzwischen sogar in seinem Pass stand: Felix S. Brantenberg, hieß er ursprünglich weder »Felix« noch »Brantenberg«, er war als Werner zur Schule gegangen, Sohn des Magstadter Amtmanns Emil Kicherer (von daher die seine Lektoren allmählich zur Verzweiflung treibende Neigung, in all seinen Texten zigfach die hoffnungslos veraltete Wendung »sardonisches Lachen« unterzubringen, er liebte solche kleinen Insiderscherze mit sich selbst).

Wenn es nach dem Vater gegangen wäre, dann würde er heute bestenfalls in irgendeiner Amtsstube auf die Frühpensionierung warten; bereits das Gymnasium hatte der als Zeitverschwendung erachtet, was dem jungen Werner den langen und mühevollen Gang durch den sogenannten zweiten Bildungsweg beschert hatte.

Ja, all sein Erfolg war ihm nicht gerade in die Wiege gelegt worden! Er hatte ihn sich erarbeitet, ganz allein und ohne jede Hilfe. Und darauf war er stolz. Sein Leben, das ihm früher, in den schweren Jahren, als niemand ihn kannte, so fad und unerträglich erschienen war – endlich genoss er es in vollen Zügen. Was machte es da, dass seine Bücher immer belangloser wurden und ihn selbst, wenn er ehrlich war, nur noch langweilten, wenn inzwischen selbst der Ministerpräsident ihn (gestern) in einem Interview als seinen Lieblingsschriftsteller bezeichnete?

Nein, mit dem Schreiben hatte er innerlich schon vor Jahren abgeschlossen, er hatte sein Werk vollendet, und auch darauf war er stolz: Seine ersten beiden Romane gehörten – nicht nur seiner bescheidenen Ansicht nach – zum Besten, was in Baden-Württemberg nach 1970 geschrieben worden war. Was den Lebemann heute reizte, war vielmehr alles, was sich aus dieser literarischen Arbeit seiner frühen Dreißiger ergeben hatte, der Segen des Erfolgs: die Bekanntheit, die Einladungen, die Reisen, der Zutritt zu ihm früher unerreichbaren Kreisen, dazu die Partys und vor allem die Frauen.

Wieder musste er an Solveig denken. Wie ein Kind war sie danach gewesen, als sie nackt und verschwitzt in seinen Armen gelegen hatte, so gelöst und natürlich wie er es bei ihr nie für möglich gehalten hätte, die sie ihn gerade durch ihre ständige Nervosität gereizt hatte.

Der Waldrand war fast erreicht, dunkel lag er vor ihm, und über der Flussaue schwamm milchig der Nebel. In zehn Minuten würde er Stuttgart erreichen. Er hatte eine alte Bowie-CD eingelegt, manchmal, wenn er alleine war, genoss er sie noch, die Musik seiner Jugend … In der Öffentlichkeit (und ein Brantenberg war im Grunde fast ständig in der Öffentlichkeit) musste natürlich gediegener Jazz oder Klassik gehört werden – oh, er konnte inzwischen auch darüber reden, als habe er die Kompositionen Verdis, Beethovens und Mozarts mit der Muttermilch aufgesaugt, er kannte die richtigen Alben, die besten Dirigenten, die richtigen Aufführungen. Selbst nach Bayreuth fuhr er inzwischen jedes Jahr, obwohl das stundenlange Ruhigsitzen weder seinem Rücken noch seiner Verdauung zupasse kam. In diesem Moment kam sein Lieblingsstück: Automatisch drehte er lauter und begann, viel zu tief, mitzusingen: »Andy Warhol …«

Wenn er die Augen für kurze Zeit schloss und den Alkohol in seinem Kopf spürte, mächtig, warm und von seinem ganz intimen Triumph des Abends kündend, schien ihm nichts mehr unerreichbar zu sein; in diesem Moment hätte er alles vermocht, aber er war völlig damit zufrieden zu fahren, nur die Straße und die Bäume um sich, und Note für Note das aus dem Radio strömende Glücksgefühl in sich pulsieren zu spüren.

Da begann sich alles ein wenig zu drehen und dies war der Höhepunkt (»Andy Warhol silver stream, hang him on my wall …«, auch das war nicht mehr unerreichbar, über seinen Agenten war er an einem dran, einem eher ephemeren Druck aus dem Spätwerk, der für sagenhaft günstige 300.000 angeboten wurde). Als er endlich das Polizeimotorrad neben sich bemerkte, erschrak er und bremste abrupt ab. Sein Herz pochte heftig, während er das Fenster öffnete, die Anlage leiser stellte und das Hugo-Boss-Jackett nach seinen Papieren abzusuchen begann.

Schwer klangen die Stiefel des Beamten auf dem Asphalt. Der ließ sich viel Zeit und umrundete lässigen

Schrittes erst einmal wie bewundernd das Auto, ehe er an das geöffnete Fenster trat, grüßte und in übertrieben freundlichem Ton »die Rennlizenz« verlangte.

»Äh, wie bitte – Sie meinen den Fahrzeugschein?«

Der Beamte wiederholte in jenem Tonfall, in dem dumme Leute mit Kindern sprechen und der zumindest auf Erwachsene provozierend wirkte: »Nein, Ihre Rennlizenz.«

Nach einer Pause, die der Polizist für lange genug hielt, seinen Witz auszukosten, fuhr er barsch fort: »Das waren 150, auf einer Landstraße ... Führerschein und Fahrzeugschein, Mann! Und steigen Sie endlich aus Ihrem Wagen, aber ein bisschen plötzlich!«

Brantenberg gehorchte, jetzt doch ein wenig verdattert. Draußen begann ihn sofort leicht zu frösteln, und er rieb sich die Hände, während der Polizist per Sprechfunk am Motorrad seine Papiere prüfte.

Es war eine herrliche Nacht, die Geräusche des Waldes umgaben ihn, und am Himmel prangten die Sterne in selten gesehener Klarheit. Sein Herzschlag hatte sich normalisiert und seine Heiterkeit war mit einem Mal zurückgekehrt. Warum ich mich noch immer so ertappt fühle, wenn ich einem dieser Gestalten begegne! Das hier, beruhigte er sich, ist mit ein bisschen Geld zu lösen, und Geld hab ich genug. Selbst wenn der Bulle mich zum Alkoholtest mitnimmt, was um diese Zeit – vor allem mit dem Motorrad – recht unwahrscheinlich ist, dann lass ich mich eben die nächste Zeit fahren. Ein privater Chauffeur, überlegte er, würde vielleicht ohnehin einen interessanten Eindruck machen ... Ja, das hätte Stil!

Der Kerl in der grünweißen Ledermontur war zurück. Mürrisch reichte er dem Schriftsteller seine Papiere. »Das gibt einen saftigen Strafzettel. Sie haben sie wohl nicht alle, 152 hier im Wald, bei dem Nebel!«

Es könnten Kinder auf der Straße sein, äffte er innerlich den Tonfall des Beamten nach, und fand seine gedankliche Replik so köstlich, dass er sie in einem seiner nächsten Bücher zu verwenden gedachte.

Kopfschüttelnd nahm sein Gegenüber einen Block aus der Brusttasche und begann, auf der Motorhaube ein Formular auszufüllen.

Na bitte, kein Alkoholtest, dachte Brantenberg erleichtert, den Blick auf die Lederhose des noch immer in sein Formular vertieften Kerls gerichtet, die matt im Mondlicht leuchtete. Fröstelnd dachte er: Na, dir ist sicher nicht kalt, deswegen lässt du dir wohl auch besonders viel Zeit, du kleiner Bulle.

»Macht sicher nicht viel Spaß, um diese Zeit hier draußen noch zu arbeiten, was?«, kam es ihm über die Lippen, als der Beamte gerade begann, ein zweites Formular zu bekritzeln, nachdem er zuvor zahlreiche weiße, briefmarkengroße Papierchen von einem Block mit Lederetui gerissen und bedachtsam in einer seltsamen Ordnung auf dem Wagen gruppiert hatte.

Der Schreibende würdigte ihn keines Blickes, geschweige denn einer Antwort; ungerührt waltete er seines Amtes.

Der Schriftsteller spürte die unterschwellige Aggression des anderen fast körperlich. Sein Magen krampfte sich zusammen. Brantenberg hatte sich aus seiner wilden Jugend in den 1970ern ein gewisses Misstrauen gegen die Staatsgewalt beibehalten, neben dem Oberlippenbart eigentlich das Einzige. Doch das hier war etwas Persönliches. Der Typ war total krank vor Hass, Hass auf Leute wie ihn! Wurde so einer, mit seinem faden Durchschnittsleben, einmal mit ein bisschen Lebensart konfrontiert, dann reagierte er instinktiv mit dem Menschen wie ihm eigenen Beißreflex. Das war übrigens auch politisch das Hauptproblem in diesem Land, der Sozialneid feierte allüberall Triumphe.

Sein Blick fiel auf die Waffe, die unmittelbar vor ihm am Gürtel des Beamten baumelte. Bei dem muss ich aufpassen, der würde mich am liebsten einfach abknallen. Die Bande würde das dann schon irgendwie hindrehen – nein, er musste vorsichtig sein! Schnell steckte er die ihm wortlos hingehaltenen Zettel ein, ohne darauf zu schauen. Auch wenn er längst seine K-Gruppen-Zeit belächelte, kokettierte er bei öffentlichen Auftritten noch immer gerne ein wenig mit seinen damaligen Irrtümern, er fand, das gab ihm etwas Rebellisches. Auch seine CDU-Freunde ärgerte er bei einer Schorle in der Weinstube *Kochenbas* 57 gelegentlich mit der einen oder anderen steilen These, die er aber selbst nicht mehr allzu ernst nahm, ähnlich wie seine Rede bei einer Stuttgart-21-Protestveranstaltung auf dem Höhepunkt der Widerstandsbewegung gegen den neuen Bahnhof, ein Auftritt, den er in seltener Naivität als kostenlose Promo-Aktion begriffen hatte. In diversen Feuilletonbeiträgen kultivierte er mit Vorliebe die Geste des Intellektuellen, *der sich einmischt*. Nach der Volksabstimmung über S-21 leistete er in einer Talkshow öffentlich Abbitte für seine zeitweilige Verirrung. Selbstverständlich gehörte er heute zum Kreis der prominenten Unterstützer des Projekts, die derzeit von jeder Plakatwand in Stuttgart lächelten.

Er musste wieder an Solveig denken; gerade sein Blick auf diesem Plakat hatte auf sie Eindruck gemacht. Jede Frau fühlte sich anders an, wenn man mit ihr schlief, sie hatte ihn seltsamerweise an ein ganz junges Mädchen erinnert, so unsicher und zugleich hingebungsvoll. *Der* konnte von einer Frau wie ihr nur träumen, lächelte er und öffnete die Wagentür.

Sein Blick streifte die Motorhaube: Es war nicht zu glauben, dieser Bulle hatte seinen Lack zerkratzt! Die Kratzer waren nicht sehr groß, aber zahlreich, und selbst hier im Mondschein deutlich zu erkennen.

Der Polizist hatte sich wieder seinen Helm aufgesetzt und war dabei, sich seine Handschuhe überzustreifen.

Nicht einmal wirklich wütend, rief er mehr aus Prinzip: »He, Sie haben meinen Wagen beschädigt. Macht man das hier bei euch auf dem Dorf so, oder was!«

Blitzschnell war der andere vom Motorrad gesprungen und hatte ihn an seinem Jackett gepackt und an den Wagen gepresst.

»Halt du einfach dein dreckiges Maul!«, zischte er und rammte, ehe der Überraschte überhaupt realisierte, was geschah, seinen Helm mit voller Wucht in dessen Gesicht.

Der Schriftsteller taumelte. Es fühlte sich an, als ob sein Schädel geplatzt wäre; er beugte sich nieder und hielt sich die blutende Stirn, auch seine Nase blutete. Der Polizist stieg auf sein Motorrad, startete den Motor und schrie ihm noch eine Obszönität hinterher.

Das Röhren des Motorrads verklang im Wald. Keuchend stand er, Blut im Gesicht, im Auge, im Mund, in der Stille der Nacht. Vereinzelt schrie ein Tier und darauf zwitscherte kurz, wie verärgert, ein schlaftrunkener Vogel. Lange stand er so.

Dann stieg er in den Wagen, von ohnmächtigem Zorn erfüllt, und betrachtete seine Verletzungen. Die waren nicht so schlimm, wie er zu Hause feststellen konnte: eine knapp zwei Zentimeter lange Schramme auf der Stirn, ein wenig Nasenbluten, das war alles. Die Sache war schnell verarztet, und nach einem Schlummertrunk im Mondschein in der Küche, die Gedanken bei Solveig, legte er sich ins Bett.

Beim Frühstück, es war gegen 11 Uhr, nahm er den Strafzettel aus seinem Jackett und betrachtete lange das Papier, das mit ›POM Wohlers‹ unterzeichnet war.

Nun zu uns, Herr Wohlers, dachte er und steckte sich eine Zigarette an.

Wen rufe ich zuerst an, Furtwängler oder Nachtmann? Er entschied sich für den Oberstaatsanwalt. Dieser versprach, hocherfreut, von seinem berühmten Exkommilitonen zu hören, sich persönlich um den Fall zu kümmern. Er sagte, er kenne den neuen Polizeipräsidenten, vom Tennis her ... Die Sache jedenfalls werde diesem Polizisten noch leidtun.

»Das hoffe ich«, sagte Brantenberg und legte auf.

Dann stellte er sich unter die Dusche und ihm fiel der Termin bei den Staudingers ein. Eigentlich ging er nur dessen Frau wegen zu dem mindestens so langweiligen wie reichen Plochinger Bürostuhlhersteller. [58] Beide waren schrecklich affektierte Leute, aber er wollte wissen, wie sie – erst Mitte zwanzig – im Bett sein würde. Deshalb musste er bei ihr am Ball bleiben und zu diesem wenig aufregenden Brunch, obwohl er heute viel größere Lust auf die wunderbaren Saunalandschaften in den Schwabenquellen hatte. [59] Das ließ sich immer so geschickt mit einem Besuch der Spielbank verbinden ... Brantenberg, der sich gerne öffentlich als der Lebemann inszenierte, der er war, der seit jeher das Abenteuer und den Nervenkitzel liebte, war dort ein gern gesehener Stammgast. [60] Als er sich abtrocknete und im verblassenden Dampf im Spiegel sein Gesicht wiederkehren sah, erschrak er. Die Wunde war wieder aufgeplatzt. Mit der lachsrot aufgequollenen Stirn und der rotblau verfärbten Nase sah er alles andere als vorteilhaft aus: Ja, das wirkte, als habe er sich geschlagen! Die Spielbank konnte er vergessen heute, Frau Staudinger sowieso.

Erneut flammte die Wut in ihm auf, und er beschloss, zu Nachtmann zu fahren; zuvor wollte er nur noch einen Blick in die heutige Ausgabe werfen ... Draußen wurde ihm übel. Über Nacht war es Hochsommer geworden; die Mittagsluft verschlug ihm den Atem, die Straßenfluchten stürzten auf ihn ein, es war ein einziges Flirren von Gelb und Weiß, das ihn blendete und taumeln ließ (der Kognak zur Nacht ließ grüßen). Er ließ die Zeitung Zeitung sein und ging zurück ins Haus. Erst in der Tiefgarage wurde es besser.

Nachtmann und er waren seit einigen Jahren befreundet, sogar einmal gemeinsam mit den Frauen und Nachtmanns kleinen Söhnen in den Urlaub an den Lago Maggiore gefahren; Brantenberg mochte Ascona. Der Chef vom Dienst der renommiertesten Zeitung am Ort nahm sich gleich bereitwillig Zeit für ihn, ein drahtiger, aber stets ein wenig müde wirkender Endvierziger, dem man den einstmaligen Landesligatorjäger nur noch bedingt ansah und dessen Frau ihn notorisch betrog. Über den Vorfall als solchen zeigte er sich einigermaßen schockiert. Dennoch hielt er ihm eine schwachsinnige Predigt, statt ihm eine Hilfe zu sein. Und so etwas nannte sich Freund!

»Hugo«, begann er, »das ist nichts für uns!« Seine Freunde nannten Brantenberg »Hugo«, weil er ein wenig so aussah wie Hugo Egon Balder. Er mochte das, denn es ließ ihn an Victor Hugo denken, den er zumindest in

Interviews zu seinen literarischen Vorbildern zu zählen pflegte. Nachtmann erzählte von seinem Sohn, der gestern im Bus vom Fahrer eine Ohrfeige erhalten habe, sodass er mit Nasenbluten und einer leichten Gehirnerschütterung nach Hause gekommen sei. »Was glaubst du, was das für eine Story gewesen wäre, uniformierte Gewalt gegen Kinder! Darauf warten die Leute nur. Aber wir haben es nicht gebracht, obwohl Rita jetzt sauer auf mich ist. Denn wir sind eine seriöse Zeitung. So etwas kommt vor, aber es ist und bleibt ein bedauerlicher, wenn auch nicht zu entschuldigender Einzelfall. Selbstverständlich haben Rita und ich Anzeige erstattet. Aber wenn wir als Zeitung darüber schrieben, würde daraus eine Debatte entstehen, und das Ansehen der gesamten SSB wäre beschädigt. So etwas tun wir nicht«, schloss er und belehrte ihn sogar noch: »Dasselbe gilt für deinen Fall. Diese Sache betrifft die Justiz, nicht die Presse.«

Brantenberg verließ die Redaktionsräume aufgebracht. Er war so wütend, dass er noch in der Eingangshalle beim Konkurrenzblatt anrief. Der junge Mann, mit dem man ihn schließlich verbunden hatte, zeigte sich wesentlich hilfsbereiter. Ob er Zeit habe, vorbeizukommen? Er ging hinüber und blieb zweieinhalb Stunden im Großraumbüro der Lokalredaktion.

Als das geschafft war, trat er zufrieden in die wirklich erstaunliche Nachmittagshitze, in deren Glut die wenigen Schatten an den gläsernen Fassaden hingen wie Altöl. Immerhin, ein Gewitter lag in der Luft. Bei Staudingers würden sie jetzt noch immer im Park ihrer Stadtvilla an der Hasenbergsteige Nichtigkeiten plaudern und erlesene Köstlichkeiten in verdorbene Mägen schaufeln. 61 Also entschied er sich, noch kurz zur Polizei zu gehen, um auch formal Anzeige zu erstatten; natürlich hier in der Landeshauptstadt, nicht draußen, wo dieser »POM Wohlers« seine Dienststelle hatte.

Es war ekelhaft, wie sie ihn behandelten. Eine Krähe hackte der anderen bekanntlich kein Auge aus, das war und blieb wahr. Eigentlich hatte er jetzt – zum Tee, da ihr Mann inzwischen beim Schach sein würde – der jungen Frau Staudinger doch noch seine (leicht lädierte) Aufwartung machen wollen, doch die Laune war ihm verdorben.

Als er am nächsten Morgen die Zeitung aufschlug, änderte sich das: Sie brachten die Sache vierspaltig! Er sah auf dem Foto weit schwerer verletzt aus, als er es in Wirklichkeit war. Darunter stand groß: »Brantenberg von Polizisten niedergeschlagen«. Noch am selben Vormittag rief die größte deutsche Boulevardzeitung bei ihm an, und ein Mädchen mit einer rauchigen, ein wenig lasziven Telefonstimme führte ein Telefoninterview mit ihm. Bisher hatte er sich immer geweigert, mit dieser Zeitung zu sprechen, hier fühlte er sich berechtigt, eine Ausnahme zu machen.

Sein Zorn gegen den Polizisten war mittlerweile ziemlich verraucht, ganz im Gegensatz zu der Wut auf Nachtmann und die Herren im Innenstadtrevier Wolframstraße. Was ihn, wenn er ehrlich war, am meisten geärgert hatte, war, dass dieser Wohlers ihn offensichtlich nicht erkannt hatte: Sein Name war *irgendein* Name für ihn gewesen. Dafür würde er bezahlen! Sollte er sich das eine Lehre sein lassen.

Am nächsten Tag meldete sich das Lokalfernsehen. Selbstverständlich hatte er Zeit für ein Interview, das Ganze entwickelte sich inzwischen ganz nebenbei zu einer hervorragenden PR für das neue Buch, auch der Verlag hatte angerufen.

In der Zeitung mit den großen Buchstaben war ein riesiges Foto von dem Polizisten, der viel jünger aussah, als er ihn in Erinnerung hatte, Untertitel: »Der Schläger vom Schönbuch«. Man konnte gegen diese Zeitung sicher einiges sagen, aber das war doch engagierter Journalismus, selbst in diesem Fall, wo es ja gegen die aus dem Ruder gelaufene Staatsgewalt ging! Auch war der Artikel gar nicht einmal schlecht geschrieben. Aus den aufrüttelnden Zeilen ging nebenbei hervor, dass dieser Wohlers inzwischen vom Dienst suspendiert worden war.

Zwei Tage später entschuldigte sich ein Staatssekretär im Innenministerium namens Rohrmoser schriftlich im Namen der Landespolizei bei ihm. Nun, das ging fast schon etwas zu weit, fand Brantenberg, fühlte sich aber doch auch ein wenig geschmeichelt. Am frühen Abend desselben Tages klingelte das Telefon, gerade als er das Loft verlassen wollte, um mit Jacqueline Staudinger in die Oper zu gehen. Er war spät dran, aber er brachte es nie übers Herz, einen Anruf zu ignorieren.

Dieser Polizist war dran, offensichtlich betrunken. Er bat ihn wortreich um Verzeihung, Brantenberg solle ein gutes Wort für ihn einlegen, er halte das alles nicht mehr aus. Und so weiter und so weiter … Wenigstens solle er die Anzeige zurückziehen.

Der Autor, immerhin das Opfer und nicht der Täter, gab kühl zurück, das hätte sich der Beamte früher überlegen sollen. Als der andere ihn regelrecht anbettelte, ja, sogar irgendetwas von Frau und Kindern faselte – war dem Kerl denn kein Klischee zu billig? –, wurde er Brantenberg so widerwärtig, dass er kurzerhand auflegte. Eigentlich nicht seine Art.

Am nächsten Tag stand in der Zeitung, dass sich noch zwei weitere Personen bei der Polizei gemeldet hätten, die angaben, von Wohlers misshandelt worden zu sein. Der Staatsanwalt habe Haftbefehl erlassen.

Brantenberg verbrachte die Nacht mit Jacqueline; eine Nacht, die zwar in mehr als nur einer Hinsicht aufregender verlief als die mit Solveig, die elegante Regieassistentin, aber doch nicht ganz aus seinen Gedanken verdrängen konnte.

So freute er sich auf die Fortsetzung der Dreharbeiten im Hölderlinturm [62] am idyllischen Tübinger Neckarufer [63], und als man ihm dort sagte, dass »dieser Polizist« sich in seiner Zelle erhängt habe, trübte dies seine Stimmung weit weniger als die Tatsache, dass Solveig sich ihm gegenüber so distanziert wie eh und je gab, als ob jener zauberhafte gemeinsame Abend nie stattgefunden hätte.

52 Ein Besuch in der Universitätsstadt Tübingen (30 Kilometer südlich von Stuttgart) mit ihrer mittelalterlichen Altstadt, der Stiftskirche, dem Schloss, dem malerischen Neckarufer nebst Hölderlinturm ist für jeden, der länger in Stuttgart verweilt, ein Muss. Die 1477 gegründete Eberhard-Karls-Universität zählt zu den ältesten und renommiertesten in Europa. Ihre fast 30 000 Studierende und 10 000 Mitarbeiter geben dem Städtchen mit seinen lediglich rund doppelt so vielen Einwohnern das typische Unistadtflair.

53 Das 1183 errichtete ehemalige Zisterzienserkloster Bebenhausen (27 km südlich von Stuttgart) ist eine der bedeutendsten historischen Sehenswürdigkeiten in Baden-Württemberg. In seiner wechselvollen Geschichte diente es auch als Klosterschule, Jagdschloss der Könige von Württemberg und nach dem Zweiten Weltkrieg als provisorischer Landtag Württemberg-Hohenzollerns. Infos für Besucher unter http://www.kloster-bebenhausen.de.

54 Ein Highlight für Kunstfreunde ist das 2005 eröffnete Museum Ritter in Waldenbuch (17 km südlich von Stuttgart, Alfred-Ritter-Straße 27). Gegründet für die umfangreiche Kunstsammlung von Marli-Hoppe-Ritter, der Miteigentümerin der Schokoladen-Firma RITTER SPORT, beherbergt es eine rund 800 Exponate umfassende Sammlung, deren leitendes Thema sinnigerweise das Quadrat in der neueren und zeitgenössischen Kunst ist. Infos unter http://www.

museum-ritter.de/n174330/n.html. Für Kinder gibt es hier auch ein Schokoladenmuseum.

55 Die traditionelle, seit 1903 überwiegend für Motorradrennen genutzte Strecke ist nach dem Schloss Solitude benannt. Die wichtigste 11,3 km lange Variante der ehemaligen Rennstrecke, die unter Motorsportfreunden Kultstatus genießt, führt vom Start-und-Ziel-Haus beim heutigen ADAC-Übungsplatz am Seehaus und dann am *Glemseck* bei Leonberg vorbei hinauf zum *Frauenkreuz*, dort Richtung *Katzenbacher Hof* mit dem Steinbachsee, vorbei am Stuttgarter Stadtteil Büsnau zum Schattengrund und durch das Mahdental zurück zum Start- und Zielpunkt vor dem Glemseck (die Glems ist ein knapp 50 km langes Flüsschen, das im Stuttgarter Rotwildpark entspringt und bei Unterriexingen in die Enz fließt). Empfehlenswert ist die Strecke heute nicht nur für – vorsichtig fahrende – Motorrad-, sondern auch für Radfahrer. Auch Oldtimer-Rennen finden hier heute wieder alljährlich im Sommer statt. Infos dazu unter http://www.solitude-revival.org.

56 Zumindest für Motorradfahrer ein Muss ist das Glemseck 101 zwischen Stuttgart und Leonberg: der Biker-Treff im Großraum Stuttgart. Hier tummeln sich an Wochenenden während der Saison Tausende Biker aus ganz Europa mit ihren Maschinen. Zudem gibt es Live-Rock'n'Roll und Kulinarisch-Deftiges. http://www.glemseck101.de.

57 Die Weinstube Kochenbas (Immenhofer Straße 33) ist ein kulinarischer Geheimtipp für all die Besucher, die sich einmal der Schwäbischen Küche annehmen wollen. Hier trifft sich auch die lokale politische Promi-

nenz, und es sollen hier auch schon diverse Absprachen getätigt worden sein.

58 In Plochingen findet man unter anderem ein Hundertwasserhaus, Freunde der Architektur des österreichischen Künstlers kommen hier auf ihre Kosten. http://www.hundertwasserhaus-plochingen.de. Zudem kann man in den nördlich von Plochingen gelegenen Wäldern gut wandern.

59 Das Erlebnisbad *Schwabenquellen* im SI-Zentrum bietet wohl die spektakulärste Sauna- und Wellnesslandschaft im Raum Stuttgart – nach eigener Einschätzung sogar Europas. Auf einer Fläche von über 7.000 qm findet man eine erstaunliche Vielfalt unterschiedlicher Saunakulturen mit diversen Aufguss-Zeremonien aus über 18 traditionellen Bäderkulturen der Welt, diversen Badelagunen, Ruhebereiche, Whirlpools, Dampfbäder, Erlebnisduschen. Infos unter http://schwabenquellen.de/.

60 Die Spielbank Stuttgart (Plieninger Straße 100), gleichfalls im SI-Zentrum, ist das größte Casino der Stadt. Für alle Freunde des Glücksspiels, die nicht bis Baden-Baden fahren wollen. Ebenfalls findet man hier die Stuttgarter Musical-Bühne und ein Großraumkino (CinemaxX). Infos, Tickets etc. unter http://www.si-centrum.de/.

61 Die Hasenbergsteige im Stuttgarter Westen war bereits vor 150 Jahren als eine Art »Villen-Museum« bekannt, weil hier die Schönen und Reichen der Stadt lebten. Mit ihren stellenweise 15 Prozent Steigung ist sie ein anspruchsvoller, aber ob des Ausblicks wunderschöner Spazierweg geblieben. Oben stand das einstige Wahrzeichen Stuttgarts, der Hasenbergturm

mit seinen 36 Metern Höhe. 1875 vom Verschönerungsverein errichtet, wurde er 1943 gesprengt, um den alliierten Luftangriffen keine zusätzliche Orientierungshilfe zu bieten. Heute steht nur noch ein kläglicher Rest des einst beliebtesten Ausflugszieles der Stadt. Beim Aufstieg beachten sollte man die Hasenbergsteige Nr. 60, gleich rechts der Einmündung der Osianderstraße, das älteste Gebäude am Hang. Der seit 1733 regierende Herzog Carl Alexander, der damals angeblich die Rekatholisierung Württembergs plante, soll hier seine konspirativen Treffen abgehalten haben. Später wurde dem russischen Komponisten Anton Rubinstein (1829-94) nachgesagt, er habe im Gartenhaus des Anwesens diverse Geliebte empfangen; Episoden, die durchaus auch etwas über das zutiefst pietistisch geprägte Klima und die Klatschneigung der schwäbischen Landeshauptstadt aussagen.

Unbedingt besuchen sollte man auch etwas weiter oben den Skulpturenpark des bedeutenden Bildhauers Otto H. Hajek an seinem ehemaligen Wohnhaus. Erreicht man oben den höchsten Punkt, kann man am Sophienbrunnen vorbei bis zu den Bärenseen wandern, oder aber den Birkenkopf, den höchsten Aussichtspunkt Stuttgarts, erklimmen. Schuttreste aus dem Zweiten Weltkrieg, der fast die Hälfte des Gebäudebestands der Stadt zerstörte, wurden hier 1957 abgeladen, sodass der Hügel um rund 40 Meter anwuchs. Mit seinen 511 m ü. NN ist er nun die zweithöchste Erhebung der Stadt und wohl der beste Aussichtspunkt in Stuttgart, höher gelegen sogar als der Fernsehturm.

62 Der Hölderlinturm, idyllisch am Neckar gelegen, ist wohl die bekannteste Sehenswürdigkeit Tübingens. Hier verbrachte einer der bedeutendsten deutschen Lyriker von 1807 bis 1843 seine letzten Lebensjahrzehnte in angeblicher geistiger Verwirrung. Das Haus in der Bursagasse 6 bietet eine sehenswerte Ausstellung zu dessen Leben und Werk. Öffnungszeiten Dienstag bis Freitag 10.00 bis 12.00 Uhr und 15.00 bis 17.00 Uhr, Samstag, Sonntag und Feiertage 14.00 bis 17.00 Uhr.

63 Für Freunde des Volkstümlichen ist das alljährlich an Fronleichnam auf dem Neckar in der Innenstadt stattfindende Stocherkahnrennen ein echtes Highlight. Der Brauch ist studentischen Ursprungs und zumindest für die Zuschauer eine Mordsgaudi. http://www.stocherkahnrennen.com/

PAINTBALL

Stefan zischte: »Los geht's, Jungs, ich geb euch Deckung!« Er feuerte aufs Geratewohl in das Gebüsch, wo der Kerl liegen musste. Nichts regte sich, nur der Reif glitzerte im Sonnenlicht. Wo steckte der?

Eigentlich war der Moment für ihren Ausbruchsversuch gut gewählt: Noch ein zweiter lag da, irgendwo rechts vor ihnen, die Gun auf Anschlag, aber der Stamm einer riesigen Buche deckte sie gegen ihn ab. Die anderen Ossis waren noch nicht ganz heraufgeklettert zu der kleinen Felskuppe, die sich wie ein Adlerhorst über dem weiten Stuttgarter Talkessel erhob, da, wo der Wald am dichtesten war. Die beiden, die schon oben waren, nahm er jetzt unter heftigen Beschuss. Das Tarnzeug juckte höllisch.

Die beiden da waren die ganze Zeit mehr mit ihrer Deckung beschäftigt, als dass sie selbst schossen. Amateure! Er gab eine weitere Salve ab. Plötzlich regte sich in seinem Rücken etwas, ein Schuss verfehlte ihn nur knapp. Er warf sich herum und feuerte instinktiv. Da, zu seiner Rechten, ein zischendes Geräusch, ein dumpfer Aufschlag in leuchtendem Rot: Schon brach Mark regungslos nieder. Jetzt waren außer ihm nur noch zwei aus seiner Truppe übrig. Diese Grünschnäbel aus Chemnitz dagegen waren noch immer bis auf einen komplett, wenn er richtig mitgezählt hatte. Wie machten die das? Es war zum Aus-der-Haut-Fahren! Stefan fluchte. Wie stellten sich seine Männer heute nur an? Ging man auch am Tag vor einem Battle auf den Wasen, zum Saufen?

Kaum fünf Minuten später gab Stefans Gruppe sich geschlagen, jeder der drei wäre jetzt ein perfektes Ziel gewesen.

»Was seid ihr nur für Waschlappen! Mit euch kann man keinen Saustall stürmen.« Die anderen pumpten schwer, Stefan dagegen war kaum angestrengt, seine Kurzatmigkeit war dem Ärger geschuldet.

Einer der Ossis, ein pickliges Milchgesicht mit roten Mecki-Stoppeln, stützte sich schwer atmend auf ihn und grinste frech. »Nicht euer Tag heute, was?«

Gelbe Farbe tropfte zäh von seiner Armyjacke. Zwei Treffer, das hatte es noch nie gegeben! Für Stefan war der Tag gelaufen. Kein Wunder, der Sport war sein Leben. Er machte ja zurzeit nichts anderes. Wann immer es ging, trainierte er mit seinen Paintball-Jungs. Außer zu essen und (wenig) zu schlafen zockte er höchstens nächtelang am Computer, *Medal of Honor*. Als er noch in Afghanistan war, als Elitesoldat der Bundeswehr, ein Mann mit einer Aufgabe, der sich fürs Vaterland einsetzte, der Tag für Tag Verantwortung für das Leben seiner Kameraden trug, nie hätte er sich da träumen lassen, dass er einmal so herunterkommen würde. Er war einfach nie im zivilen Leben angekommen, würde einer dieser Psychofuzzis sagen. Mit denen konnte man ihn jagen! Nichts als dumme Sprüche kamen von den Seelenklempnern, Leuten, die doch keinen blassen Schimmer davon hatten, was ihm widerfahren war. Stefan hatte die Truppe nicht freiwillig verlassen; volle sechs Jahre Kundus lagen hinter ihm.

Er war mit den ersten Deutschen hingekommen. So manchen hatte er da unten kommen und gehen sehen, bis zu diesem verfluchten Donnerstag … Irgendwo in der Gegend von Baghlan waren sie in einen Hinterhalt geraten, es ging übel aus: Zwei tot, zwei schwer verletzt. Ein Kamerad war in seinen Armen krepiert. Er hatte weitergemacht wie zuvor. So etwas gehörte dazu. Allerdings hatte er seitdem ständig Kopfschmerzen gehabt, und diese seltsamen Schwindelanfälle machten ihm mehr und mehr zu schaffen. Er hatte geglaubt, sich irgendeinen Virus eingefangen zu haben, von daher auch die plötzlichen Schweißausbrüche … Dann war er wegen der kleinsten Sache ausgerastet und am Ende sogar auf einen Kameraden losgegangen. Da bestellte ihn sein Kommandeur ein und schickte ihn zur medizinischen Betreuung. Der Weißkittel redete irgendetwas von einer »posttraumatischen Belastungsstörung« und sie schickten ihn tatsächlich einfach so nach Hause. Ohne ihn zu fragen, was er wollte oder dachte, ohne dass es sie interessierte, wie es ihm dabei ging! Und so etwas machte die Führung in Kundus, die er immer in Schutz genommen hatte, wenn die Kameraden sich empörten. So etwas machten Menschen, die er persönlich kannte, schätzte, an die er geglaubt hatte. Das war ein Schock gewesen, von dem er sich nur schwer erholte. Die Kameraden starben dort unten, und er sollte in einer Kaserne bei Hechingen unfähige Rekruten ausbilden! Seine Aggressionsschübe wurden häufiger, schließlich wurde er mit allen Ehren entlassen. Er war zurück nach Stuttgart gegangen, hatte eine kleine Wohnung bezogen und wusste nicht mehr ein noch aus. Nur noch das Paintball-Team hielt ihn am Leben.

Stefan packte die verschmierte Tarnmontur in seine Tasche und zog ein frisches T-Shirt, das Karohemd und seine Winterjacke an. Dann stieg er aufs Mountainbike, das blöde Gejohle der Ossis hinter ihm ignorierend, und raste umso schneller, je wütender er wurde, durch den Degerlocher Wald hinab in den Kessel. Er fuhr nicht nach

Hause in die Böheimstraße, dazu war er zu aufgewühlt; am Marienplatz bog er auf die Filderstraße ab, Richtung Innenstadt. [64]

*

Walter ahnte, wohin seine Beine ihn führten. Er schwitzte, obwohl er nur den leichten Trenchcoat übergezogen hatte. Irgendwie war er jedes Mal ein bisschen nervös. Eigentlich kindisch. Sah ihn doch niemand an, wie er da schwer bepackt mit vier prall gefüllten Plastiktüten die Königsstraße hinabging.

In den Tragetaschen befand sich alles, was er für die Reise benötigte – jedenfalls, soweit es ihm möglich war, so einen Trip zu planen. Für so etwas war eigentlich Daniela zuständig, aber er wollte sie ja mit Venedig überraschen.

Stolz war er in jedem Fall auf seinen neuen Anzug. Als sportlicher Ingenieur, eben der klassische Jeanstyp, mochte er keine Anzüge – Krawatten waren ihm sogar regelrecht verhasst. In diesem Fall war es für den weltmännischen Eindruck, den er in Italien zu machen gedachte, unerlässlich. Seine Wahl war nach längerem Suchen auf ein dunkelblaues Modell aus edlem Tuch mit dezenten Nadelstreifen gefallen. Der Schnitt sei ein wenig von der Mode der ersten Hälfte des Jahrhunderts inspiriert, hatte der offensichtlich schwule Verkäufer ihn belehrt, und womöglich lag es daran, dass er sich im neu erworbenen Anzug ein wenig wie Humphrey Bogart vorgekommen war und nicht wie ein Angestellter am Schalter einer kleinstädtischen Bankfiliale – was ansonsten in derartiger Verkleidung sicher der Fall gewesen wäre.

An einem der Stände des Weihnachtsmarktes [65] genehmigte er sich einen Glühwein. Kurz hörte er der Liveübertragung der *Aktion Weihnachtsmann* zu; ein bekannter Moderator des Süddeutschen Rundfunks versteigerte zu Höchstpreisen irgendwelches Zeug, und das Geld kam irgendeiner zweifellos guten Sache zu. Der Andrang war beträchtlich, aber das war er hier überall. Dann ging er weiter in Richtung Schillerplatz. 66 Erhitzt vom Alkohol, legte sich Walter im Gedränge beinahe mit einem älteren Herrn an, der sich von ihm angerempelt fühlte. Zum Glück für den Alten, der ein dürres Männlein war war, zog ihn eine Frau mit ergrautem Bürstenhaarschnitt zur Seite, wobei sie beruhigend auf ihn einredete, als sei ihr Gatte ein toll gewordener Hund. Immer mehr störte er sich an den vollen Taschen, die ihn zu einem wandelnden Hindernis machten. Diese Leute hätten alle daheimbleiben sollen, bei einem guten Buch, dachte er grimmig. Er hingegen hatte noch etwas vor!

Endlich erreichte er seinen Wagen und verstaute die Neuerwerbungen im Kofferraum. Seine Hände zitterten, er wusste, wo er war – und dass er jetzt sicher nicht zurück nach Böblingen fahren würde.

Die Atmosphäre in den Kaufhäusern, die Masse von Menschen, vor allem Frauen, dazu der Glühwein, all das hatte ihn erhitzt, schrie regelrecht nach Abkühlung. Kurz hatte er erwogen, ins Leuze zu fahren, das hätte auch seinem Rücken gutgetan. 67 Bis ihm etwas Besseres eingefallen war … Er wusste, wo schnell und günstig zu haben war, was er brauchte. Wenn man Glück hatte, standen im Block um das Parkhaus bei der heruntergekommenen Leonhardskirche einige junge Drogenabhängige, die gegen ein, verglichen mit den Professionellen, lächerliches Entgelt mit in den Wagen stiegen. 68 Walter kannte die eine oder andere inzwischen ganz gut. Arm dran waren die meisten, als Kind vom Vater missbraucht oder wie die fünfzehnjährige Vanessa von den Eltern gleich einer Trophäe an Bekannte ausgeliehen worden. Alle waren von zu Hause weg, süchtig, abgemagert, aber eben blutjung. Das reizte Walter, womöglich auch das Risiko.

Als er zum ersten Mal mit einem dieser Mädchen zugange gewesen war, hatte er hinterher tagelang ein schlechtes Gewissen gehabt – etwas, das er sonst von sich nicht kannte. Inzwischen lachte er darüber, er wusste ja, dass nichts dabei war. Die anderen Kunden waren zahlreich und meist honorige Bürger, viel weniger Ausländer, als er ursprünglich gedacht hatte … Sogar ein (inzwischen sicher längst emeritierter) Professor seiner ehemaligen Fakultät, Walter hatte ihn nicht besonders gemocht, war ihm hier schon begegnet, mit dem sprichwörtlich hochgeschlagenen Mantelkragen, Vanessa neben sich im SLK. Viagra sei Dank!

Im Winter war ohnehin eine günstige Zeit; in den dicken Skianoraks sahen die Mädchen nicht ganz so krank und abgemagert aus, wie sie waren, und die Ordnungshüter konnten sie so nicht so leicht erkennen. In letzter Zeit wimmelte es hier überall nur so von Polizei. Musste an den Grünen liegen, die jetzt in Stuttgart überall am Ruder waren, der späte Triumph des Feminismus. Zum Kotzen.

Langsam fuhr Walter um den Block, schon das zweite Mal. Das durfte doch nicht wahr sein, niemand war zu sehen! Er fluchte. Wahrscheinlich schon wieder eine Razzia. Oben bog er nach links, ein weiterer Versuch. Bei seiner zweiten Runde hupte es plötzlich hinter ihm. Er sah in den Rückspiegel, ein junger Kroate, kenntlich am Schachbrettwimpel hinter der Windschutzscheibe, regte sich darüber auf, dass er nicht schneller fuhr. Am liebsten wäre Walter ausgestiegen und hätte dem jungen Mann die Dauerwelle gerichtet – aus naheliegenden Gründen war Aufsehen aber besser zu vermeiden. So begnügte er sich damit, etwas weiter mittig vollends auf Schritttempo abzubremsen. Schließlich würgte er an einer Fahrbahnverengung mit voller Absicht den Motor ab. Während er die Straßen vor sich nach jungen Mädchen in leuchtenden Skianoraks absuchte, schaltete er genüsslich den Warnblinker ein, dann startete er neu, als hätte er vergessen, wie das ging. Er brauchte mehrere Versuche, ausgiebig weidete er sich an den Zügen des Idioten hinter ihm im Rückspiegel, der inzwischen einer Ohnmacht nahe schien.

Da sah er Chantal! Sie war durch eine Gruppe türkischer Männer, die Kisten in einen Imbiss schleppten, verdeckt gewesen. An einer Laterne stand sie, um die sie halb spielerisch, halb im Ernst eine Art gymnastisches Tänzchen vollführte. Nach Art aller Süchtigen auf Entzug hatten ihre Bewegungen etwas Fahriges. Sie war zwar ein bisschen älter, womöglich tatsächlich schon achtzehn, aber für heute würde sie es tun.

Da sie sich kannten, ging alles sehr schnell: Er fuhr an, hielt neben ihr und öffnete die Tür, sie kannte seinen Wagen und stieg sofort ein. Papa holt seine Tochter ab, schoss es ihm durch den Kopf.

»Hallo, Walter.«

»Na, wie isses?«, fragte er. Sie schien wirklich durch den Wind heute, starrte aus ihren großen, dunkel umrandeten Augen ins Leere und sagte nur: »Saukalt und viel zu viele Bullen unterwegs. Also das Übliche …«

Sie war ursprünglich bestimmt ein hübsches Mädchen gewesen, ehe der verunreinigte Stoff und das Leben auf der Straße ihre Schönheit vor der Zeit ruiniert hatten. Dennoch, auf den ersten Blick sah sie noch immer gut aus. Walter kannte ihre Geschichte, abgehauen von zu Hause mit vierzehn, der Freund saß im Knast, hatte sie früher immer mit Stoff versorgt. Nun musste sie das selbst tun; sie tat es hier.

Chantal war gut, Walter fühlte eine Erektion, während er ins Parkhaus einfuhr. Ab der dritten Etage war es fast immer ganz leer, er fuhr in eine Parklücke, schaltete den Motor ab und öffnete seinen Hosenladen. Dann gab er ihr zwanzig Euro, sie lächelte dankbar und verstaute das Geld. Er wusste, manche Männer handelten herum und gaben noch weniger, und oft genug machten sie es einem auch dafür. Walter mochte die Mädchen, und auf das Geld kam es ihm in diesem Fall nicht an: Er kam regelmäßig, aber nicht oft hierher.

Das eigentliche Geschäft war schnell verrichtet, er kam mit Blick auf eine verschmierte Betonmauer, seine Hand in ihrem zerzausten Haar, das leicht säuerlich roch.

»Kann ich mich ein bisschen aufwärmen?« Chantal steckte sich eine Zigarette an. Sie redeten ein wenig miteinander, nichts Bestimmtes. Die Worte wechselten im Halbdunkel, ein Hin und Her ohne Bedeutung, denn das, was von Bedeutung war, darüber konnten sie nicht sprechen.

Schließlich fragte sie: »Hast du das von Vanessa gehört?«

Er schüttelte den Kopf.

»Irgend so ein Kranker hat ihr das Genick gebrochen. Die Arschlöcher denken, wir seien Freiwild …«

Ach, Mädchen, was glaubst du, wo du bist …?, dachte er, sagte aber: »So ein Schwein.« Die arme Vanessa, so jung und schon ein Verlierer: Wie magisch hatte sie die Katastrophen angezogen. Die hier wird auch keine 25 werden, mutmaßte er.

»Und ein Freier ist auch umgebracht worden, gleich hier um die Ecke, vor dem *Zauberlehrling*. 69 Echt gruselig …«, plapperte sie weiter. Jetzt sah er, was an Chantal so merkwürdig war heute. Sie hatte Angst.

»Ich geh jetzt nur noch mit Männern mit, die ich kenne, meinen paar Stammfreiern. Wie dir …«, sagte sie Richtung Betonwand.

Sie wusste, dass sie sich belog. Sie drückte ihre Zigarette aus.

»Pass gut auf dich auf«, sagte er.

»Man tut, was man kann.«

Sie öffnete die Tür, wollte gerade aussteigen, als Walter neben sich den Streifenwagen einfahren sah. »Scheiße, die Bullen…!«, fluchte das Mädchen.

»Setz dich wieder …«, sagte Walter, »und lass mich reden!«

Schon waren die Herren in Uniform am Wagen. Die können dir nichts, machte Walter sich Mut.

»Guten Tag. Personenkontrolle. Dürfte ich fragen, was Sie da machen?«

Walter versuchte es auf die harte Tour. »Dürfte ich fragen, weshalb Sie das wissen wollen?«

»Die Fragen stellen wir.«

Er reichte dem Polizisten, einem Bürschchen, das kaum älter war als Chantal, seine Papiere. Sie nestelte an ihrer Jacke herum. »Deine brauchen wir nicht, dich kennen wir ja …«

Walter tat empört: »Könnten Sie mich bitte aufklären, was hier geschieht? Sie kennen einander also … Das ist schön für Sie! Was soll das? Ich habe dieses Mädchen per Autostopp mitgenommen, sie wollte hierher. Gerade war sie dabei, mir zu erklären, wie ich zum *Kaufhof* komme …«

»Das stimmt genau«, pflichtete Chantal ihm bei. Eine Schauspielerin war nicht gerade an ihr verloren gegangen.

Der junge Polizist sah ihn lange an. Offene Verachtung sprach aus seinem Blick. Walter wusste, was der dachte: Leute wie er waren für diesen angehenden Beamten das Allerletzte, womöglich hielt er ihn für pädophil. Der sollte erst mal trocken hinter den Ohren werden! Aber sie hatten wenig in der Hand. Der andere kehrte vom Wagen zurück. Walter lächelte Chantal an, seine Weste war weiß, ganz weiß: ein unbescholtener Bürger. Nie zuvor war er in diesem Zusammenhang auffällig geworden. Sie mussten ihn gehen lassen.

Das taten sie dann auch. Chantal dagegen nahmen sie mit. Er wusste, sie würde schweigen. Ihn auffliegen zu lassen, dafür hatte sie zu viel Routine und zu viel Geschäftssinn. Ärgerlich war nur, dass er, um nicht unglaubwürdig zu wirken, zurück in Richtung Innenstadt gehen musste, statt einfach nach Hause zu fahren.

Beim *Brunnenwirt* erinnerte er sich, wie hungrig er war. 70 Er ging hinein und bestellte. Die plötzliche Wärme war angenehm. Während er die scharf gewürzte Wurst und sein Brötchen kaute, ließ er seine Gedanken treiben, den Blick auf das Gewühl jenseits der Scheibe gerichtet, wo Menschen hektisch durcheinandereilten, um vor Ladenschluss als Liebesbeweis gedachte Dinge zu erwerben. Hinter ihm standen drei Freunde des Inhabers und einiges an Laufkundschaft – ein paar Jugendliche, drei Männer unterschiedlichen Alters, dunkle Haare, stechender Blick, schlecht rasiert, mit Goldkettchen und billigen Lederjacken. Sie unterhielten sich viel zu laut in einer ihm unbekannten Sprache. Dazu lief von einem iPod eigenartige Folklore, die entfernt indisch klang.

Es ärgerte ihn, dass er erwischt worden war. Man hatte seine Personalien sicher gespeichert, und wenn sie ihn erneut aufgriffen, würde es schwerer werden, sich herauszureden. Zukünftig musste er vorsichtiger sein! Zum Glück ging es erst mal auf Reisen, und, wer wusste das schon – vielleicht würde es mit Daniela in Venedig so gut werden wie einst, er hätte es nicht mehr nötig, drüben um jenes Parkhaus zu fahren oder ähnliche Orte aufzusuchen. Leider konnte er immer noch nicht nach Hause, dazu schlug sein Herz zu heftig. Er schlenderte noch ein wenig Richtung Wilhelmsplatz. [71] Im Bohnenviertel gleich um die Ecke gab es einen Schmuckladen, vielleicht sollte er Daniela eine hübsche Kette kaufen? [72]

*

Stefan folgte dem alten Sack in diesem lächerlichen Trenchcoat. Wütend schanzte er mit dem Bike über die Bordsteinkante. Das war wieder typisch! Da hatte die Polizei einmal so ein Schwein in flagranti erwischt, ihn gewissermaßen auf dem Silberteller präsentiert bekommen, und was passierte? Sie ließen den einfach laufen! Dabei war das Mädchen noch ein Kind! Er hasste diese perversen Schweine! Gab es größeren Abschaum als diese Kinderficker?

Er folgte dem Stück Scheiße in Richtung Österreichischer Platz; indem er ab und an in ein Schaufenster sah, hielt er sich die ganze Zeit etwa zwanzig Meter hinter ihm. Auf der Höhe einer stadtbekannten Lederkneipe namens Boots bog der Kerl in eine menschenleere Seitengasse ein. Jetzt war es so weit.

Stefan stellte das Rad ab und folgte ihm zu Fuß. Dann rief er ihn an und bat um Feuer. Der Typ ignorierte ihn, erst auf lautes Nachfragen wandte das Schwein sich um und brummte, er sei Nichtraucher. Da war Stefan schon über ihm und hatte ihm mit einem gekonnten Griff, einer einzigen gleitenden Bewegung des ganzen Oberkörpers, das Genick gebrochen. Es gab ein seltsames Geräusch, sonst war nichts zu hören. Dann presste er den Toten gegen die Hauswand, es sah aus, als küssten sie einander. Als er sicher war, dass niemand sie beobachtete, schleifte er den Typen in einen Hinterhof und legte ihn in einer dunklen Ecke ab. Auf dem Rad war ihm leicht zumute. Einer weniger, dachte er immer wieder, noch einer weniger! Er würde weitermachen. Nur das mit dem Mädchen tat ihm leid. Er hatte ihr doch nur ins Gewissen reden wollen, sie war doch noch ein Kind gewesen. Als sie ihn dann als Schlappschwanz verhöhnt hatte, war plötzlich etwas über ihn gekommen ... Die war so dünn gewesen, dass alles wie von alleine passiert war. Schrecklich.

Die Wohnung empfing ihn muffig und kalt, unbehaglich und feucht. Da er seit Tagen nicht mehr gelüftet hatte, roch es unangenehm; irgendetwas zwischen stechend und süßlich, wahrscheinlich roch es nach ihm. Dieses Loch im Souterrain eines Jugendstilbaus war ihm schon vom Schnitt her verhasst, aber eine andere Wohnung hatte er nicht bekommen: statt einer Diele betrat man die Einzimmerwohnung direkt in der Küche, oder aber umgekehrt gesagt, im Flur standen nicht nur Schuhe und hingen seine Jacken, sondern da war auch noch der Herd mit zwei Elektrokochplatten, daneben ein uralter Kühlschrank und ein kleines Spülbecken. Im Becken stapelten sich Pizzaschachteln und ungewaschenes Geschirr. Eigentlich war Stefan von fast schon pedantischer Ordentlichkeit, aber dieses Loch schaffte ihn.

Auch im Zimmer lag alles durcheinander, viel Wäsche hätte gewaschen gehört, auf dem Schreibtisch brummte der Rechner. Stefan machte den Fernseher an. Irgendein

Politiker redete aufdringlich über innere Sicherheit. Das war es, was sie konnten: Reden, reden, reden. Aber sie taten: nichts. Sein Blick fiel auf den Ordner mit den Zeitungsausschnitten, die er akribisch gesammelt hatte. Missbrauchsskandal, Odenwaldschule, die Zustände in den Heimen in Ost und West in den 1980er- Jahren, perverse Priester, Politiker, die mit Kinderpornos erwischt worden waren … Immer redeten die sich raus. Ja, sie waren überall, diese Schweine! Und alle Abscheulichkeiten, die sie getan hatten, sie blieben völlig ungesühnt. Um die Opfer kümmerte sich niemand … In diesem Zusammenhang war er erneut auf jene Diagnose gestoßen: Posttraumatische Belastungsstörung. Das war ein Zeichen: Wenn niemand etwas unternahm, einer musste doch den Anfang machen! Er sah dem Politiker direkt in die Augen, der ungerührt weiterplapperte, und schrie ihm seinen ganzen Hass entgegen: »Ja, was tut *ihr* denn? Was?« Wütend machte er den Fernseher aus.

Plötzlich war da diese schreckliche Stille; er stand in dem abgedunkelten Raum und die ausgesperrte Welt stürzte auf ihn ein. Er wünschte, laufen zu können, wegzulaufen vor der Gefahr, der er plötzlich gewahr wurde. Sie war groß und nah, so nah. Sein Herz schlug schnell, seine Hände schwitzten und waren taub, so schrecklich taub. Seine Kehle fühlte sich an, als würde er verdursten. Er wusste, er musste etwas tun, irgendetwas, aber er blieb ohnmächtig stehen, ganz dem ausgeliefert. Über ihm schlugen die Wogen der Furcht zusammen, eine stille Explosion, nur sein Herz schlug so erschreckend schnell, so laut, er fühlte, wie er dem Infarkt entgegenging, das steigerte die Angst. Er versuchte sich zu beruhigen, es gelang ihm nicht. Verzweifelt warf er sich auf den Boden und wartete, bis es nachließ, er fröstelte, zitterte, weinte schließlich. Als es vorüber war, tausend Ewigkeiten später, war ihm unglaublich übel. Er übergab sich mehrfach und öffnete endlich ein Fenster.

Die Nacht verbrachte er mit *Medal of Honor*. Als es draußen langsam hell wurde, nickte Stefan endlich ein; seine Träume waren unruhig.

*

Hauptkommissar Wagner von der SOKO Leonhardsplatz schaute müde aus dem 5. Geschoss des LKA-Gebäudes in den leichten Schneeregen. Herbert folgte der Richtung seines Blickes, blieb jedoch bei der Spiegelung ihrer müden Gesichter an der Glasfront hängen. »Wären wir Ermittler im Fernsehen, würden sie uns absetzen. Zu alt …« witzelte er.

Wagner verstand erst nicht, dann erwiderte er: »Na ja, die allseits beliebten Action-Szenen versuchen alte Hasen wie wir ja auch eher zu vermeiden. Aber das hier …«, er wies auf die Tafel vor seinem Schreibtisch. »Das wäre schon etwas fürs Fernsehen! Obwohl, da würden sie dann schreiben, das sei doch ausgedacht, so was gäbe es in Wirklichkeit gar nicht, und schon gar nicht im beschaulichen Stuttgart. Die Sache ruiniert uns die Kriminalitätsstatistik auf Jahre!«

Es brauchte insgesamt sechs Morde, wobei der im Park der Villa Berg den Zenit des Medieninteresses an dem Fall markierte, weil die Leiche eines 26-jährigen geistig Behinderten von einer Gruppe Kita-Kinder gefunden worden war, bis sie einen Punkt erreicht hatten, wo sie gar nichts mehr wussten. 73 Die Sache war immer rätselhafter geworden, seitdem der Täter das Leonhardsviertel verlassen hatte. In einem Waldstück oberhalb Botnangs hatte man zwei Wochen nach den beiden ersten Opfern die Leiche eines Obdachlosen gefunden, der zuletzt an einem Spielplatz am Stadtrand gesehen worden war, wo er sich laut Augenzeugen fast immer herumtrieb, wieder mit Genickbruch. 74 Darauf dann der Behinderte. Schließlich war noch ein dreiunddreißigjähriger Frankfurter Banker auf dieselbe Weise zu Tode gekommen, der sich geschäftlich für zwei Wochen im Bankhaus *Ellwanger & Geiger* in Stuttgart aufhielt. Untergebracht im Hotel Maritim, verbrachte er seine Mittagspause in der *Essbar Katz*, einem Café am Herdweg, etwas unterhalb des Eberhard-Ludwig-Gymnasiums. Einige Jugendliche hatten ihn dort um die Mittagszeit noch gesehen und sogar kurz mit ihm gescherzt, und eine andere Zeugin war sich nicht ganz sicher, ob sie ihn in Begleitung eines Jungen vor dem Hotel Maritim am Bosch-Areal gesehen hatte. 75 Gegen 18.30 Uhr hatte man seine Leiche gefunden, makabererweise auf dem Hoppenlaufriedhof. 76 Und jetzt, im Fall des Toten bei der stadtbekannten Schwulenkneipe, also wieder das Leonhardsviertel …

In vier Wochen mehr Morde als sonst im ganzen Jahr, und sie hatten fast nichts! Das Phantombild, das vor ihm angepinnt hing, war für die Katz, das war klar. Wenn er damit einmal die Königstraße hochging, fand er schon auf den ersten Hundert Metern mindestens fünf Männer, auf die das Bild passte. Dass der Typ gestört war, war klar. Dass er eine Nahkampfausbildung hatte und körperlich zweifellos sehr gut trainiert war, geschenkt. Das waren sicher 5.000 Leute in der Region. Wenn es nicht jedes Mal der Genickbruch gewesen wäre, kein Mensch wäre auf eine

Verbindung zwischen den Morden gekommen. Nein, sie hatten gar nichts! Keine brauchbare DNA, auch kein einziger eindeutig identifizierbarer Tatort. Nur dieses Viertel. Am meisten zu denken gab ihm, dass weit und breit kein Motiv zu erblicken war und es auch sonst keinerlei Regelmäßigkeiten im Vorgehen gab. Da war zunächst das 15-jährige italienische Mädchen gewesen, eine vom Drogenstrich, polizeibekannt. Kurz darauf wurden die sterblichen Überreste eines 51-jährigen türkischen Übersetzers entdeckt, es handelte sich um einen dreifachen Familienvater, der laut den Gerichtsmedizinern bereits vor der Prostituierten ermordet worden war, aber erst zwei Tage später aufgefunden wurde, weil die Leiche bis montagfrüh in einem übers Wochenende verschlossenen Baustellencontainer versteckt gewesen war. Kein Kontakt zur Drogen-Szene, auch kein Freier, wenn man den Mädchen Glauben schenken konnte. Die Ermittlungen waren zunächst in die rechte Szene gegangen, Ausländerfeindlichkeit als Tatmotiv hatte der Profiler vermutet. Dann, nach dem Mord in Botnang (Rechtsradikale hatten oft auch ein Problem mit Obdachlosen …), folgte der Behinderte und schon einen Tag später der Banker: Also nichts mehr mit dem »ausländerfeindlichen Hintergrund«! Alles zurück auf null. Und nun gestern, nach zwei Wochen Pause, der Typ hinter der Schwulenkneipe: Walter Grießhaber, ein Ingenieur aus Böblingen. Glücklich verheiratet, laut seiner Frau. Na ja. Hatte für einen Urlaub eingekauft und war zufällig bei der Chantal gelandet. Das ging sie nichts an.

Sie wussten nur davon, weil Grießhaber unmittelbar vor dem Mord in eine Kontrolle geraten war. Der Mann musste praktisch aus der Polizeikontrolle heraus in die Arme seines Mörders gelaufen sein – Sachen gab es! Na ja, immerhin war er offensichtlich ein Freier gewesen, was ihn mit dem ersten Opfer, dem toten italienischen Mädchen, in Verbindung brachte. Auch der jeweilige Tatzeitpunkt gab nichts her: Das Mädchen war in den frühen Morgenstunden an einem Sonntag ermordet worden, der erste Mann am Samstagabend, einige Stunden zuvor, der Obdachlose gegen 20 Uhr an einem Donnerstag, der Behinderte auf den Stufen der Villa Berg mittags um 12 Uhr, der Banker wieder am frühen Abend und Grießhaber am helllichten Samstagnachmittag! Herbert, der alte Zyniker, hatte es auf den Punkt gebracht: »Wir müssen auf das nächste Opfer warten, vielleicht kommt dann ein wenig Linie rein.« Es war zum Mäusemelken! Möglicherweise fiel einer der Zivilstreifen endlich etwas auf – zu hoffen wäre es. Bei dieser Sachlage war die nächste Pressekonferenz jedenfalls kein Vergnügen …

Sie geriet entgegen den Erwartungen der beiden leitenden Ermittler zu einem Triumph. Denn es hatte doch keinen weiteren Mord mehr gegeben … Die Wende brachte der Zufall in Gestalt von Mirko S., einem jungen Mann aus Zwickau, der sich übers Wochenende in Stuttgart aufhielt, weil er gerne im Wald mit Farbmunition herumballerte. Eine Streife brachte S. umgehend zu Wagner und unterrichtete ihn, es gäbe dieses Mal einen Tatzeugen, der den Mörder kenne! Die Sache war schnell erzählt, sie hatten schlicht Glück gehabt: Scheinbar machten diese Paintball-Idioten jetzt richtige Turniere, übers Internet verabredet, mit Heim- und Auswärtsbegegnungen. Was es nicht alles gab! Jedenfalls sei dieser Dreiundzwanzigjährige nach dem Match oder wie auch immer das hieß einem aus der gegnerischen Truppe auf einem geliehenen Fahrrad gefolgt, weil die Jungs gesehen hatten, wie besagter Stuttgarter im Wald seine Geldbörse verloren habe. »Ein seltsamer Typ, der hat sich derart aufgeregt, weil diese Schwaben natürlich kein Land gegen uns gesehen haben, dass er das Geld liegen gelassen hat, samt Kreditkarte und Personalausweis. Wir haben ihm noch nachgerufen, aber hat der nicht mehr gehört. Gut, steig ich eben auf das Bike von einem seiner Stuttgarter Kollegen, der war zu fertig, und radle hinterher! Ich wollte ihm bloß seinen Geldbeutel wiederbringen ...«

Das, im Wesentlichen, hatte der junge Mann, der sichtlich unter Schock stand, ausgesagt. Und mehr: Der andere sei derart in die Stadt hinabgerast, dass er ihn erst am Ende der Olgastraße, fast schon im Rotlichtviertel, wieder in Sichtweite gehabt hätte. Die Gegend habe er wiedererkannt, war er doch die Nacht zuvor mit seinen sächsischen Kumpels dort zugange gewesen. Schlicht neugierig habe es ihn da gemacht, was der seltsame Typ ausgerechnet hier wolle, deshalb sei er ein wenig im Hintergrund geblieben. Irgendwann sei ihm die Sache zu heiß geworden, als der Mann einem älteren Herrn im Trenchcoat in Richtung dieser Schwulenkneipe folgte.

Was er aber gesehen hatte, reichte für ihn, sich bei der Polizei zu melden, nachdem er anderntags von dem Mord und dem mutmaßlichen Tatzeitpunkt gehört und dann im Fernsehen in einer Imbissbude auch noch ein Foto des Opfers gesehen hatte: eindeutig der ältere Herr im Trenchcoat.

Noch am selben Tag, es war ein sonniger Novembertag, meldete das LKA die Verhaftung von Stefan K., der in den Boulevardmedien längst nur noch »Schlächter vom Leonhardsplatz« genannt wurde.

64 Am neu gestalteten Marienplatz, dem Mittelpunkt des Stuttgarter Südens, finden sich zahlreiche Geschäfte, Restaurants (besonders empfehlenswert das spanische Restaurant *Andalucia* mit dem Live-Club *Arrigato* in der Kolbstraße 1) und Cafés (besonders empfehlenswert das *Galào* in der Tübingerstraße 90). Zudem startet hier die »Zacke«, die alte Drahtseilbahn, die seit 1884 nach Degerloch verkehrt. Eine technische Besonderheit ist der Antrieb: Ein Drahtseil zwischen den Schienen, eine sogenannte Zahnstange, zieht die zwei Waggons in wenigen Minuten den steilen Berg hinauf beziehungsweise hinab. Besonders attraktiv: Eine größere Menge Fahrräder können mitgenommen werden – zu den üblichen SSB-Tarifen.

65 Der Stuttgarter Weihnachtsmarkt auf dem Karls- beziehungsweise Schillerplatz, der alljährlich in der letzten Novemberwoche beginnt, mag es mit dem berühmten Nürnberger Vorbild nicht aufnehmen können, gleichwohl bietet er alles, was zu einem großen Weihnachtsmarkt gehört und lockt alljährlich über vier Millionen Besucher an. Es gibt neben den obligatorischen Ständen und dem bunten Treiben auch diverse Konzerte im Innenhof des Alten Schlosses, auf der Rathaustreppe und im Innern der Stiftskirche. Der Stuttgarter Weihnachtsmarkt, der auf eine Tradition bis ins Jahr 1692 zurückblicken kann, ist übrigens einer der ältesten deutschen Weihnachtsmärkte.

66 Der Schillerplatz hinter dem Alten Schloss, mit der 1320 auf Basis einer frühromanischen Kirche errich-

teten Stiftskirche (der Hauptkirche der evangelischen Landeskirche in Württemberg), der Alten Kanzlei und Stuttgarts erstem Kaffeehaus (1712), aus dem dann das Restaurant »König von England« (1777) hervorging, und dem ehemaligen Gesandtenhaus (1677), heute Prinzenbau, einst zu Ehren des deutschen Nationaldichters angelegt, ist geschmückt vom 1839 errichteten Schillerdenkmal – dem ersten Denkmal für Schiller in Deutschland. Hier lag auch das erste feste Haus Stuttgarts, man vermutet, dass das Gelände des heutigen Schillerplatzes um das Jahr 1000 Teil des Gestütsgeländes »Stutengarten« war, dem Stuttgart seinen Namen verdankt. Der Platz ist sicherlich die meistfotografierte touristische Attraktion Stuttgarts. Alle Großveranstaltungen auf dem sehr viel weniger sehenswerten Stuttgarter Marktplatz dehnen sich hierhin aus, etwa die beiden jeweils im Frühjahr und Herbst stattfindenden Großen Flohmärkte, die echte Attraktionen sind.

67 Das Mineralbad Leuze, dessen Vorgeschichte bis ins Jahr 1842 zurückgeht, ist Stuttgarts bekanntestes Bad und zählt zu den meistbesuchten Bädern Deutschlands. Die heutige Form des Bades wurde von dem Künstler Otto Herbert Hajek mitgestaltet und erhielt 1983 einen Architekturpreis. Es gibt sechs Becken und 2.500 qm Saunalandschaft zu besuchen. Infos unter https://www.stuttgart.de/baeder/menu/187535/openinghours.

68 Die Leonhardskirche aus dem 15. Jahrhundert umgab einst den Stuttgarter Friedhof. Bundesweit bekannt wurde die Kirche seit den 1990ern als erste Vesperkirche: In den Wintermonaten erhalten die zahlreichen

Bedürftigen – Obdachlose, offene Drogenszene – des Viertels eine warme Mittagsmahlzeit. Diverse weitere Angebote für die Bedürftigen wie Vesperpakete für die Nacht, medizinische Betreuung, Gespräche zur Krisenbewältigung, Berufsberatung ergänzen das Angebot. In der sehenswerten Kirche liegt der Humanist Johannes Reuchlin begraben. Das umliegende Leonhardsviertel ist die sogenannte Altstadt Stuttgarts, die zugleich auch dessen Rotlichtviertel mit zahlreichen kleineren Bordellbetrieben beherbergt. Aus touristischer Sicht ist das schade, denn an und für sich ist das Viertel in Stuttgart einmalig und sehr charmant. Auf engem Raum stehen dort allein 19 denkmalgeschützte Häuser, ein einmaliger, bunter Mix aus spätmittelalterlicher, barocker und klassizistischer Architektur. Man fühlt sich wie in einem Dorf mitten in der Stadt, ein klein bisschen Montmatre im Schwäbischen: Alle Häuser sind auffallend klein – früher waren die Menschen nicht so groß gewachsen – und die Straßen sind eigentlich die einzigen verbliebenen Gassen in Stuttgart. Außerdem findet man hier einige empfehlenswerte Restaurants, kleine Ladengeschäfte und Stuttgarts bekanntesten Schallplattenladen, das Plattencafé Ratzer Records (Hauptstätterstraße 31). Hier kann man auf eine Tasse Kaffee oder ein Kaltgetränk zum Anhören der neuesten Pop- und Rocksensation aus England oder den USA kommen und sich vom bunten Treiben der Altstadt erholen.

69 Das wohl interessanteste Hotel Stuttgarts ist das Designhotel *Zauberlehrling* in der Rosenstraße 38. Es gibt hier nach Themen bis ins kleinste Detail liebevoll

gestaltete Suiten unterschiedlichster Art, die einen in 1001 Nacht, das viktorianische England oder in die Filmwelt der 1960er entführen. Infos und Ansichten unter http://www.zauberlehrling.de.

70 Kult in Stuttgart ist der Schnellimbiss Brunnenwirt (Leonhardsplatz 25). Wer wissen möchte, weshalb, schaut auf eine Currywurst oder etwas Vergleichbares vorbei und genießt die schräge Mischung der Gäste. Im Inneren verbirgt sich übrigens ein schwäbisches Restaurant.

71 Der triste Wilhelmsplatz ist nicht gerade ein touristisches Highlight. Allerdings befindet sich hier ein vergleichsweise günstiges Hotel, und alljährlich Anfang August findet das Henkersfest statt, eines der beliebtesten Stuttgarter Stadtfeste. Jährlich zieht es an vier Tagen um die 40.000 Besucher an den Ort, wo im Mittelalter die Henker ihre Arbeit verrichteten. Neben diversen kulinarischen Köstlichkeiten sorgen Live-Bands für Unterhaltung, die sich auffallend positiv von dem Bieder-Gefälligen abheben, was üblicherweise auf Stadtfesten gespielt wird.

72 Das Bohnenviertel, zwischen Charlottenplatz und Leonhardsplatz gelegen, ist gewissermaßen der anständige Zwilling des Leonhardsviertels (obwohl sich Anwohner zuletzt immer bitterer beklagten, die Prostitution schwappe immer mehr herüber). Da man sich hier im Mittelalter außerhalb der Stadtmauern befand, trieb sich einiges Gesindel herum: kurz, es handelte sich um ein Arme-Leute-Viertel, dessen Bewohner, um überhaupt etwas zum Essen zu haben, Bohnen anpflanzten. Heute ist es der einzig erhaltene Teil der historischen Stuttgarter Altstadt; ein

Spaziergang durch das heimelige Quartier ein Muss für jeden Stuttgartbesucher. Zahlreiche Infos unter http://www.stuttgarter-bohnenviertel.de/index.html. Alljährlich im Sommer findet hier das beliebte Bohnenviertelfest statt.

73 Der um die Villa Berg, ein architektonisch interessantes Schloss im Neurenaissance-Stil, das von 1846 bis 1853 erbaut wurde und ursprünglich als Sommerresidenz des damaligen Kronprinzenpaars diente, liegende weitläufige Park ist ein Geheimtipp unter den Stuttgarter Parkanlagen: Sehr schön, aber kaum frequentiert. Man kann von hier aus, ohne den Park zu verlassen, die Schlossgärten erreichen oder auch die Wilhelma und den Rosensteinpark, oder einfach den Blick genießen oder den Schachspielern zuschauen. Wem der Sinn nach einer Rast steht, der kann in einer reizenden Lokalität namens *Buschpilot* einkehren oder die japanischen Gartenanlagen, Reste einer Landesgartenschau, besichtigen.

74 Ein Geheimtipp für Fußballfreunde ist die Bäckerei Klinsmann. Der Held des Sommermärchens 2006 und wohl erfolgreichste Stuttgarter Profifußballer überhaupt (spielte für beide Stuttgarter Profiklubs, die Kickers und den VFB) ist gelernter Bäcker und seine Eltern betreiben bis heute in Botnang die gleichnamige Bäckerei in der Eltinger Straße 42, die völlig zurecht wegen ihrer vorzüglichen Backwaren geschätzt wird.

75 Das neu gestaltete Bosch-Areal war einst die Keimzelle des anderen großen Stuttgarter Weltunternehmens neben der Daimler AG; 1886 gründete hier Robert Bosch seine Werkstätte für Feinmechanik

und Elektrotechnik. Literaturfreunde finden hier in einem denkmalgeschützten Gebäude das Literaturhaus Stuttgart mit seinem hervorragenden Programm an Lesungen und anderen Veranstaltungen; dazu gehört ein Café/Restaurant, das *Vinum*. Infos unter http://www.literaturhaus-stuttgart.de/vermietung/willkommen/

76 Der 1626 als Spitalfriedhof gegründete Hoppenlaufriedhof beim Universitätspark in der Stadtmitte (sensationell funktional die beiden Unigebäude K I und K II, Betonklötze nach Plänen aus den 1950er-Jahren von Stuttgarter Professoren) ist der älteste noch erhaltene Friedhof der Stadt. Es gibt 1.600 Grabmale überwiegend schlechten Zustands zu betrachten, die dem grünen Ort mit seinem wundervollen alten Baumbestand, wo seit fast 150 Jahren niemand mehr begraben wurde, eine ganz besondere Atmosphäre verleihen. Anscheinend sollen die historischen Grabmale bis 2020 restauriert werden. Hier befindet sich auch der ehemalige israelitische Friedhof Stuttgarts.

DIE NACKTEN UND DER TOTE

»Das war ein Skandal! Ach, wie die Braut die Dienerschaft vor allen Leuten anherrschte …«

Ernst Hechinger sah offenbar alles noch lebhaft vor sich und erging sich in den Details, ein unverständliches Gemurmel. Mit einem Mal sprach er wieder klar, von Eloise im weißen Kleid, ihrem Schleier in der Kirche, wie sie später die Haare offen trug …, eine zauberhafte Braut, ein Schloss wie im Märchen. Er schloss: »… in einem Pavillon, fackelgesäumt der übervolle Gabentisch, dazu die Gäste, wie es so schön heißt, aus aller Herren Länder, Australier, Amerikaner, Schweden.« Auch mit einem Paar aus Namibia habe er geplaudert. Reflexartig fragte Danuta sich, ob das alles sein konnte. War das wichtig?

»Allein die Fotografen füllten einen Kleinbus. Und dann dieser Affront! Ja, es war ein herrlicher Tag, und alle waren gekommen. Die ganze Belegschaft war da. Die Diener, fünfzehn an der Zahl, hielten sich längs des Marmorsaals. Sie hätten sehen sollen, wie das Marineblau ihrer goldbehangenen Uniformen mit dem Samtbrokat, der die Wand schmückte, aufs Trefflichste harmonierte! Studenten waren das, bekamen fünf Mark die Stunde. Alles war im Stil der Belle Époque arrangiert; das Orchester spielte Händel dazu. Endlich wieder ein richtiges Fest bei uns, ja, bis dann …«

Hechingers Blick glitt nach unten. Er sabberte wieder. Danuta war im Begriff, ihm den Speichel abzuwischen, aber vielleicht hätte der Alte das als kränkend empfunden. So fixierte sie das Bild an der Wand, eine ambitionierte

Nachtaufnahme des hiesigen Forums am Schlosspark hinter Glas. 77 Viel außer der Unterschrift war gegen das Licht nicht zu erkennen. Irgendwann erwachte Hechinger aus seiner Absence: »Sie machen sich keinen Begriff, junger Mann: Einige Gaffer kletterten sogar auf Bäume, um von draußen in den Park hineinzusehen. Da hockten sie dann, stundenlang …« Er schüttelte den Kopf.

Sanft wies Danuta Hechinger darauf hin, dass sie kein junger Mann sei, vielmehr seine Pflegerin.

Der Alte zeigte keine Reaktion; er war eingenickt. Auf dem Nachttisch entdeckte Danuta Norman Mailers »Die Nackten und die Toten«. Literatur bis ins hohe Alter. Danuta fragte sich, was er davon noch verstand. Weit war er jedenfalls noch nicht gekommen, dem eingelegten Schutzumschlag nach.

Danuta kannte das Werk, auch Faulkner, Hemingway und Fitzgerald hatte sie gelesen, obwohl sie Sartre und Camus und natürlich Dostojewski, Kafka und Gogol bevorzugte. »Aufzeichnungen eines Wahnsinnigen« war ihre Lieblingsgeschichte, ihr ganzes Leben erschien ihr manchmal ähnlich grotesk: Sie war ein guter Mensch, wusste und konnte so vieles – und doch gelang es ihr einfach nicht, etwas aus ihrem Leben zu machen. Vielmehr machte es sich umgekehrt einen Spaß daraus, sie in immer absurdere Situationen zu bringen. Allein dass sie in Deutschland geblieben war, obwohl der Mann, dessentwegen sie vor 15 Jahren gekommen war, längst mit einer anderen Kinder hatte. Zuvor, noch in Warschau, hatte sie mit Auszeichnung über Hegel promoviert. Nun pflegte die Neununddreißigjährige seit sieben Jahren den demenzkranken Fabrikanten. In diesem Land gab es für sie keine andere Arbeit, wollte sie nicht putzen gehen.

Letzte Woche war Hechingers verzogene Tochter Carolin, die auf den Tag genauso alt war wie sie selbst (und somit der lebendige Beweis, dass die ganze Astrologie Unfug war), mit der Spitzenidee angekommen, Danuta möge doch auf ihrer »kleinen Reise« in den Süden eine Art 24-Stunden-Betreuung des Alten übernehmen: Ihr Vater solle sich auf keine Fremde einstellen müssen. Diese »kleine Reise« dauerte nun schon fünf Tage, und langsam war Danuta es leid, dass wieder einmal alles an ihr hängen blieb.

Sicher, für den alten Herrn freute sie sich: Es war verständlich, dass er vor seinem Tod noch einmal die alte Heimat sehen sollte, sein geliebtes Ludwigsburg. 78 Aber wer dachte daran, wie schwierig es war, ihn auf der Reise zu pflegen, ohne all die Gerätschaften, ohne die vertraute Umgebung, die ihm Sicherheit gab? Hechingers Villa bei Aachen glich inzwischen einer Krankenstation, und nur sie hatte den Überblick. Hier hingegen hatte sie gerade einmal seine Medikamente zur Hand, in allem Übrigen musste sie improvisieren. Danuta hätte große Lust gehabt, den Trip zu verweigern, wäre lieber endlich einmal selbst in den Urlaub gefahren. Es war zwei Jahre her, dass sie das letzte Mal verreist war.

Aber sie fürchtete um den gut bezahlten Job. Den verdankte sie Hechingers Frau Eloise, die vorigen Sommer leider verstorben war. Die alte Dame hatte ihr blind vertraut und ihr bereits nach drei Monaten ein äußerst großzügiges Angebot gemacht: »Mädchen, da machen wir nicht lang herum! Wir haben ja genug! Ich kann dir gar nicht sagen, wie froh ich bin, mit dir eine so verständige Person im Haus zu haben.« Es war das erste Mal in ihrem reichlich verkorksten Berufsleben gewesen, dass Danuta sich irgendwo wertgeschätzt gefühlt hatte. Und sie verdiente mehr als eine Krankenhausärztin in Polen.

Aber mit dem Tod der Frau Hechinger war alles anders geworden. Nicht mit ihm, der Alte war, kaum über siebzig, weiter senil wie eh und je. Aber Carolin als seine einzige Tochter zog nun in die Villa. Und die hasste sie; lauerte auf den kleinsten Fehler Danutas, wohl um die teure Pflegekraft so rasch wie möglich loszuwerden. Dabei hielt die es mit Hechingers Gerede selbst keine zehn Minuten aus! Gerade gondelte sie unten auf diesem Teich herum, der dem *Seehotel Monrepos* wohl den Namen gab, wobei man den Tümpel kurzerhand zum See aufgeblasen hatte. 79 Da gab es sogar einen Bootsverleih. Größere Gewässer schien es in dieser Region nicht allzu viele zu geben.

Immerzu hatte sie jetzt diese Holländerin dabei. Ja, das Töchterchen machte hier einfach Urlaub, mit ihrer Geliebten! Danuta war nicht konservativ, auch zwei Frauen konnten einander lieben, warum nicht? Aber dass diese Person in der vergangenen Woche in der Aachener Villa schamlos ein und aus gegangen war, dass die beiden des Vaters Haus in ein Bordell verwandelten (was für Dinge Danuta dort vorgefunden hatte, schmutzige Dinge …), das hätte der alte Herr nie gebilligt, wenn nur etwas davon zu ihm durchgedrungen wäre, in jene Welt ohne Zeit, in der er jetzt umherirrte, wo die Gesichter des Früher und des Heute verschwammen und sogar die Dinge sich auflösten. Am liebsten wäre es dieser Carolin wohl gewesen, er gäbe hier und jetzt den Geist auf. Aber da hatte sie die Rechnung ohne Danuta gemacht, ihr entging nichts! Überhaupt würde die sich noch wundern: Doktor Fiebig hatte erst neulich gemeint, Hechingers körperliche Konstitution erlaube es ihm leicht, die Hundert zu erreichen. Nur gegen die Demenz war eben kein Kraut gewachsen.

*

Was für ein herrlicher Tag! Mehr und mehr beobachtete Ruud andere Dinge. Er bevorzugte die großen Städte, da gab es überall Leben, da stürzten die Eindrücke auf einen ein wie ein milder Sommerregen; alles war wie sein geliebter Jazz: die Zeit raste, statt zäh dahinzurinnen. Nichts davon hier, da er an einem schon ziemlich sommerlichen Frühlingstag auf einer Holzbank saß wie ein müßiger Rentner und sich zwang, wenigstens ab und an in Richtung des Eingangsbereichs der Hotelanlage zu blicken, wo sich nichts tat.

Oft wünschte er sich auf seinen Reisen eine Kamera im Kopf, die, was er sah, aufgezeichnet hätte: die alten Autos auf Malta etwa, großartige Modelle, die längst von deutschen Straßen verschwunden waren. Das zerfurchte Gesicht einer Greisin in Schwarz auf einer Steintreppe auf Sizilien, die, selten bei Frauen ihres Alters, ihre ganz langen Haare offen trug. Oder das wilde braun-weiß getigerte Baby-Kätzchen, das nur noch ein Auge hatte, mit dem er auf Rhodos immer gespielt hatte. Leentje und er waren viel zusammen gereist.

Hier dagegen gab es nur den allerdings wirklich faszinierenden Gesichtsausdruck eines pausbäckigen Türkenjungen, der gerade laufen konnte und ihn aus dem tiefen Schwarz seiner Augen so lange anstarrte, bis er von der gestressten Mutter weitergezerrt wurde. Ein Wort hatte der Kleine zweimal zu ihm gesagt. Vielleicht war es ein deutsches Wort, es klang wie »ser-ser-ih?« Ruud verstand die Sprache kaum, verließ sich im Ausland lieber auf sein Englisch. Fürs Deutsche war immer Leentje zuständig gewesen, die es als gebürtige Enschederin akzentfrei beherrschte.

Saß man länger, bekam man einen Blick für gewisse Situationen. Weshalb schlich dieser junge Mann mit der Sonnenbrille und dieser uralten Sportjacke ständig um das doch recht abgelegene Hotel Monrepos herum? Auf wen wartete er? Richtig, eine junge Dame stieg aus einem Ford Ka. Die beiden wollten wohl eine Bootsfahrt machen.

Auch die Bauarbeiter, die etwas weiter an der Kanalisation arbeiteten, waren ein dankbares Beobachtungsobjekt: Wie sie die Zeit totschlugen, das war einzigartig: ein müder Pickelhieb, ein längeres Wortgefecht, wieder ein Pickelhieb. Dann wurde das Arbeitsgerät wütend aus der Hand gelegt. Ein längerer Disput, an dem sich alle vier Männer lautstark beteiligten, führte zu keiner Einigung. Erregt machte einer den Presslufthammer an, etwa für zwanzig Sekunden, dann stellte er ihn wieder ab. Danach schienen alle erschöpft; sie hockten sich in die Sonne und machten Pause. Deutschland war auch nicht mehr das, was es einmal gewesen war!

Immer häufiger glitt Ruuds Blick vom Eingangsbereich des Hotels ab, wo zwar ständig Leute aus- und eingingen, hauptsächlich Angestellte und Lieferanten, aber nicht die beiden, auf die er mit zunehmender Nervosität wartete. Als er mindestens zum fünften Mal erwog, für heute den Rückzug anzutreten, kamen sie doch noch zur Tür heraus: Leentje, lachend, in Begleitung einer Frau mit leuchtend roter Igelfrisur und einer irrwitzigen blauen Hornbrille. Also hatte die Handyortung doch funktioniert; er hatte es zuerst nicht glauben wollen, dass seine Frau sich mit all seinem Geld nicht auf den Malediven herumtrieb, sondern in Ludwigsburg bei Stuttgart!

Er fixierte die beiden Frauen. So sah Caro also heute aus! Einst ein wirklich bezauberndes Mädchen, war sie nicht wiederzuerkennen in diesem wallenden Kleid, kräftig wie eine Nibelungen-Gestalt. Und wie glücklich Leentje aussah! Ihn zu verlassen, nach all den Jahren, und ihn mit gerade vier Zeilen abzuspeisen, das war die eine Sache und hätte ihn nicht hierhergeführt. So war das Leben, ein Kommen und Gehen. Aber dass sie mit der Vollmacht für Notfälle das gemeinsame Konto geleert und ihm etwas über 200.000 Euro gestohlen hatte – er habe ja das Haus, hatte in der kurzen Notiz gestanden –, das war eine Unverschämtheit. Deshalb war er hier. Leentje hatte ein Porträtfoto von Carolin in einer alten Winterjacke vergessen gehabt, noch mit langen Haaren. Auf dessen Rückseite stand in selbstbewusster Handschrift ein ziemlich eindeutiger Songtext, signiert mit »Tausend Küsse, deine Caro«. Da hatte er bloß eins und eins zusammenzählen brauchen.

Zwar war ihm bekannt gewesen, dass seine Frau und Caro seit Langem eine Art Brieffreundschaft unterhielten, zu Weihnachten eine Mail, hier und da eine Postkarte aus dem Urlaub, später dann Facebookfreundinnen, aber dass sie nun ein Paar sein sollten, das hatte ihn schon überrascht. Sie hatten sich beim letzten Besuch bei Hechingers kennen gelernt – das musste inzwischen auch schon über zehn Jahre her sein, jedenfalls bevor die Krankheit aus dem Alten binnen eines Jahres ein sabberndes Wrack gemacht hatte. Aber dass ihre Beziehung inzwischen so … Seine Leentje mit einer Frau!

Er kannte Caro von klein auf, konnte sich noch erinnern, wie sie lachend auf seinem Schoß gesessen und ihm ihre Märchenbücher gezeigt hatte. Ihr Vater und er waren beruflich gemeinsam groß geworden – von Anfang an war er für Hechinger gefahren; beide verband mit den Jahren eine echte Männerfreundschaft, obwohl der Aachener Fabrikant um einiges älter war. Was hatte Ruud nach der Trennung von Mieke für schöne Ferien auf Ernsts Anwesen verbracht – ja, 1988 musste das gewesen sein, Holland war gerade dabei, im Nachbarland Europameister zu werden … Caro war mit ihren vierzehn halb Frau und halb Kind gewesen, ein großes, kluges Mädchen. Und wie hatte sie ihn bewundert! Hechinger hatte gelacht: »Ruud, du verdrehst meiner Kleinen noch völlig den Kopf.«

Als er dann Jahre später mit seiner jungen Braut Leentje noch einmal in der Aachener Villa gewesen war, da hatte ihn Carolin, die inzwischen Psychologie studierte, wie einen Fremden behandelt. Umso mehr hatte sie sich an seine Frau gehalten, die beiden waren ja auch fast im gleichen Alter … Was war Caro nur über die Leber gelaufen? Vielleicht war er damals, an jenem denkwürdigen Abend am See, nach dem holländischen Sieg über Deutschland im Halbfinale, van Bastens Elfmeter, ein bisschen zu weit gegangen? Er erinnerte sich nicht mehr an diese Nacht, der Alkohol. Ach, das war doch alles so lange her …

Die beiden Frauen stiegen in einen Porsche Cheyenne und entschwanden seinem Blick. Gestern, als die Handyortung angezeigt hatte, dass Leentje Aachen verließ, und sich das Signal schließlich bei Ludwigsburg nicht mehr bewegte – es war fast schon beängstigend, wie punktgenau diese Ortungen inzwischen funktionierten –, da hatte ein Anruf im Schlosshotel Monrepos genügt: »Ja, eine Carolin Hechinger mit Vater sei Gast im Hause …« Ruud war praktisch sofort losgefahren, fünfeinhalb Stunden hatte er gebraucht. Er gähnte zufrieden. Solange sie in Aachen war, hatte er nichts unternehmen können; er konnte ja schlecht in die Villa seines alten Freundes einsteigen. In so einem Hotel dagegen lagen die Dinge anders.

Er streckte sich ausgiebig. Die Fahrt steckte ihm noch immer in den Knochen. Nicht selten träumte er im Büro vor sich hin, noch einmal wie früher selbst auf Tour zu gehen. Ruud hatte ganz klein angefangen mit seiner Spedition und war selbstverständlich auch gefahren; Österreich, Polen, Jugoslawien, Griechenland. Heute hatte sein Logistikunternehmen über 50 Festangestellte allein in der Zentrale in Rotterdam. Leider war die Zeit auch an seinen Bandscheiben nicht vorübergegangen, ohne ihre Marken zu setzen.

Steif ging er ein paar Schritte, um den Schmerz loszuwerden. Er wanderte ziellos unter den hohen, wild wuchernden Bäumen des kleinen Parks dahin. Einige Ruderboote tummelten sich auf dem See, in dem sich in zartem Gelb das hübsche Barock-Schlösschen spiegelte. Im Westen nahte allerdings ein Gewitter, ein starker Wind kam auf. Noch einmal ging er alles durch: Er kannte seine Frau, das war der Vorteil einer zehnjährigen Ehe. Gut, niemals kannte man einander wirklich. Er müsste lügen, hätte er behauptet, er sei nicht überrascht gewesen, als sie ihn von einem Tag auf den anderen verlassen hatte. Und auch noch wegen einer Frau. Aber jedenfalls würde Leentje niemals mit ihrer Geliebten ein gemeinsames Zimmer nehmen, dazu war ihr viel zu wichtig, was die Leute dachten. Und sie würde das Geld in bar mit sich herumtragen, es auf ein Konto überweisen konnte sie ja schlecht. Außerdem passte so ein unglaublicher Leichtsinn gut zu ihr! Also musste er nur in dieses Hotelzimmer kommen. Als ihrem rechtmäßigen

Ehemann sollte ihm das gelingen. Mehr als zehn Minuten würde er nicht brauchen. Hatte er etwas nicht bedacht?

Er ging zu seinem Audi, holte den voll bepackten Rollkoffer, in den er wahllos all das Zeug gesteckt hatte, das bei ihrer überstürzten Abreise von ihr zurückgeblieben war, Relikte einer zwölfjährigen Liebe. Vorsichtig nahm er den Blumenstrauß vom Beifahrersitz – 50 rote Rosen, die Floristin hatte sich wirklich Mühe gegeben.

Die junge Dame an der Rezeption sprach exzellentes Englisch und war überaus hilfsbereit. Ja, seine Frau sei Gast des Hauses, allerdings gerade unterwegs. Mit seinem Ausweis wedelnd, packte er sein Märchen aus, die Nervosität unterstützte wohl noch seine Glaubwürdigkeit: Er war ganz der linkische Gatte, der sich etwas Besonderes für seine Liebste ausgedacht hatte. Alles solle eine Überraschung werden, zum zehnjährigen Hochzeitstag … Seine Frau wisse nicht, dass er in Deutschland sei. Mit verschwörerischem Lächeln hob er den Strauß. Ob sie für ihn vielleicht eine Vase hätte? Und ob er kurz Blumen und Gepäck in ihr Zimmer bringen könne? Als die Frau ein wenig zögerte, fügte er schnell hinzu: »And the most important thing: Can we change the reservation? From now on we need a double room, the nicest one you have!« Leicht überfordert erwiderte sie, seine Frau habe bereits ein Doppelzimmer gewählt. Außerdem sei man vollkommen ausgebucht … Sie wandte sich ab und besprach sich kurz mit einer älteren Kollegin. Die lächelte ihn breit an. Alles ging klar, man händigte ihm den Schlüssel aus und wies ihm den Weg zum Aufzug.

Im Zimmer 105 war es ziemlich finster; Leentje hatte die Rollos heruntergelassen. Das Bett war zerwühlt, und es roch nach einem Parfum, das er nicht kannte. Sofort machte er sich an die Suche. Keine fünf Minuten später fand er in einer Innentasche ihres Rollkoffers das Kuvert mit dem Geldbündel, über zweihundert 500-Euro-Noten. Was für ein Leichtsinn! Das war typisch Leentje. Ruud steckte das Kuvert ein. Grinsend positionierte er die Vase mit den Rosen auf dem Beistelltischchen und legte eine Karte hinzu, auf die er rasch kritzelte: ›Alles Liebe wünscht dir dein Mann Ruud.‹ Er hatte sogar etwas Wasser eingefüllt.

Unten an der Rezeption setzte er sein charmantestes Lächeln auf: »Everything is prepared now …« Augenzwinkernd fügte er hinzu: »And don't tell …«

*

Am nächsten Tag aß Ruud im halbleeren Speisesaal des Schlosshotels zu Mittag. Er musste sich nicht verstecken! Es war sein Geld, das er sich wiedergeholt hatte. Ja, es machte ihm eine unbändige Freude, sich ihren Blick auszumalen, wenn sie einander hier begegnen würden. Alles nur eine Frage der Zeit … Es gab einen ausgezeichneten Rostbraten. Ruud hatte beschlossen, wegen seiner Rückenprobleme nicht sofort zurückzufahren, sich noch ein paar Tage Schonung zu gönnen. Also hatte er im Internet ein möbliertes Apartment angemietet und für die ganze Woche bezahlt: ein kleines, modern eingerichtetes Zwei-Zimmer-Apartment in einem hübschen Städtchen namens Marbach, sauber und diskret. 80

Beim Dessert, vielleicht lag es am Wein oder seiner ausgezeichneten Laune, kam er ins Philosophieren. Er war jetzt ganz allein, mit Mitte fünfzig, und konnte noch einmal von vorne beginnen. Die Frau war weg, seine Eltern tot, die Freunde hatten sich in alle Winde zerstreut und Kinder hatte er keine. Ein Atom, dachte er, der Mensch ist nur ein Atom, alles andere ist Einbildung. Man kommt und man geht alleine auf dieser Welt. Was aber, wenn jedes Atom nicht, wie es seiner irdischen Wahrnehmung erschien, ein kleiner Teil eines Ganzen war, sondern identisch mit dem Ganzen, wenn das ganze Weltall in jedem einzelnen Atom steckte? Dann stäke bereits in seinem Körper über eine Million Mal der gesamte Weltraum. Er wäre im Grunde unsterblich, bereits heute. Sein Bewusstsein: Nach dem Tod, dem Ende der Zeit, schwänge es in Ewigkeit nach. Hatten die Christen doch recht mit ihrer unsterblichen Seele?

Ruud gähnte und fühlte sich wohl. Lange hatte er nicht mehr so gut geschlafen, noch vor dem Frühstück war er im Favoritepark gejoggt und hatte die Hirsche beobachtet. [81] Sehr hübsch das Ganze. Dann hatte er gleich van Hoogstraten angerufen und ihm gesagt, dass er erst nächste Woche wieder am Platz sein würde. Der Softwarefachmann entwickelte sich, sehr zu Ruuds Freude, mehr und mehr zu seinem Kronprinzen im Unternehmen. Auch ein guter Kaufmann, wenngleich noch etwas zu impulsiv mit seinen fünfunddreißig. Diese Woche konnte er keinen Fehler machen, die Hafenarbeiter streikten ja noch immer.

Später hatte Ruud dann noch einen Einkaufsbummel durch die überraschend weitläufige Fußgängerzone des Städtchens gemacht. [82] Einen wunderbaren Armani-Anzug nannte er nun sein Eigen; großzügig geschnitten, aus feiner chinesischer Seide, war das prächtige Stück fast tailliert, von tiefstem Bordeauxrot – und ihm umgerechnet fast 1.000 Euro wert gewesen. Er hätte gerne gefeiert, leider ging das alleine nicht gut. Immerhin, er trug den neuen

Anzug, ein Gläschen Sekt zum Frühstück hatte er sich auch genehmigt, gerade nippte er am letzten Schluck des Weins.

Er hatte geträumt, Leentje sei gestorben, im Meer ertrunken, während er am Meeresgrund, auf der Suche nach einem unterirdischen Land voller Schätze, durch diverse Höhlen getaucht war. Seit diesem Traum zweifelte er wieder an einer Zukunft mit seiner Frau: Sicher, falls sie zu ihm zurückwollte, würde er sie mit offenen Armen empfangen – aber wenn sie, allerdings ohne Geld, lieber mit dieser Deutschen lebte, dann würde er ihr auch nicht länger nachtrauern.

Die Vorstellung eines Neuanfangs hatte tatsächlich etwas Verlockendes. Die Brünette mit den hohen Wangenknochen dort in der Ecke etwa, die in großer Eile einen gemischten Salat verzehrte, gefiel ihm gut. Aber sie gehörte zu Carolin. Ganz hatte er nicht herausbekommen, was sie mit den beiden zu tun hatte. Vielleicht war sie eine Freundin? Sicher nicht Hechingers neue Frau, sie schien jünger noch als Carolin. Oder, warum eigentlich nicht? Der alte Herr war doch eine gute Partie. Was war schon dabei?

Ruud verabscheute moralisches Getue grundsätzlich, besonders das der Linken, die in ihrer verklemmten Spießigkeit immer gleich »Missbrauch!«, »Umweltzerstörung!« oder »Fremdenfeindlichkeit!« krakeelten, egal, worum es auch ging – weil sie sich wie Jesus Christus persönlich für das Leid der ganzen Welt zuständig fühlten: Wie konnte man sich nur selbst so wichtig nehmen! Da konnte Ruud, der als Unternehmer seit jeher liberal dachte, gut darauf verzichten!

Er bestellte sich einen Kognak. Mit mehr als nur verstohlenen Blicken zu der hübschen Dame genoss er das feine Brennen in seiner Kehle. Es war ein ausgezeichneter

Jahrgang, der Weinbrand mundete jedenfalls weit besser als das Dessert, eine eher lieblos bereitete Crème Brûlée.

Wie die so dasaß, das war wirklich eine ausgesprochen attraktive Frau! Mitte dreißig, dezent angezogen im weinroten Pullover über der grauen Stoffhose, wobei die drei Reihen schwarzer Perlen wundervoll ihren aufregend weißen Hals zur Geltung brachten; ihr Mund war fein geschnitten und die vollen Lippen leuchteten in dezentem Rot. Auffällig oft blitzte das dunkle Blau ihrer Augen in seine Richtung, was ihm schmeichelte.

Ruud war längst fertig mit dem Dessert, trug seinen neuen Anzug und die getönte Sonnenbrille, und während er gelassen an seinem Kognak nippte, kam ihm der Gedanke, gleich hier und jetzt einen Neuanfang zu wagen. Er war nun Mitte fünfzig, und schon immer hatte er von einer Begegnung mit einer Fremden geträumt: Sie sehen sich, und etwas passiert, eine kleine Explosion gegenseitigen Begehrens. Sie folgen einander – durchs ganze Kaufhaus, aus dem Bahnhof, der Arztpraxis, wo immer sie sich gerade befinden –, tauschen lange Blicke und lieben sich dann irgendwo, ohne viele Worte, ohne all dieses überflüssige Drumherumgerede.

Als die Frau ihr Glas hob – sie trank Orangensaft –, prostete er ihr freundlich zu. Sie lächelte kurz zurück, fast schüchtern. Ganz reizend, fand er.

Warum eigentlich nicht, dachte er und erhob sich leicht schwankend. Im Sog ihrer auffordernden Blicke ging er zu ihrem Tisch hinüber, stellte sich auf Englisch vor und bat um die Erlaubnis, sie zu einem weiteren Glas einladen zu dürfen.

Sie strahlte: »Oh, why not?«

Sie kam aus Polen und hieß Danuta. Sie begleitete Hechinger als dessen Altenpflegerin. Er war ehrlich überrascht, so sah sie nicht aus, sie hatte doch Klasse! Das hier war ihre Mittagspause. Ruud gab sich als Geschäftsmann auf Reisen aus, was ja fast die Wahrheit war. Dies hier war ein sehr gutes Geschäft gewesen.

»And one of these days, I woke up and I knew, that this can't be all for the rest of my life. I went straight to my boss and said: I quit! He got those big eyes, I'll never forget it! Now I am my own Boss. I'm free and I'm here …« Er lächelte sie geradeheraus an, befeuert von seinem Märchen und dem Kognak.

Sie senkte den Blick, nicht frei von Koketterie. Dann schaute sie wieder auf: »Oh, I have to work now. But maybe tomorrow? I am free at 12. We could go for a walk to the *Blühendes Barock*.«

»That would be great …«, erwiderte er. Morgen Mittag würde Ruud längst auf der Autobahn sein. Trotzdem verabschiedete er sich galant, küsste ihr sogar die Hand. Sie fragte noch, ob er Gast des Hotels sei. Nein, erklärte er, er habe eine Wohnung gemietet. Er nannte die Adresse.

»O.K.«, sagte sie und stand auf. »I'll pick you up there! See you then.« Als er lediglich nickte, fügte sie in gebrochenem Holländisch hinzu: »Und mit wem werde ich mich treffen?« Es war ganz zauberhaft, wie sie das aussprach mit ihrem polnischen Akzent. Da gab er ihr seine Karte. Vielleicht würde er seinen Aufenthalt doch noch etwas verlängern müssen. Womöglich war es schön, dieses *Blühende Barock*? 83

*

Vor dem Schlafen las Ruud noch in einer Broschüre für Touristen, die in seinem Apartment herumlag. Er war ja jetzt gewissermaßen Urlauber und hatte zudem eine äußerst charmante Begleitung an der Hand. Zu seiner Überraschung gab es sogar Vorschläge, die ihn reizten, nicht nur dieser Märchengarten, von dem die Polin gesprochen hatte. [84] Gut, manches verstand er nicht: den angeblich sehenswerten Schäferlauf in Markgröningen. [85] Welche deutsche Perversion hatte Ruud sich unter einem »Schäferlauf« vorzustellen? [86] Oder die Visite auf dem Hohenasperg, wo ein Vollzugskrankenhaus der baden-württembergischen Justiz untergebracht war. Wer mochte denn so etwas sehen? [87] Unbedingt jedoch wollte er, der seine Schläger immer im Wagen hatte, auf den berühmten Golfplatz Schloss Nippenburg. [88] Und im benachbarten Kornwestheim sollte es sogar noch ein richtiges Autokino [89] geben! Ruud beschloss, seine neue Bekannte morgen gleich für den Abend dorthin einzuladen; warum Zeit vertun? Über eine Vorstellung, wie das werden könnte, nickte er rasch ein.

In seinen letzten Träumen kämpfte er mit einem Pferd, in dessen Satteltasche er das Geld deponiert hatte. Er wollte das Tier am Halfter über eine Brücke führen, wo die schöne Polin wartete. Das Tier aber weigerte sich wie ein störrischer Esel, auch nur ein Bein vor das andere zu setzen. Plötzlich bekam es Flügel und entschwand am Himmel.

Da klopfte es an der Tür. Ruud grunzte. Das Pochen verstärkte sich zu forderndem Poltern. Fluchend schlüpfte Ruud, der aus Prinzip nackt schlief, in seine weiße Feinrippunterhose. Gab es hier eine Putzfrau? Er hatte den Vermieter nicht gut verstanden. Er brüllte: »Ja? Wer ist denn da?«

Es war keine Putzfrau. Draußen stand Danuta, und sie war nicht alleine gekommen.

*

Wie der Mann jetzt den Mund gar nicht mehr zubekam, in seiner viel zu weiten Unterhose, die mehr ent- als verhüllte – spätestens jetzt wurde die ganze Angelegenheit Danuta peinlich. Sie verstand nicht mehr, was an ihm so anziehend gewesen war. Das war ein alter Mann. Gut, sie war nicht freiwillig hier; diese Lesben waren völlig verrückt geworden: Gestern, kaum war er weg gewesen, hatte sich diese Holländerin vor ihr aufgepflanzt, völlig außer Atem; kurz darauf Carolin. Hatten sie wohl schon von draußen aus gesehen gehabt und waren dann ums ganze Gebäude gerannt. Sofort war sie mit Fragen überschüttet worden: Wer das gewesen sei? Was er gewollt habe? Wo er hin sei? Danuta hatte kühl zurückgegeben, der Mann habe hier gegessen, sich dann kurz mit ihr unterhalten, mehr nicht. Sie kenne ihn gar nicht.

Da hatte die Holländerin zu weinen angefangen, mitten im Speisesaal. Carolin hatte sie in den Arm genommen, ihre Blicke aber galten nur Danuta, eiskalt, als sei sie an der ganzen Szene schuld.

Abends, Hechinger war gerade eingeschlafen, war ihre Arbeitgeberin dann in ihr Zimmer heruntergekommen. Kühl hatte sie ihr auseinandergesetzt, der Herr aus dem Speisesaal sei Leentjes Ex-Mann. Entweder sie sage jetzt die Wahrheit oder sie sei auf der Stelle entlassen: Sie müssten ihn dringend sprechen. Da hatte Danuta eingelenkt und alles erzählt, was sie wusste. »Ich hatte nicht vor, da hinzugehen«, war sie zum Ende gekommen und hatte Hechingers Tochter wie zum Beweis für ihre Aufrichtigkeit die Visitenkarte überreicht.

»Und ob du da morgen hingehst – und wir kommen mit!« Danuta hatte nun gar nichts mehr verstanden, aber da sie nie verstand, was Carolin umtrieb, war ihr das auch nicht weiter seltsam erschienen. Punkt 8.30 Uhr waren sie aufgebrochen. Carolin hatte sie sogar gezwungen, Hechinger nach dem Frühstück ein Schlafmittel zu geben – so weit war sie noch nie gegangen.

»Hello!«, begrüßte Ruud sie verlegen, den beiden anderen gönnte er keinen Blick. Da begann diese Leentje auch schon, laut auf ihn einzureden. Er schrie zurück. Auch wenn Danuta wegen der Sprache nicht verstand, um was es ging: Es war unappetitlich genug anzusehen.

Ruuds Gattin zitterte – Danuta beobachtete ihre Hand, die ein Eigenleben zu führen schien. Warum nur war sie derart aufgeregt? Carolin hingegen schien völlig ruhig; sie trug das übliche wallende Gewand, heute in Lindgrün. Allerdings war es viel zu leicht für den Tag, ein Stoff wie ein Hauch. Dazu trug sie Handschuhe aus zartem, hellbraunem Wildleder, obwohl es überhaupt nicht kühl war. Eine viel zu große Tasche hing ihr um den Hals; Danuta war von ihr einiges an Geschmacklosigkeit gewöhnt – die riesigen roten Plastikohrringe, die markante blaue Brille zum roten Haar, ihre Gelfrisur, die Birkenstock-Sandalen, die sie fast ganzjährig trug, der afrikanische Schmuck. Doch das heute passte überhaupt nicht. Vielleicht war sie zu aufgeregt gewesen, um das zu bemerken? Diese Leentje hingegen sah tadellos aus wie immer. Auch diesmal vermied die es, auch nur in ihre Richtung zu blicken – die Holländerin hatte, abgesehen von dem Ausbruch gestern, noch keinen ganzen Satz mit Danuta gewechselt. Hielt sich wohl für etwas Besseres.

Carolin hatte sich wuchtig vor der Tür positioniert, als wolle sie verhindern, dass jemand die Wohnung verließ. Mit unverhohlener Drohung in der Stimme fragte sie: »Wo ist das Geld?«

Das war eine gefährliche Person, dachte Danuta wieder einmal. Als sie Ruuds Verachtung wie ein Schlag traf – er musste ja denken, sie habe ihn verraten –, senkte sie den Blick. Endlich zog er wenigstens die Anzughose an.

Leentje wiederholte auf Holländisch die Frage ihrer Freundin, die Ruud ignoriert hatte: »Wo ist mein Geld?«

Mit einem Grinsen gab Ruud etwas zurück, es klang dreckig.

Carolin verzog das Gesicht: »Sparen Sie sich Ihre Beschimpfungen. Wir wissen, dass Sie es haben. Ist es da drin?« Sie begann, im Zimmer umherzugehen und im größeren Koffer zu wühlen, wahllos schleuderte sie Kleidungsstücke, Bücher und Kassetten zu Boden.

Dann griff sie in ihre Umhängetasche und hatte plötzlich ein Klappmesser in der Hand, ein schwarzes, glänzendes Ding mit schmalem Griff. Danuta schluckte, als das Messer aufschnappte.

Ruud lachte höhnisch: »Goddamn butch, put the knife away!« Er war rot angelaufen und schien kurz davor, sich auf Carolin zu stürzen.

Danuta hörte sich aufkreischen: »Hört endlich auf! Schluss mit den Kindereien! Was soll denn das?«

Für einen kurzen Moment legte sich eine wunderbare Stille über das Zimmer.

Dann sagte Frau van Bronkhorst: »Caro, in dem kleinen Koffer, das schwarze Lederetui … Schau da mal nach!«

Ruuds Stimme überschlug sich: »Get your fucking fingers off my stuff! Get out of here, you fucking slut!«

Carolin quittierte seinen Ausbruch mit einem spöttischen Ausdruck in ihrem Pferdegesicht.

»Da ist es also drin. Danke, Ruud …« Wie hasserfüllt sie diesen Namen aussprach! Sie machte keine Anstalten zu holen, was sie begehrte. Ihre Augen waren weder grün noch blau, fiel Danuta plötzlich auf. Die eigenartige Farbe gab ihrem Blick etwas Krankes, ihr rechtes Augenlid zuckte nervös, Körperhaltung und Stimme hingegen hatte sie völlig im Griff. Mehr und mehr wurde ihr die ganze Sache hier lästig. Warum ging sie nicht einfach.

»It's enough now, Leentje! I call the police!« Ruud packte das Telefon.

»Halt einfach den Mund …«

Plötzlich ging alles ganz schnell. Danuta sah aus den Augenwinkeln, dass diese Leentje sich an die Wand drückte wie ein furchtsames Kind beim Gewitter, als wisse sie bereits, was nun geschehen würde. Sie war ganz bleich im Gesicht.

Ihre Freundin hob die Waffe, als wolle sie auf Ruud losgehen.

Beschwichtigend hob er die Arme und sagte auf Deutsch: »Caro, nicht! Wir können doch reden …« Dazu lächelte er überlegen, als spräche er mit einem Kind.

Das waren seine letzten Worte. Sein überraschender Angriff war nicht überraschend genug.

Sie erwischte ihn, den Schwung seiner Vorwärtsbewegung nutzend, im Bauch, dann, als er vornübersank, folgte ein zweiter Stich in den Rücken, schließlich noch ein dritter. Danuta kreischte so sehr, dass sie über ihre eigene Stimme erschrak. Es war unglaublich: Ehe sie irgendetwas tun konnte, stach die Wahnsinnige wieder und wieder zu. Und diese Leentje tat gar nichts; sie stand wie eine Statue. Reglos blickte sie zum Fenster, als sei sie gar nicht hier.

Ruud fiel hintenüber, überall aus ihm schoss Blut, vom Gesicht war nur wenig mehr zu sehen; aus dem Mund, auf dem sein Lächeln langsam verging, sickerte Rot, vermengt mit Schleim. Unter Qualen sank er nieder.

»Bist du verrückt geworden!«, schrie Danuta Hechingers Tochter an. Die sah auf, wie aus einer Trance erwacht, und sagte tonlos: »Ich weiß auch nicht, was in mich gefahren ist!« Sie ließ ihre Arme sinken und reichte Danuta das Messer.

Die warf es angewidert in eine Ecke und war mit einem Satz bei Ruud. »Los, holt Binden – die Handtücher!«, herrschte sie die beiden an. Sie taten, wie ihnen geheißen. Danuta improvisierte einen Druckverband, versuchte einen zweiten anzubringen. Etwas röchelte auf abstoßende Weise, es war der Sterbende, vergewisserte sich Danuta. Es schien Ewigkeiten später, als es endete. Sie hatte den Kampf verloren.

Als sie aufsah, bemerkte sie, dass Carolin im Bad verschwunden war, wahrscheinlich musste sie sich übergeben. Jedenfalls betätigte sie andauernd die Klospülung. Leentje hatte ein Telefon dabei, sie verständigte die Polizei. »Bitte kommen Sie sofort, hier ist eine Messerstecherei.« Sie nannte ihren Namen und die Adresse. Danuta starrte auf all das Blut an ihren Händen, ihrem Pullover. Sicher war es auch in ihrem Gesicht. Sie musste sich waschen. Ach ja, das Bad war noch immer besetzt. Durfte sie das überhaupt, sich jetzt waschen? Gleich würde die Polizei da sein. Ihr ging so vieles gleichzeitig durch den Kopf. Seltsam, dass sie vor allem an Hechinger dachte. Sie musste zurück, man konnte ihn doch nicht alleine lassen. Da fiel ihr das Schlafmittel wieder ein und sie wurde ruhiger.

Als Carolin endlich aus dem Bad zurückkam, wirkte sie wie ausgewechselt. Sie war völlig gefasst und sah ganz frisch aus, als habe sie geduscht und sich umgezogen. War das Kleid nicht vorhin heller gewesen? Sie ging zu Leentje und flüsterte ihr eindringlich etwas ins Ohr. Diese nickte schwach und sagte dann: »Ich weiß doch. Ich weiß.«

»Ist er tot?«, fragte sie dann, an Danuta gerichtet. Die nickte. Ihr schwindelte und sie sank auf die Knie. Da kamen ihr die Tränen. So kauerte sie bei der Leiche des Holländers, als die Polizisten ins Zimmer gestürmt kamen.

*

Müller kam von der Vernehmung zurück, dicht gefolgt von der Behrend. Sie wirkten beide müde. Hauptkommissar Faber vom Ludwigsburger Dezernat für Tötungsdelikte reichte ihnen jeweils einen Plastikbecher Kaffee. »Ganz schöner Kampf mit der, was?« Müller erwiderte: »Ach, diese Polin ist verrückt. Keine Ahnung, was sie sich von ihren Märchen verspricht …«

»Die Sache ist sonnenklar, wie wir aus den Aussagen der Frau des Ermordeten und der Tochter Hechingers wissen«, sagte Faber. »Diese Danuta Szczęsny war die Pflegerin des Alten. Die van Bronkhorsts sind alte Freunde der Familie Hechinger, die über den Sommer in deren Aachener Villa zu Besuch waren. Dabei hat er wohl etwas mit der hübschen Polin angefangen. Die witterte wohl Geld, van Bronkhorst war in Rotterdam ein recht erfolgreicher Logistikunternehmer. Na ja, und in Aachen dann ist seine Frau ihm draufgekommen, dass er fremdgeht, allerdings wusste sie nicht, mit wem. Dann das Übliche: zeitweilige Trennung, erst einmal nachdenken und so. Mit Hechingers Tochter, ihrer guten Freundin als Trösterin in der Not, und notgedrungen auch mit dem Alten ist die van Bronkhorst erst einmal hierhergefahren, ohne zu ahnen, dass sie auf diese Weise auch die Geliebte mit an Bord hatten. Das Opfer ist ihnen dann gefolgt, sei es wegen der Polin, sei es, weil er zu seiner Frau zurückwollte. Er hat ihr jedenfalls Rosen in ihr Hotelzimmer gebracht und allerlei sentimentalen Kram, dafür gibt es Zeugen. Dann hat er sich für den Morgen der Tat mit seiner Noch-Frau zu einem klärenden Gespräch verabredet. Die aber hat plötzlich doch wieder Zweifel an seiner Aufrichtigkeit bekommen, jedenfalls nimmt sie ihre Freundin mit.«

Kommissarin Behrend verdrehte die Augen. »Was es nicht alles gibt … Und den Vater lassen sie einstweilen einfach im Hotel? Sie hätten doch merken müssen, dass die Polin nicht bei ihm war.«

»Was weiß denn ich, vielleicht schläft er um diese Zeit immer. Ich habe keine Ahnung, wie das mit Alzheimerpatienten ist. Da gibt es doch unterschiedliche Stadien, nicht? Der Mann wirkt eigentlich noch ziemlich rüstig …«, erwiderte Müller.

»Solange du nicht versuchst, mit ihm zu reden.« Wieder die Behrend. Wenn einer direkt vor ihren Augen einen anderen erschoss, würde die noch nach dem Haar in der Suppe suchen! Eine sehr gute Polizistin, Faber schätzte sie sehr. Müller besaß nicht annähernd ihren scharfen Verstand, dafür eine Hartnäckigkeit, die ans Pedantische grenzte. Er hielt sich für den viel besseren Polizisten, was ein Irrtum war. Bezeichnend für ihn war sein Hobby: Er las bekannte Kriminalromane und versuchte, darin die Fehler zu finden. Er fand immer einige, was er dann im Kollegenkreis beim Bier gerne erzählte: »Dinge, die gar nicht möglich sind«, oder: »Recherchefehler, Polizeiarbeit sieht anders aus …« Faber, der, wenn überhaupt, etwas anspruchsvollere Krimis gelesen hatte, Patricia Highsmith, Friedrich Dürenmatt, Eric Ambler, hatte einmal erwidert, dass es den Autoren doch zweifellos um anderes ginge als bloß um die fehlerfreie Nachahmung der Realität des Verbrechens, doch Müller hatte dazu bloß gemeint: »Alles Amateure.«

Die Behrend las sicher keine Krimis, wozu sollte sie?

Faber lächelte sie an und fuhr fort: »Jedenfalls finden die beiden in dem Apartment die Polin vor, über den schwer verletzten Mann gebeugt, das Messer liegt neben ihr. Ihr Motiv ist auch klar: Sie hat nicht akzeptieren wollen, dass der Kerl wieder zu seiner Frau zurückwollte. Das jedenfalls geben beide völlig übereinstimmend an.«

»Und wer öffnet ihnen? Außerdem, sie könnten sich in allem abgesprochen haben …«

Faber lächelte noch immer. »Richtig. Aber wann denn, das ist doch die entscheidende Frage! Die Tatverdächtige hätte doch bemerken müssen, wie die beiden vor ihren Augen ihre Aussage abstimmen. Denn auch sie spricht eindeutig von einer Affekttat, die naturgemäß nicht vorher geplant sein kann. Und sie weiß eben nichts von irgendeiner nennenswerten Unterhaltung zwischen der Ehefrau und ihrer Freundin nach der Tat. Höchstens ein kurzes Geflüster, sagt sie. Das aber reicht nicht, um so viele Details so genau abzusprechen. Sie hätte aber eine Absprache mitbekommen müssen, denn alle drei sagen ja übereinstimmend aus, dass niemand sich vom Tatort entfernt hat.«

»Außerdem«, ergänzte Müller, »hat die Ehefrau uns verständigt. Und das Wichtigste für mich: Nur an der Kleidung der Polin war Blut! Und nur ihre Fingerabdrücke sind an der Tatwaffe! Das ist es doch, was zählt. Und wir haben sogar die Aachener Kollegen losgeschickt – niemand in der Nachbarschaft der Hechingers oder im Freundeskreis seiner Tochter weiß etwas von einer lesbischen Beziehung. Ich sag euch: Was die da drin erzählt, stimmt doch hinten und vorne nicht!«

Faber schloss die Runde: »Es ist spät geworden. Ich habe vorhin noch einmal mit dem Staatsanwalt gesprochen: Morgen verhören wir sie zum letzten Mal. Wenn sie nicht gesteht und bei ihren seltsamen Lesben-Geschichten bleibt, hat sie ihre Chance auf mildernde Umstände eben verwirkt. Dann geht die Sache so vor Gericht. Soll sie den Richter überzeugen, wir haben schließlich noch anderes zu tun.«

Müller nickte beflissen.

»Machen wir Feierabend!« Faber streckte sich ausgiebig und sah, Kommissarin Behrend wollte noch etwas sagen, schwieg dann aber. Sie wirkte keinesfalls überzeugt.

77 Das 1988 eingeweihte Forum am Schlosspark ist der Ort der Großveranstaltungen in Ludwigsburg (12 km nördlich von Stuttgart) – Vorträge, Messen, Konzerte, Theater u.v.a.m. für bis zu 3.000 Besucher finden auf 5.000 qm statt. Ein aktuelles Programm findet man unter http://www.forum.ludwigsburg.de/forum,Lde/start.html. Ein Restaurant (kubus) ist auch vorhanden.

78 In Ludwigsburg ist auch kulturell einiges los. Über die 300-jährige Geschichte der Barockstadt informiert das Museum Ludwigsburg. Infos unter http://www.ludwigsburgmuseum.de/,Lde/start.html. Das Ludwigsburg Museum verfügt auch über eine einzigartige Grafiksammlung von rund 8.500 Blatt. Seit 2013 heißt der Komplex unter Einbeziehung des Kunstvereins (sehenswerte Ausstellungen) in der Eberhardtstraße 1 Museum Kunst Information. Infos unter http://www.mik-ludwigsburg.de/,Lde/start.html. Empfehlenswert sind auch der Theatersommer im Cluss-Garten in der Stuttgarter Straße 2 (https://www.theatersommer.net) oder der gleich nebenanliegende traditionsreiche Kulturveranstaltungsort Scala mit 800 Plätzen. Zu Zuschauermagneten haben sich auch die jährliche Kürbisausstellung im Blühenden Barock und die auf Herzog Carl Eugen zurückgehende, alle zwei Jahre stattfindende viertägige Venezianische Messe auf dem Marktplatz entwickelt – das nächste Mal im Sommer 2016. Dazu http://www.venezianische-messe.de/.

79 Das Seeschloss Monrepos, pittoresk am kleinen Eglosheimer See gelegen, ist das dritte Ludwigsburger Barockschloss; es ist durch Alleen mit den beiden anderen, dem Residenzschloss Ludwigsburg und dem Lustschloss Favorite, verbunden – von Carl Eugen 1760 initiiert, wurde der Bau erst Anfang des 19. Jahrhunderts unter Herzog Friedrich I. vom Architekten Nikolaus von Thouret im klassizistischen Stil fertiggestellt. Auf der kleinen Insel im See befindet sich eine romantische Kapelle. Man kann sich Boote ausleihen und vom See aus den Blick genießen. Tatsächlich ein Ort der Ruhe! Allerdings wird das Schloss zwar vermietet, kann aber nicht besichtigt werden. In unmittelbarer Nähe befindet sich das 4-Sterne-Schlosshotel Monrepos.

80 Wer in Ludwigsburg ist, sollte unbedingt die Schillerstadt Marbach am Neckar besuchen (20 km nördlich von Stuttgart). Hier wurde der Dichter 1759 geboren. Marbach besitzt eine außergewöhnlich schöne Altstadt, dic noch komplett von einer Stadtmauer umgeben ist. Der überwiegende Gebäudebestand stammt aus dem 17. Jahrhundert. In Marbach sind auch zwei überregional bedeutende Museen, das Schiller-Nationalmuseum und das berühmte Deutsche Literaturarchiv mit dem Literaturmuseum der Moderne, beide in der Schillerhöhe 8 – 10 gelegen. Jeden Sonntag finden in den beiden Museen öffentliche Führungen statt, Infos, auch zum Programm, unter http://www.dla-marbach.de/startseite/index.html. Außerdem lockt hier das bekannte Gestüt Marbach den pferdebegeisterten Besucher. Dazu Infos unter http://www.gestuet-marbach.de/pb/,Lde/Startseite.

81 Der Favoritepark ist Ludwigsburgs bekanntester Park, der das gleichnamige Schloss umgibt. Einst als Fasanerie genutzt, ist er heute mit jährlich rund 150.000 Besuchern ein beliebtes Ausflugsziel und Naturschutzgebiet – übrigens das älteste im arg zersiedelten und waldarmen Landkreis Ludwigsburg. Der Park ist bis heute im Wesentlichen ein kleiner Wald, geht auf den früheren Gemeindewald »Mönchwald« zurück und lädt besonders an heißen Sommertagen, mitten in der Stadt gelegen, zu einem erfrischenden Spaziergang ein. Der jagdbegeisterte Herzog Eberhard Ludwig ließ den Wald im Jahr 1707 einzäunen, bis heute ist es so geblieben. König Friedrich I. von Württemberg ließ hier ab 1806 einen Tiergarten anlegen – noch heute gibt es hier Hirsche und anderes Wild zu bestaunen. In den Jahren 1717 bis 1723 ließ Herzog Eberhard am Rand des Parks das Jagd- und Lustschloss *Favorite* nach den Entwürfen des Hofbaumeisters Donato Giuseppe Frisoni im Barockstil errichten. Es war bereits bei der Planung als reines Jagdschloss und sommerliche Villa ausgelegt worden und bestach damals durch den schönen Ausblick auf das Residenzschloss Ludwigsburg. Bundesweit bekannt wurde das Schloss Favorite durch die Fernsehsendung *Nachtcafé* (seit 1987) mit Wieland Backes.

82 Ludwigsburg ist mit 87.000 Einwohnern die größte der ringförmig um Stuttgart gelegenen Mittelstädte. Wer gerne shoppen geht und wem Stuttgarts Königstraße zu überlaufen ist, der mag sich zu einem Stadtbummel durch die barocke Innenstadt aufmachen. Eine Vielzahl von Geschäften, Boutiquen, Bistros

und Restaurants säumen die großzügige Fußgängerzone. Zu der vor allem im Hinterland recht beliebten Einkaufszone gehören die Seestraße, Kirchstraße, die Obere Marktstraße, Wilhelmstraße und die Körnerstraße. Auch der barocke Marktplatz lockt mit diversen Geschäften. Die Innenstadt verfügt mit dem Marstallcenter und der Wilhelmgalerie zudem über zwei Einkaufszentren. Etwas außerhalb in Richtung Bietigheim liegt das Breuningerland, ein El Dorado für Kaufwütige (Heinkelstraße 1) – wer etwas über die typischen schwäbischen Mittelstädter erfahren möchte, macht sich hierhin zu einem Bummel auf. Außerdem gibt es in Ludwigsburg die Filmakademie Baden-Württemberg, die zu den wichtigsten deutschen Filmhochschulen zählt (http://www.filmakademie.de/startseite/) – die Nachwuchsfilmemacher trifft man häufig im *Blauen Engel* (beide Akademiehof 10). Für Historiker bedeutsam ist die hiesige Außenstelle des Bundesarchivs, die Zentrale Stelle (ZSt) zur Aufklärung nationalsozialistischer Verbrechen (Schorndorfer Straße 58).

83 Das Blühende Barock ist wohl die touristische Sehenswürdigkeit in Ludwigsburg. Als nach eigenen Angaben »älteste und schönste Dauergartenschau« ziehen die weitläufigen Parkanlagen um das Residenzschloss mit ihrer Blütenpracht jedes Jahr über 500 000 Besucher an. Infos unter http://www.blueba.de. Das 1704–33 im Auftrag Herzog Eberhard Ludwig vom Hofbaumeister Johann Friedrich Nette errichtete Residenzschloss selbst ist auch eine Sehenswürdigkeit von überregionalem Format, und entsprechend ist das »Schwäbische Versailles« als eine

der größten im Original erhaltenen Barockbauten Europas ein Besuchermagnet. Es galt zu seiner Zeit als einer der prächtigsten europäischen Höfe überhaupt und umfasst 452 Räume, zwei Kirchen, ein Theater, einen großen Innenhof und ausgedehnte Schlossgärten, wo sich künstliche Wasserfälle, Felsengrotten u.v.a.m ein Stelldichein gaben. Der berühmte Marmorsaal im Jagdpavillon gilt weltweit als besterhaltenes Beispiel barocker Gestaltung. Infos unter http://www.schloss-ludwigsburg.de.

84 Für die kleinen Besucher des Blühenden Barocks ein echtes Erlebnis ist ein Besuch des romantischen Märchengartens, bei dem spielerisch in 40 Märchenszenen eingetaucht werden kann. Es gibt Rapunzels Zopf, musikalische Pilze, Bootsfahrten auf dem Märchenbach und vieles mehr zu entdecken. Angenehm für Eltern ist, dass es hier im Vergleich mit diversen gängigen Freizeitparks angenehm unaufgeregt zugeht.

85 Hier irrt Ruud: Der Schäferlauf, der alljährlich um den Bartholomäustag (24. August) stattfindet, und auf eine über 500-jährige Geschichte zurückblickt, ist eines der bedeutendsten (und ältesten) Traditionsfeste im deutschen Südwesten, welches Jahr um Jahr ein überregionales Publikum anzieht.

86 Auch außerhalb des Schäferlaufs ist die alte Reichsstadt Markgröningen (18 km nordwestlich von Stuttgart), urkundlich erwähnt seit 779, mit ihrem sehenswerten historischen Marktplatz, um den sich ein spätmittelalterliches Stadtensemble mit der gotischen Bartholomäuskirche aus dem 13. bis 15. Jahrhundert im Zentrum schmiegt, und dem beeindruckenden Rathaus einen Besuch wert. Im Hochmittelalter

war die Handelsmetropole Grüningen –»Markt« kam erst nach der Gründung Ludwigsburgs auf Markgröninger Gebiet und dem damit einhergehenden langsamen Bedeutungsverlust der Stadt, die heute nicht einmal über einen S-Bahn-Anschluss verfügt, zum Namen hinzu – der Sitz der reichsten Bürgerschaft Württembergs. Zuvor war es die Residenzstadt einer hochmittelalterlichen Grafschaft gewesen, zeitweilig hatte es hier sogar einen Herzog und eine 1545 zerstörte Burg (Schlüsselburg) gegeben. Im bis zu den Bauernkriegen bedeutendsten deutschen Aufstand gegen die Feudalherrschaft, dem sogenannten Armen Konrad (1514) in Württemberg, war der Grüninger Stadtpfarrer Reinhard Gaißer der intellektuelle Kopf der Erhebung.

87 Die Festung Hohenasperg war von 1535 bis 1693 eine württembergische Wehrburg oberhalb des Weilers Asperg (16 km nordwestlich von Stuttgart). Zuvor und erneut seit Anfang des 18. Jahrhunderts diente sie als Gefängnis, in dem, etwa »Jud Süß« Oppenheimer und der revolutionsfreundliche Dichter Christian F. D. Schubart, der hier bis 1787 zehn Jahre eingekerkert war, noch bis zum Ende des Zweiten Weltkriegs auch zahlreiche politische Gefangene inhaftiert waren, eine unsägliche Tradition, die bis zu Hartmann von Grüningen (1280) zurückgeht. Im Volksmund hieß die Festung deshalb »Demokratenbuckel«, »Hausberg der schwäbischen Intelligenz« oder auch »Württembergs höchster Berg« (es dauert nur 5 Minuten hinauf-, aber Jahre, um wieder herabzukommen). Seit 1968 ist es Vollzugskrankenhaus der baden-württembergischen Justiz. Trotz der eher tristen Nutzungshistorie

ist die gut erhaltene Anlage einen Besuch und einen Spaziergang auf der Burgmauer wert. Sehenswert ist die Dauerausstellung *Hohenasperg – ein deutsches Gefängnis*.

88 Für Golffreunde ist im Raum Stuttgart der Golfplatz Schloss Nippenburg ein Muss (12 km nördlich von Stuttgart). Der anspruchsvolle Championship Course, der als wunderschön gilt, wurde vom ehemaligen Weltranglistenersten Bernhard Langer gestaltet. Wer noch nicht so weit wie Langer ist, spielerisch, kann die angeschlossene Golfakademie besuchen. Bereits dreimal fanden auf dem 1994 eingeweihten Court die German Open statt. Infos unter http://www.schlossnippenburg.de. Wer sich nicht für Golf interessiert, für den ist vielleicht die Ruine der Nippenburg etwas: Der Stammsitz eines hoch- und spätmittelalterlichen Rittergeschlechts wurde 1160 erstmals urkundlich erwähnt und gilt als die älteste Burg in der Region Stuttgart.

89 Eher wie ein Relikt aus US-Filmen der 1970er wirkt die Idee eines Autokinos. Vermutlich aufgrund der langjährigen amerikanischen Militärpräsenz in Ludwigsburg wurde vor den Toren Ludwigsburgs einst das Autokino Kornwestheim gegründet; es ist eines von circa 15 verbliebenen Autokinos in Deutschland. Wer also das etwas andere Kinoerlebnis sucht, ist hier richtig. Programm und Preise unter http://www.autokinos-deutschland.de/programm/index-stuttgart-kornwestheim.php?cPath=27.

DER PERFEKTE MORD

An der Stelle, wo die letzten Ausläufer des Schwarzwalds zum Nagoldtal hin auslaufen, liegt zwischen Enzklösterle und Altensteig ein ausgedehntes parkartiges Anwesen aus dem späten 19. Jahrhundert, in dessen Herzen eine riesige Gründerzeitvilla auf einer sanften Erhebung thront, die Wanderern häufig als Motiv für ihre Schnappschüsse dient. 90 Das Gelände war 130 Jahre lang Stammsitz einer jüdischen Bierbrauerfamilie aus dem Schwarzwald gewesen, bis es über diverse dunkle Kanäle zunächst an ein kinderlos gebliebenes Gauleiterehepaar und später an das Land Baden-Württemberg gefallen war, welches es einige Jahrzehnte als Außenstelle des Landesforstamts nutzte.

In den späten 1970er Jahren kaufte ein privater Investor das Anwesen, renovierte es aufwändig und richtete die Waldklinik *Höhenblick* ein. Nach der Insolvenz des Betreibers im Zuge des sogenannten Bauherrenskandals in den 1980ern wurde das private Krankenhaus von einem niederländischen Konzern aufgekauft, der seitdem im Höhenblick so erfolgreich wirtschaftet, dass derzeit an einen zweiten Neubau im weitläufigen Park gedacht wird, der die Bettenzahl noch einmal glatt verdoppeln würde.

Der Höhenblick gilt als die perfekte Mischung aus Wellnesstempel und Klinikum, im Krankheitsfall geradezu ein Muss für die Gutbetuchten des Mittleren-Neckar-Raums, die zu alt für Schönheitsoperationen und zu krank für die renommierten Kurorte im Ausland sind. Ein möbliertes Einzelbettzimmer ist hier eher Standard als Ausnahme, und Qualität geht in allem vor Quantität, von der Verpflegung bis hin zur medizinischen Betreuung. In Patientenkreisen lautet das Motto: »Man gönnt sich ja sonst nichts.«

Als sie mich ausgerechnet hier als sogenannten »Bufdi« haben wollten, war ich ebenso verblüfft wie wenig begeistert: Mit öffentlichen Verkehrsmitteln aus Leinfelden-Echterdingen hierherzukommen, grenzt an eine kleine Weltreise. 91 Indes, ich hatte zuvor unzählige Bewerbungen geschrieben und nur Absagen erhalten, vermutlich aufgrund meiner ungewöhnlichen Vita (ich habe ein geisteswissenschaftliches Studium mit Promotion abgeschlossen, aber mit Mitte 40 noch keine einzige Festanstellung gehabt).

Ist man einmal hier, bemerkte ich schon beim Gang zum Bewerbungsgespräch, hat die idyllische Lage durchaus ihre Vorteile, weswegen ich dem Verwaltungsdirektor dann, ohne groß nachzudenken, mein Jawort gab. Seitdem also geht es jeden morgen vor Anbruch der Dämmerung hinauf in den Höhenblick; fast vier Wochen absolviere ich jetzt meinen Bundesfreiwilligendienst hier.

Der Anfang ist nicht einfach gewesen. Alle sind ein eingespieltes Team, ein Rädchen greift ins andere – ich bin der Fremdkörper. Entsprechend ist überwiegend wenig aufregend gewesen, was ich in den ersten Wochen zu tun hatte: Betten machen, einfache Verbände wechseln, die Essensausgabe.

Seit drei Tagen traut man mir anscheinend auch etwas anspruchsvollere Dinge zu, die Medikamentenausgabe, nach einem genauen, schriftlich fixierten und vom behandelnden Arzt unterschriebenen Medikationsplan zum Beispiel. Oder ich hole die Klienten, bei denen eine Operation ansteht (auch von Kunden ist die Rede, das Wort »Patient« – oder gar »Kranker« – ist hier tabu), aus ihren Zimmern. Vorher muss ich den OP-Tisch reinigen und gemeinsam mit Oberschwester Veronika alles bereitlegen. All diese schweigenden Gerätschaften und Instrumente müssen keimfrei und zum Gebrauch vorbereitet sein und vor allem am richtigen Ort liegen, wie auch die ganzen brummenden oder fiependen Apparate blinkend die rechte Bereitschaft zu signalisieren haben. »Der Arzt muss hier drin blind zurechtkommen«, schärft man mir mehrfach den tieferen Sinn meines Tuns ein. Erst wenn alles liegt und leuchtet, wie es soll, ist meine Arbeit getan.

Bevor es dann ans Schneiden geht, muss ich das Sprechzimmer links mit den dafür vorgesehenen Interessenten des Tages füllen, sodass der operierende Oberarzt vorab noch rasch einige leichtere Fälle im Rahmen einer Sprechstunde erledigen kann, während drinnen der nicht mit ein paar Worten abzuspeisende Kandidat von den Schwestern auf der Liege positioniert und für die OP vorbereitet wird, sodass der immer zu einem Scherz aufgelegte Anästhesist seine Arbeit aufnehmen kann: Alles ist darauf ausgerichtet, dass keine Sekunde der Ärztezeit vergeudet wird. Sie ist hier das einzige, was zählt: die bare Münze dieses blitzblank gewienerten Systems, in dessen stählernen Eingeweiden die Kranken, entgegen dem Anschein, den die Einrichtung zu erwecken gedenkt, bestenfalls geduldet sind.

Im Park lässt der besonders warme Frühling den diversen Übertreibungen der Natur in all ihrer Schönheit und Grausamkeit freien Lauf, man braucht nur hinzusehen. Doch dafür werde ich nicht bezahlt. Ich stehe am Metallspülbecken der schmalen »Küche« neben dem OP, die zwar gelegentlich auch zum Herstellen von Kaffee und für einen kleinen Plausch genutzt wird, vor allem aber zum Vorreinigen der Operationsinstrumente dient. Vom gröbsten Unrat und vom Blut gesäubert, legt man sie dann exakt fünf Minuten in eine Desinfektionslösung. Danach werden sie in spezielle Tüten eingeschweißt und für die maschinelle Sterilisation im ersten Untergeschoss vorbereitet.

Trotz der einfachen Arbeit fällt mein persönlicher Gewinn dieser Tage hier reichlich aus: Ich lerne, ich beobachte. Wo könnte ich mehr über das Leben erfahren – ich glaube, diese Zeit hier wird mein Schreiben auf ein ganz anderes Niveau heben! So bin ich überhaupt auf die Idee mit dem Bundesfreiwilligendienst gekommen: In einer der wenigen Absagen meiner Texte durch große Verlagshäuser, worin sich ein Lektor die Mühe machte, das übliche »Leider müssen wir Ihnen mitteilen …« mit einem begründenden Sätzchen zu schmücken (ich besitze Waschkörbe davon), hatte es geheißen: »Man merkt Ihrem Text leider an, dass Sie nicht erlebt haben, wovon Sie berichten. Dabei gilt noch immer: Zeigen, nicht beschreiben! Eine Prise Authentizität scheint mir auch im Internetzeitalter, wo alles Cut & Paste ist, notwendige Voraussetzung gelungenen Erzählens.« Zuerst hätte ich diesem Klugscheißer gerne geantwortet: Kein einziges Wort in deinem Kopf gehört dir, auch du kannst nur immer wieder bereits Gesagtes und Gedachtes wiederkäuen. Authentizität ist eine Illusion. Doch ich muss zugeben, dass ich einige Tage später im Lichte dieses Einwands begann, meine Texte mit anderen Augen zu sehen. Die Zeit des stillen Beobachtens hier würde mich literarisch weiterbringen. Und selbst wenn nicht: Besser als Hartz-IV war es allemal. Im Übrigen habe ich noch großes Glück gehabt: Kurz nach meiner Einstellung verfügte das zuständige Ministerium einen Einstellungsstopp für BFD-Bewerber über 25 Jahre …

Ich habe mich so gut eingewöhnt, dass es ab und an Momente gibt, in denen mir scheint, ich sei der Einzige, der hier arbeitet: Gleichzeitig soll ich einen Patienten aus dem vierten Stock zur OP abholen, einige eilige Proben zum Labor bringen, nach Frau Messmer in der 347 schauen, die schon wieder geklingelt hat, und Schwester Marie bittet mich, nach der anscheinend defekten Hebevorrichtung des Fensterbetts in der 339 zu sehen. Sie lächelt mich mit ihrem Schmollmund an: »Technik, da habt ihr Männer einfach das bessere Händchen …« Dann eilt sie weiter.

Als ich all das erledigt habe, muss ich Frau Rosen zu ihrer MRT bringen. Sie ist unter all den Kunden mein erklärter Liebling, ein echter Sonnenschein. Die alte Dame, die aktuell an einem Beinbruch laboriert, den sie sich in der heimischen Dusche zugezogen hat, kokettiert ein wenig mit ihrem Alter, muss aber über achtzig sein, wenn man dem Gerede der Pflegerinnen Glauben schenkt. Deren Sonnenschein ist die ehemalige Psychoanalytikerin weniger, dafür ist sie den selbst kaum auf den Mund gefallenen Damen zu scharfzüngig. Sie bestand bei der Aufnahme darauf, nicht in einem Einzelzimmer untergebracht zu werden; »Isolationshaft ist Folter«, lächelte sie mich an. Ansonsten lautet ihr Credo: »Ich bin nicht gekommen, um zu bleiben.« Aber in ihrem Alter ist ein komplizierter Oberschenkelhalsbruch keine einfache Sache. Noch in den 1980ern muss Frau Rosen auf ihrem Gebiet eine große Nummer gewesen sein, sie war bis 1987 im Vorstand der Deutschen Psychoanalytischen Gesellschaft; auch ihre Publikationsliste ist beträchtlich, wie Google weiß. Noch heute liest sie praktisch ununterbrochen; Besuch erhält sie nie. »Von wem denn auch«, sagt sie, »sind doch alle tot …«

So eigenwillig sie sein kann, bei mir ist sie lammfromm, weshalb man mich, wann immer möglich, zu ihr schickt. Eine typische Win-win-Situation: Ich lerne viel bei ihr. Eine ihrer Angewohnheiten ist es, mir ohne Umschweife mitzuteilen, was ihr gerade beim Lesen durch den Kopf geht. Sie scheint es zu schätzen, dass ich immer darauf eingehe. So lautet ihre Begrüßung heute statt eines einfachen »Guten Morgen«: »Ja, man braucht nicht geliebt zu werden, um zu lieben.« Das gilt dann noch halb dem Buch, das sie beim offenbar längst erwarteten Erscheinen des von mir hereingeschobenen Rollstuhls sinken lässt – sie sitzt gewissermaßen mit Stock und Hut auf dem Bett.

Ich entgegne: »Ja, es schallt nicht immer so aus dem Wald, wie man hineinruft.« Darauf sie, ohne sich an meiner Plattitüde zu stören: »Vielleicht ist der Kern der Liebe das Brauchen selbst: Nur wo ich mich gebraucht fühle, kann ich lieben?«

Darauf wird sie ernst und sieht mich an wie einen ihrer Patienten (dabei ist es ja umgekehrt): »Einen Menschen brauchen und die Liebe, das ist so eine Sache … Der andere ist nicht zum Gebraucht-Werden da, schon gar nicht zum Gebrauch, er ist ja kein Ding. Und ist es nicht vom Brauchen zum Missbrauchen immer nur ein kleiner Schritt? Ach, es ist so trostlos wie wahr: Ein anderer kann die innere Leere in dir nicht füllen.« Dann fragt sie mich nach meinem Privatleben aus und nickt zu meinen Ausflüchten wissend.

Einer ihrer Vorzüge ist: Sie kennt ihre Termine. Auch heute sitzt sie abholbereit auf ihrem Bett. Ihr rosa-weiß gestreifter Frotteebademantel ist züchtig bis oben überschlagen. Die angeblich schwerreiche russischstämmige Bettnachbarin, die gestern operiert worden ist, wimmert leise. Die Alte zur Linken mit dem schwarz gefärbten Haar, dessen fingerbreiter Ansatz einen fahlgelben Strich über ihren Schädel zieht, was schon bei Gesunden kränklich wirkt (und Frau Schröter ist alles andere als gesund), telefoniert mit einer ihrer zahllosen Freundinnen. Sie ist auch heute wieder extrem geschminkt und ergeht sich in den üblichen Beschimpfungen über die Klinik im Allgemeinen und die Ärzte und Pfleger im Besonderen. Sie ist der typische Fall des Anti-Patienten, wie ich diesen Typus getauft habe, insofern sich das Wort Patient ja von so etwas wie »geduldig ertragen« herleitet. Ihrer Ansicht nach war bereits die Diagnose des einweisenden Arztes grober Unfug; sie sei nicht krank. Nachts genehmigt sie sich öfter einen großen Schluck Kognak, was beim Auftragen des Frühstücks noch gut zu riechen ist. Es steht mir nicht zu, so etwas zu kommentieren. Ich bin hier, um zu helfen.

Im Aufzug fragt mich Frau Rosen nach dem Stand meines Schreibens. Sie ist die Einzige hier, der ich davon erzählt habe. Man kann ihr nichts verschweigen. Als ich auf die Absagen zu sprechen komme, macht sie eine wegwerfende Handbewegung. »Sie werden wissen, mit wem Sie es zu tun haben, wenn Sie sich für diesen Weg entscheiden … Wir leben in einer Zeit großer, aufgeblasener Egos, und im Kulturbereich haben Sie vielleicht die allerpatholgischsten Fälle. Ich hatte da Patienten … Verstehen Sie, die meisten selbstbezogenen Menschen interessieren sich ja nicht aus Bösartigkeit derart für sich selbst, sondern sie müssen es, weil sie vorwärtskommen wollen, unbedingt. Deshalb, und das ist der Preis ihrer Fixierung, leben sie im inneren

Gefängnis einer alles bestimmenden Unsicherheit. Sie versuchen permanent herauszufinden, wie sie zu sein haben, um ›anzukommen‹, wollen ständig kontrollieren, wie sie wirken, weshalb sie sich jedes Gefühls, das sie haben, jedes Anflugs von Angst schämen. Oft werden solche Menschen Verleger, Lektoren oder Kulturjournalisten. So einer Person erscheint natürlich alles langweilig und fad, was sie so sehen und hören, denn es hat ja nichts mit ihnen zu tun: keine zeitgenössische Geschichte, kein aktuelles Theaterstück, kein neues Lied, das sie nicht ganz kalt ließe, in welchem sie nicht auf Anhieb den Aufguss des Aufgusses des Aufgusses oder das zutiefst Missratene erkannten. Dabei ist das tatsächliche Problem, dass sie sich nur für eine einzige Sache auf der Welt tatsächlich erhitzen können: für sich selbst.« Dann sieht sie mich lange an: »Sie scheinen mir keiner von dieser Sorte zu sein.« Das zarte Rosa der Zimmer, das den Räumen wie der weiße Stuck an der Decke, die Drucke an den Wänden (Kandinski und Marc) und der leichte Hauch von irgendeinem stimmungsaufhellenden Duftstoff knapp oberhalb der Wahrnehmungsgrenze etwas weniger Klinikhaftes geben soll, lässt sie heute noch blasser aussehen als sonst. »Nur mit Ihren Geisteswissenschaften, da haben Sie aufs falsche Pferd gesetzt. Menschlicher Geist ist ja nichts weiter als das Vermögen, Urteile im Bezug auf gewisse Werte zu fällen. Und da heute nur noch ein einziger Wert existiert, der Profit, meinen die Leute, auf den Geist verzichten zu können.«

Sie schweigt. Wir fahren hinauf in den dritten Stock, halten uns links, vorbei an den farbenfrohen Plastiken eines lokalen Künstlers von mäßiger Bekanntheit – eine temporäre Ausstellung, *Kunst in der Klinik*, gefördert vom hiesigen Landratsamt –, in Richtung Radiologie. Die Innenseite des Gebäudes ist komplett verglast und lässt den Blick auf den geschmackvoll begrünten Innenhof frei; unsere schweigenden Gestalten spiegeln sich wie eine moderne Skulptur im mattierten Dunkelgrün, das von unten heraufscheint. Es ist kein Himmel zu sehen, nur die Gänge der gegenüberliegenden Inneren Abteilung, der Urologie darüber und oben, gerade noch zu erahnen, der Palliativstation ... Ich imaginiere, wie immer, wenn es am Eingang der Onkologie vorbeigeht, den Satz über die Höllenpforte aus Dantes *Inferno*.

Am Ziel helfe ich ihr, sich in eine der Plastiksitzschalen im bereits gut gefüllten Wartebereich der Radiologie zu setzen; unendlich langsam geht das, in ihrem Gesicht spiegelt sich das zähe Ringen mit ihren Muskeln, das ihre ganze Kraft zu erfordern scheint; schließlich gelingt es und sie lächelt mich von unten herauf dankbar an.

Ihre Nebensitzerin – eine sehr vital wirkende Anfangsechzigerin, vielleicht irgendeine Angehörige – hat den stillen Kampf beobachtet und sagt mit mitleidigem Gesichtsausdruck: »Ja, das ist das Schlimme am Alter, man verliert die Freiheit, wird wieder abhängig wie ein Kind.«

Ohne die Dame auch nur eines Blickes zu würdigen, schimpft Frau Rosen mit ihrem österreichischen Akzent los: »Freiheit, ach, hören Sie mir doch mit der Freiheit auf! Wenn alle Freundschaften zerbrochen, wenn alle Grundsätze verraten sind, wenn kein Ziel einen mehr ans Leben bindet, kurz: wenn alles egal ist – dann ist sie am größten, Ihre schöne Freiheit! Will man das? Freiheit wächst mit der Verzweiflung. Ich frage Sie also: Ist das ein wünschenswerter Zustand – dauernd in die Mündung einer Pistole zu starren und die große Freiheit zu spüren? Wollen Sie so leben?« So ist Frau Rosen. Beschwichtigend lächele ich die Dame an ihrer statt an – sie selbst hat längst ihr Buch aufgeschlagen – und verabschiede mich, mein nächster Job wartet. Und so geht es weiter. Sicher ist das anstrengend, man bräuchte eigentlich sechs Hände und acht Beine, aber mich macht es stolz, endlich einmal gebraucht zu werden.

Gegen 17.30 Uhr sind alle auf der Station versorgt, jedermann liegt, wo er oder sie es soll, hat das Nachtessen und seine Medikamente erhalten. Alle Namen im heiligen blauen Buch im Schwesternzimmer sind durchgestrichen, die Notizen für die Abendschicht prangen auf gelben Post-its, die Protokolle für die Abrechnungen sind ausgefüllt und die Instrumente des vergangenen Tages für die Sterilisationsmaschine vorbereitet; jetzt beginnt langsam der Feierabend und ich gehe in die Umkleidekabine, wo ich mich meines grünen Kittels und der weißen Jeans entledige und meine Zivilkleidung die neu erworbene Autorität verschluckt. Ich könnte jetzt auch ein Patient sein, der gerade angekommen ist; wobei, dafür bin ich dann doch zu jung. Unsere Kundschaft ist betagt.

Ich bin schon fast draußen, als ich hinter mir einen Ruf höre: Herr Spinner aus der 317 hat Probleme mit seinem künstlichen Darmausgang und der Stoma-Berater kommt erst wieder in der kommenden Woche. Ich sehe mir das Desaster im Bett an und entscheide, dass ein Arzt gerufen werden muss.

Bei den Patienten bin ich recht beliebt. Ich wische auch einmal ungebeten einen Schrank aus, in dem nachts ein hereingeschmuggelter Piccolo zu Bruch gegangen ist, spare mir den mahnenden Blick, wenn einer offensichtlich geraucht oder binnen eines Vormittags das zweite Mal ins Bett gemacht hat. Und, was vielleicht das Wichtigste ist: Ich gebe ihnen, was ihnen sonst hier keiner geben will: Ich höre zu, habe ein Ohr für ihre vielen Klagen und äußere ab und an, zumindest bei Leuten, die mir ans Herz gewachsen sind, eine vage Einschätzung zu ihrer Gesamtsituation; für sie informiere ich mich nach Feierabend im Netz. Sie saugen das dann auf wie das Taschentuch ihre heimlich geweinten Tränen.

Ich bin schon fast aus der Tür, als Herr Spinners kalte, von Altersflecken bedeckte Hand mich sanft am Ärmel zupft. »Dürfte ich Sie etwas fragen ... Sagen Sie, mir sagt ja keiner etwas, gibt es noch Hoffnung? Bei so vielen Metastasen?« In seinen Augen schimmert es feucht.

Ich habe keine Ahnung, wie es um die Prognose des alten Herrn steht. Aber ich kenne das eigentliche Problem: Hier sagt dir niemand etwas, die Schwestern nicht und die Ärzte schon gleich gar nicht. Alles, was ein Patient von den Halbgöttern in Weiß zu hören bekommt, ist, dass sie »sehr zufrieden« seien, die Schwestern wiederum verweisen auf die Ärzte: Wenn es ein Problem gäbe, dann würde der Herr Doktor Soundso sich aber melden, da könne er oder sie sich ganz sicher sein! Nichts zu hören sei immer das Beste ... So funktioniert die Arbeitsteilung im Gesundheitssystem, und auch der Höhenblick ist, trotz seiner reizenden Fassade, Teil dieses Systems – sogar ein recht profitabler, wie zu hören ist. Was hier mit den Patienten geschieht und wie es wirklich um sie steht, ihnen das mitzuteilen, ist Aufgabe des einweisenden Arztes – wozu erhält er sonst seinen Bericht? Betreten sehe ich zu Boden und sage, ich fände, er sähe sehr gut aus heute, und würde den Arzt bitten, ihm morgen Genaueres zu sagen. Dankbar lächelt mich Herr Spinner an, und ich beeile mich, nach draußen zu kommen.

Am nächsten Morgen, wieder bei Frau Rosen. Ich habe mir angewöhnt, sie in meiner Neun-Uhr-Pause ein wenig in ihrem Rollstuhl durch den Park zu schieben, sie liebt den Frühling. Doch seltsamerweise ist sie heute nicht bereit, sie liegt, die Decke bis zum Hals gezogen, im Bett und starrt in Richtung des Kandinski. Mit einiger Verzögerung schaut sie zu mir hoch.

Liegt da etwas Feindseliges in ihrem Blick? Es ist nur den Bruchteil eines Augenblicks zu sehen gewesen, im Erscheinen schon vergangen wie ein Wetterleuchten am Nachthimmel. Gleich darauf folgt ihr notorisches Lächeln. »Oh, Sie sind es!«

»Wie geht es Ihnen heute?«

»Ach, was soll ich da sagen? Schlecht wäre ja auch gelogen …«

Ich sehe sie das erste Mal so niedergeschlagen. Mit Blick auf das Buch »Psychoanalytische Prolegomena. Theorien für den therapeutischen Prozess«, das neben ihr liegt, ein altes, zerknittertes Exemplar, das auf dem Umschlag groß ihren Namen trägt, versuche ich einen müden Scherz: »Na, was für Probleme gibt es denn in unserem therapeutischen Prozess?«

Sie sieht mich mit einem rätselhaft verhangenen Blick an und antwortet mechanisch: »Na ja, Klugheit des Patienten schadet im therapeutischen Prozess eher … Auch Abhängige aller Art, übrigens egal, wie klug sie sind, erweisen sich oft als resistent gegen den analytischen Prozess. Sie sind zu sehr damit beschäftigt, vor sich selbst zu fliehen, haben ja schon etwas, von dem sie glauben, dass es ihnen hilft: der Suchtstoff. Sie sind klug und abhängig, abhängig vom Gebrauchtwerden. Aber lassen wir das! Was dieses Buch betrifft …«, sie deutet darauf, als sei der Band zufällig hier gelandet, »… lese ich es nicht. Ich habe es ja geschrieben. Es ist etwas anderes damit …«

Sie schweigt. Der Himmel ist mit einem Mal ganz dunkel und der Park liegt still. Bald wird ein Gewitter aufziehen.

»Ach«, seufzt sie, »Erinnerung ist eine Last. Glauben Sie mir, das Glück ruht im Vergessen.«

Sie löst sich nur langsam aus ihrer Absence und scheint nun zum ersten Mal den wie ein junger Hund vor dem Spaziergang bereitstehenden Rollstuhl wahrzunehmen. Gerade kommt ihre Bettnachbarin mit zwei drallen Freundinnen herein, sie unterhalten sich laut. Die beiden fröhlichen Besucherinnen scheinen aus dem Rheinland zu stammen.

»Den hättste mir nackt auf den Bauch binden können, da wär nix passiert!« Wieherndes Gelächter.

»Sicher hatte der schon lang nicht mehr geflext …«

»Na ja. Viel ist da nicht mehr los, der Gute hat ohnehin nicht mehr alle Latten am Zaun, und da, wo er sie brauchen könnte, da schon gar nicht!«

»Do isch anscheinend au d' Katz do Bohm nuff«, lachte Frau Hegeweis in ihrem Bett mit. Erstaunt starre ich sie an. Vielleicht muss man sich die verbitterte Person als einstmals glücklichen Menschen vorstellen? Jedenfalls sehe ich das Wunder, wie sich ihre verkniffenen Gesichtszüge etwas aufhellen.

Frau Rosen hat erst jetzt endgültig realisiert, weshalb ich gekommen bin. »Oh, das ist aber nett! Aber ich kann heute nicht mit Ihnen in den Garten … Vielleicht setzen Sie sich kurz mit mir in den Warteraum, ich möchte Ihnen etwas geben.« Und etwas leiser noch: »Jetzt ist die ganze Bande wieder da. Ein Niveau, sage ich Ihnen!«

Wieder die Geste ermatteten Abwinkens, mehr angedeutet als eine wirkliche Bewegung der noch immer überraschend zarten Hand, die sich bläulich vom Bettlaken abhebt.

Ich helfe ihr in den Rollstuhl; das ging schon einmal besser.

Meinen besorgten Blick erwidert sie, indem sie meine Hand drückt.

»Keine Sorge, es geht schon. Ich war nur in Gedanken. Geben Sie mir doch bitte das Buch mit.«

Im zum Glück um diese Zeit noch leeren Wartebereich am Ende des zartrosa getünchten Ganges gewinnt ihre Stimme endlich wieder an Kraft.

»Denken Sie nicht, die Vergangenheit wäre einfach nur immer auf dieselbe Weise vergangen. Je älter du wirst, desto näher kommt sie dir; oft sind dir dann Dinge, die fünfzig Jahre her sind, präsenter als das, was um dich geschieht, vor allem hier drin. Ein junger Mensch kann sich das nicht vorstellen! Er ist noch ganz auf sich selbst fixiert, seine Kräfte wollen sich entfalten, und dazu muss er sich frei machen, frei von seiner Herkunft, den Eltern, der Gesellschaft. Das ist ganz normal. Je mehr die eigenen Kräfte aber schwinden, desto eher sucht man nach dem, was einen mit der Welt verbindet. So viel ist das gar nicht mehr, deshalb spreche ich von Suchen. Was ist das Leben anderes als ein Gang der zufälligen Gestalt, die meinen Namen trägt, hinaus ins formlose Nichts … Daher kommt es übrigens, wenn alte Menschen, die ihr ganzes Leben kreuzbrav ihr Geld mit etwas Grundsolidem verdient haben, sich plötzlich für Abwegigkeiten wie Ahnenforschung, Heimatkunde oder Spiritualität interessieren.«

Wieder die Geste.

»Aber Sie sind doch noch nicht alt, geradezu das blühende Leben. Alle sagen das. Heutzutage werden die Leute hundert ...«

Sie lächelt müde. »Haben Sie Dank für den Versuch, junger Mann. Ich weiß sehr gut, wie es um mich steht. Vergessen Sie nicht, ich habe einmal Medizin studiert!«

Verlegen sehe ich zu Boden. Was soll man dazu sagen? Natürlich hat sie recht. Man muss aufpassen hier drin, dass einem die Floskeln nicht allzu leicht von den Lippen kommen, der eine oder andere könnte sie für bare Münze nehmen. Mir fällt Herr Spinner wieder ein. Natürlich habe ich mit keinem Arzt gesprochen.

Als das Gewitter mit Macht einsetzt und der Regen heftig gegen die Scheibe trommelt, huscht wieder ein Schatten über ihr Gesicht.

»Sie halten mich für einen guten Menschen, nicht wahr? Sagen Sie nichts, es ist Ihnen anzusehen. Aber täuschen Sie sich nicht ... Lesen Sie Kriminalromane? In einigen geht es um den perfekten Mord. Perfekt ist der Mord dann, wenn er nicht aufgeklärt werden kann; am einfachsten geht das, wenn er gar nicht als solcher zu erkennen ist. Was würden Sie sagen, wenn Sie wüssten, dass ich eine Mörderin bin? Ja, ich habe getötet, meine eigene Schwester. Fast 70 Jahre ist das jetzt her, und nie kam auch nur irgendwer auf den Gedanken ... Alle hielten es für ein Unglück.«

Mit düsterem Blick schaut sie in das Unwetter.

Ich bemerke, dass ich sie anstarre. Frau Rosen ist psychisch bisher völlig unauffällig gewesen, geistig voll da. Seit wann hat sie derartige Zwangsvorstellungen? Ich werde Doktor Oberstätter Mitteilung machen müssen. Irgendetwas aber lässt mich schweigen, sie einfach weiterreden ...

»Sie sind der Erste, dem ich davon erzähle. Für die Hintergründe habe ich jetzt keine Zeit, das ist auch alles schon so lange her. Es war im März 1938, Sie haben sicher schon vom Anschluss Österreichs gehört? ›Hiermit melde ich vor der Geschichte den Anschluss meiner Heimat an das Deutsche Reich‹.« Sie imitiert Hitler erstaunlich gut.

»Ich war ein junges Ding damals und das erste Mal verliebt, so verliebt. Niemand wusste davon, außer meiner kleinen Schwester. Sie war zehn … Mein Freund, so sagt man doch heute, war ein Student. Viel älter als ich, über zwanzig. Wir lebten bei Graz, und den David hatte ich beim Baden am Schwarzlsee kennen gelernt. Wir Mädchen saßen gerne mit den älteren Burschen herum, rauchten, lachten mit ihnen. Das waren keine solchen Trottel wie die Buben aus unserer Schule, richtige Herren … Mit David und mir, das war etwas ganz Besonderes! Wir trafen uns den ganzen Herbst, heimlich, in einer Hütte im Wald, machten stundenlange Spaziergänge. David war Kommunist, von jüdischer Abstammung auch noch. Wir redeten viel über Politik, ihm war klar, was kommen würde. Durch einen dummen Zufall hat meine Schwester von uns erfahren. Sie verehrte Hitler und zählte die Tage bis zum Anschluss … Das war bei uns so, die ganze Verwandtschaft war entweder wie meine Mutter braun bis ins Mark oder österreichischer Patriot wie mein Vater, also gegen die Deutschen. Jedenfalls wusste Hilde unglücklicherweise über David Bescheid und sagte, sie würde alles der Mutter sagen. ›Der rote Jude wird bekommen, was er verdient.‹ Kinder in diesem Alter können sehr fanatisch sein. Ich musste also handeln.«

Sie sieht mich an. »Das soll jetzt keine Rechtfertigung sein. Es steht alles hier drin. Nehmen Sie das.« Sie zeigt auf das Buch auf ihrem Schoß. Dann zwingt sie sich zu einem Lächeln und sagt, sie wolle wieder ins Bett, ihr sei nicht gut. Ich bringe sie zurück, bin einigermaßen verwirrt.

Sie bittet mich noch um eine Schlaftablette. Eigentlich darf ich keine Medikamente herausgeben, aber weil Frau Rosen selbst Medizinerin ist und mit den Ärzten anders steht als gewöhnliche Patienten, hat sie die Erlaubnis herausgehandelt, dass die Schwestern oder sogar ich ihr bei Bedarf eine Novalgin oder auch einmal eine Schlaftablette bringen können. Der Arzt hat mir nur gesagt, es dürfe nicht zu viel werden mit den Tabletten und die Medikation müsse stets eingetragen werden. Aber sie will höchstens ein-, zweimal in der Woche eine Tablette. Sie sagt dann: »Wenn das Wetter wechselt, dann schlaf ich schlecht. Das war schon immer so.«

Den weiteren Tag mit all seinen Verrichtungen begleitet mich eine seltsame Unruhe. Ich beschließe, ehe ich die Ärzte von Frau Rosens Zustand in Kenntnis setze, erst einmal das Buch anzuschauen.

Es herrscht wieder strahlender Sonnenschein, als ich im Bus sitze. Trotz der abendlichen Stunde ist es jetzt schwüler als vor dem Gewitter, für morgen prognostiziert die Wetter-App auf meinem Smartphone rekordverdächtige 27 Grad. Ich hole Rosens »Prolegomena« aus meiner Umhängetasche und finde beim ersten Durchblättern den Brief, der hinten eingelegt ist. Die Adresse lautet: David Kirschbaum, Grenadiergasse 14 in Graz, das Schreiben ist datiert vom 21. 4. 1938 und auf dem Umschlag findet sich, akkurat gestempelt, der Vermerk: ›Empfänger unbekannt verzogen. Retour an Absender‹. Frau Rosen hatte damals eine ausgesprochen feine Mädchenschrift, sehe ich, das vergilbte Blatt ist vorder- und rückseitig eng beschrieben. Ein Airbus der *Air France* im Landeanflug zieht meinen Blick auf sich; es sieht aus, als suche die Maschine der tief stehenden Sonne zu entkommen, die im Westen über dem Schwarzwald versinkt. Eigenartig ist das Licht, das das Flugzeug in ein zartes Rosa taucht, ein riesiges Spielzeug, das sich fast schmerzhaft von den beinahe schwarzen Wolkenfetzen abhebt und imstande zu sein scheint, auf der benachbarten Autobahn landen zu wollen. 92 Als das Flugzeug, nach dem einige der Businsassen den Kopf verrenken, Smartphones werden gezückt, Fotos gemacht, endlich in Echterdingen gelandet ist, bemerke ich, dass der Brief noch mindestens zwei weitere Seiten umfasst haben muss, denn Anrede und Anfang fehlen, wie auch der Schluss. Ich lese das Ganze mehrfach durch und brauche eine Weile, bis ich zu verstehen glaube.

Ihr Vater war Ingenieur, bei der Eisenbahn. Er hatte sich immer einen Jungen gewünscht, aber weil er den nicht bekommen hatte, nur vier Mädels, musste er sich an seine Älteste halten, an Judith …

Judith aber liebt ihren Prinzen Ischarioth über alles. Sie will, muss ihn retten! Es bleibt ihnen nicht viel Zeit, die Mächte der Finsternis sind los, um Tod und Verderben über die Welt zu bringen, und sie nahen so rasch … Fort müssen sie, fort.

Auf ihren langen Spaziergängen sprach der Vater immerzu von der Technik, Elektrizität war sein Leben. Auf du und du mit Volt und Ampere … So hatte er ihr auch von der alten Brücke über den Bahngleisen aus die rostigen Kabel gezeigt, die da stumm im Schatten über den scheinbar in die Endlosigkeit führenden Geleisen hingen. Judith liebte diese Brücke, weil sie so verwunschen aussah in ihrem leuchtend grünen Brautkleid aus undurchdringlichem Gestrüpp.

Es war schon ein paar Jahre her, sie waren gerade auf dem Heimweg (Wo die Mutter war? Die Mutter war zu Hause bei den Geschwistern, denn seine ewigen Vorträge ermüdeten sie.), da hatte er ihr lange von den Oberleitungen gepredigt. Sie war ein braves Kind und hatte gut zugehört. Diese rostigen Stahldrähte, die der Bahn ihre Kraft schenkten und so träge im Schatten dösten, erklärte er, hatten eine Hochspannung von mehreren Tausend Volt. Der Strom aber, so der Vater weiter, nutzt alles, was ihn leitet, auch den Menschen, wenn er ihm zu nahe kommt. Bei ungenügendem Abstand oder ungenügender Isolation könne es zu einem ungewollten Spannungsüberschlag kommen (Judith dachte an einen Purzelbaum), in dessen Verlauf ein sogenannter Lichtbogen entstünde; Lichtbogen deshalb, weil der Stromschlag dann sichtbar werde wie ein kleiner Blitz, obwohl gar keine direkte Berührung stattfinde zwischen dem Unglücklichen, der der tödlichen Kraft zu nahe kommt, und den so harmlos aussehenden Leitungen. Wahrscheinlich war es der Lichtbogen, dieses schöne Wort, das Judiths Aufmerksamkeit gefesselt hatte.

Der menschliche Körper, fuhr der Vater fort, der zu mehr als zwei Dritteln aus Wasser bestünde, sei ein hervorragender Leiter. Und das Bestreben des Stroms, zur Erde zu gelangen, zur Entladung, sei bei mehreren Tausend Volt so groß, dass er nach jedem Leiter fasse, der sich ihm näherte. In besagtem Lichtbogen durch die Luft nähme er dann den Weg zur Erde, sobald ein Körper ihm zu nahe komme. Er wisse von Leuten, von unzähligen Tieren sowieso, die auf diese Weise zu Tode gekommen seien. Schon bei einem Abstand von 1,50 Metern, das sei witterungsabhängig, würden diese so friedlich aussehenden Leitungen also zur tödlichen Gefahr. Deshalb sei der Bahnübergang derart abge-

sichert und deshalb müssten die Leitungen so tief unter der Brücke liegen. Ja, alles im Reich der Technik habe seinen Zweck, nichts sei zufällig! Und, wenn man so wolle, die Idylle der ruhig in der Mittagssonne daliegenden Geleise trüge, die Gewalt der unsichtbaren Kraft, die das moderne Leben ermögliche, sei eine stete Gefahr, die es zu beherrschen gelte. So hatte der Vater gesprochen.

Judith aber liebt ihren Prinzen Ischarioth über alles. Sie will, muss ihn retten! Es bleibt ihnen nicht viel Zeit, die Mächte der Finsternis sind los, um Tod und Verderben über die Welt zu bringen, und sie nahen so rasch … Fort müssen sie, fort.

Sie musste es tun, und es ging alles ganz einfach. Sie spielten wieder einmal Federball. Sie führte die Schwester zum Bahnübergang, weil die Brücke dort asphaltiert und eben war. Dort spielten sie lange Ballwechsel über eine Schnur hinweg, die ihnen als Netz diente. Es war ein großer Kampf … Bis Judith einen scheinbar völlig missratenen Ball nach rechts zur Schwester schlug, der über das Geländer ging. Es war ihr einziger.

Judith aber liebt ihren Prinzen Ischarioth über alles. Sie will, muss ihn retten! Es bleibt ihnen nicht viel Zeit, die Mächte der Finsternis sind los, um Tod und Verderben über die Welt zu bringen, und sie nahen so rasch … Fort müssen sie, fort.

Das Spielgerät hing jetzt im Gebüsch, gut zwei Meter unter ihnen. Die Schwester, die eine fanatische Spielerin war, suchte mit einem Stock nach dem gefiederten Ball zu fassen, doch das war zwecklos. Da sagte Judith: Nimm doch die Flasche; wenn du das Wasser aus unserer Trinkflasche direkt auf den Ball lenkst, löst er sich vielleicht und fällt hinab ... Ich will hinuntergehen und unten warten, auf den Gleisen, damit ich sehen kann, wohin er fällt. Sie rannte davon und rief von unten: Jetzt!

Halb glaubte Judith, dass sie träumte, als sie von unten tatsächlich den Lichtbogen sah. Er war blau und sehr schön. Die verräterische Schwester war tot. Judith nahm die Flasche, die Schläger und die Schnur und vergrub alles im Wald. Dann ging sie langsam in die Stadt zurück.

Denn Judith liebt ihren Prinzen Ischarioth über alles. Sie will, muss ihn retten! Es bleibt ihnen nicht viel Zeit, die Mächte der Finsternis sind los, um Tod und Verderben über die Welt zu bringen, und sie nahen so rasch ... Fort müssen sie, fort.

So endet meine kleine Schauergeschichte. Ich habe sie für uns geschrieben. David, wo bist du nur? Warum kommst du nicht mehr? Ach, mein Prinz, mein Herz weint jede Nacht um unsere Liebe ...

Als ich am nächsten Morgen ins Sanatorium komme, begrüßt mich Schwester Marie ganz aufgeregt. »Weißt du, was passiert ist? Frau Rosen ist heute Nacht gestorben. Herzstillstand. Ganz sanft eingeschlafen ist sie.« Ich frage sie aus, aber viel ist nicht aus ihr herauszuholen. Sie weiß alles nur von der Nachtschicht, aus zweiter Hand.

Ich bin nun ziemlich verwirrt. Einiges geht mir durcheinander. In derselben Nacht ist auch Herr Spinner ins Koma gefallen, außerdem sind drei Neuankömmlinge zu versorgen. Erst in der Mittagspause gelingt es mir, in Frau Rosens

Zimmer zu kommen. Ihr Bett ist abgezogen, nichts mehr lässt an ihre vertraute Gegenwart denken. Allerdings liegt auf dem Nachttischchen seltsamerweise die Bibel, aufgeschlagen – in jedem Zimmer liegt ein Exemplar, erstaunlich ist eher, dass sie ausgerechnet bei Frau Rosen aufgeschlagen ist. Bilde ich mir nur ein, es sei ein letzter Gruß an mich (mit der Heiligen Schrift hatte sie es wirklich nicht, die gute Frau Rosen)? Ich überfliege die Passage.

»Warum bist du so zornig?«, fragte der HERR ihn. »Warum blickst du so grimmig zu Boden? Ist es nicht so: Wenn du Gutes im Sinn hast, kannst du frei umherschauen. Wenn du jedoch Böses planst, lauert die Sünde dir auf. Sie will dich zu Fall bringen. Du aber kannst über sie herrschen!«

Später schlug Kain seinem Bruder Abel vor: »Komm, wir gehen aufs Feld hinaus.« Als sie dort waren, fiel Kain über seinen Bruder her und schlug ihn tot.

Da fragte der HERR Kain: »Wo ist dein Bruder Abel?«

»Ich weiß es nicht«, entgegnete Kain. »Soll ich etwa ständig auf ihn aufpassen?«

Doch der HERR sprach: »Was hast du getan? Hörst du nicht: Das Blut deines Bruders schreit zu mir? Deshalb sollst du verflucht sein und musst den Acker verlassen, den du mit dem Blut deines Bruders befleckt hast. Er wird keinen Ertrag mehr bringen, auch wenn du noch so hart arbeitest. Von jetzt an sollst du ein Flüchtling sein, der heimatlos von Ort zu Ort irrt.«

Kain entgegnete dem HERRN: »Meine Strafe ist zu hart, ich kann sie nicht ertragen! Du vertreibst mich heute von meinem Land und ich muss mich vor dir verstecken. Ich werde ein heimatloser Flüchtling sein, der von Ort zu Ort irrt. Jeder, der mir begegnet, wird mich töten!«

Doch der HERR antwortete ihm: »Wenn dich jemand tötet, sollst du siebenmal gerächt werden.« Und er versah Kain mit einem Zeichen, damit niemand ihn töten würde.

Dann verließ Kain die Gegenwart des HERRN und ließ sich im Lande Nod, östlich von Eden, nieder.

Eigenartig ist auch, dass Frau Rosens Zimmernachbarinnen ebenfalls verschwunden sind – das Zimmer ist wie geräumt. Ich bin wieder auf dem Flur, als mir ein Gedanke kommt. Wenn die Kainspassage wirklich an mich gerichtet ist, ein letzter stummer Gruß – dann muss Frau Rosen gewusst haben, bevor sie eingeschlafen ist, dass sie nicht mehr erwachen wird … Das wiederum lässt nur den Schluss zu, dass sie ihrem Leben selbst ein Ende gesetzt hat. Was, wenn sie all die Tabletten, die ich ihr gegeben habe, über längere Zeit und nur zu diesem einen Zweck gesammelt hatte? War ich etwa mitschuldig, zumal nach all dem, was ich wusste? Ich gerate in eine leichte Panik. Am Nachmittag mache ich einige, im Fußball würde man sagen, vermeidbare Fehler bei den einfachsten Routinetätigkeiten. Schwester Marie sieht mich von der Seite an und murmelt schließlich etwas von einem gebrauchten Tag. Sie ist VFB-Fan, jeden zweiten Samstag steht sie mit ihrem Mann in der Kurve. Die Fußballsprache ist die zwischen uns übliche Art der Kommunikation. Ein Sätzchen gibt das andere, sie ist erstaunlich bewandert in den gängigen Phrasen, und noch das zehnte ›Erst hatten wir kein Glück, dann kam auch noch Pech dazu‹ entlockt ihr ein Lächeln.

Aber mir ist heute gar nicht nach Herumalbern mit blutverschmierten Händen zumute, mir geht manches durch den Kopf, das meiste davon ein einziges Durcheinander, über dem undeutlich die Frage schwebt, was Frau Rosen von mir erwartet: Was soll ich, den sie zuletzt mutmaßlich als einzigen Menschen eingeweiht hat, tun? Zunächst, überlege ich, muss ich wissen, was wirklich geschehen ist …

Ohne mir über die Konsequenzen klar zu sein, suche ich bei der erstbesten Gelegenheit den Oberarzt der Station auf und frage ihn geradeheraus nach den Umständen von Frau Rosens Tod und dem Verbleib ihrer Bettnachbarinnen.

Oberstätter, ich kenne ihn als eher zugänglichen Vertreter seiner Art, sieht mich kaum an und runzelt sofort die Stirn. Was mich das anginge? Ob ich schon einmal etwas von ärztlicher Schweigepflicht gehört hätte? Er schiebt mich fast aus dem Zimmer und murmelt noch, Frau Rosen sei eben in einem Alter gewesen, wo es gar nicht so selten vorkomme, dass jemand sanft für immer einschlafe. Er selbst übrigens würde sich keinen anderen Tod wünschen. Dann schließt er hinter mir die Tür, und ich stehe im leeren Flur.

Am Abend gehe ich mit einer Freundin, die in Nürtingen Kunsttherapie studiert hat und dort hängen geblieben ist, in eine Ausstellung. 93 Danach schleppt sie mich ins studentische Programm-Kino inmitten der ein wenig an Tübingen erinnernden, immer wieder beeindruckenden Altstadt. 94 Es läuft ein seltsamer koreanischer Film mit vielen sehr stillen Menschen, die ziemlich unlogische Dinge tun. Erstaunlich viele Winterbilder (ich wusste gar nicht, dass die Winter in Korea so schneereich sind). Trotz einiger in ihrer Stammkneipe eilig getrunkener Flaschen Bier kann ich lange nicht einschlafen; ich höre noch, wie die Kirchturmuhr drei Uhr schlägt.

Als schließlich der Wecker in einen Traum dringt, in dem ich mit Frau Rosen durch den Park gehe, in dichtestem Schneetreiben, bin ich viel zu spät. Schlaftrunken entdecke ich eine Nachricht auf dem AB. Es ist der Verwaltungsdirektor des Höhenblick. Er nuschelt etwas von Richtlinien des Bundesfreiwilligendienstes, von einer vierwöchigen Probezeit, die in meinem Fall aus verwaltungstechnischen Gründen leider nicht verlängert werden könne. Dann sagt er noch etwas von einem Urlaubsanspruch, sodass ich gar nicht mehr zu kommen brauche, was ja immerhin gut sei ... Schließlich bedankt er sich für mein Engagement und sagt, er möchte ausdrücklich betonen, dass diese Entscheidung ganz unabhängig von der Qualität meiner Arbeit im Höhenblick getroffen worden sei. Ja, er wünscht mir sogar noch alles Gute für meinen weiteren beruflichen Weg.

90 Für sehr sportliche Radfahrer ist eine Tour in Richtung Schwarzwald durchaus im Bereich des Möglichen; in ca. viereinhalb Stunden ist man in Altensteig und damit in der weitgehend unberührten Natur des Nordschwarzwalds (mit dem Auto etwa eine dreiviertel Stunde). Auch auf dem Weg dahin bieten sich Visiten an. Das bereits 768 urkundlich erwähnte Nagold etwa bietet eine schöne Altstadt und die Burgruine Hohennagold, auch Herrenberg (ebenfalls mit der S-Bahn erreichbar) mit seiner schönen, geschlossenen Altstadt ist einen Besuch wert. Meiden sollte man allerdings Böblingen und Sindelfingen.

91 In Leinfelden-Echterdingen befindet sich das Deutsche Spielkartenmuseum, ein einmaliges Ausflugsziel. Es ist verwaltungstechnisch eine Zweigstelle des Landesmuseums Württemberg und beherbergt die größte öffentliche Spielkarten-Sammlung in Europa. Alle nur denkbaren Spielkarten werden hier systematisch gesammelt, archiviert und erforscht. Derzeit umfasst die Sammlung stolze 15.000 Kartenspiele mit über 500.000 Einzelkarten. Außerdem findet man hier eine Spielebibliothek (mit Archiv), eine Grafiksammlung sowie kunstgewerbliche Gegenstände, Kartenpressen, Druckstöcke, Gläser, Spieltische usw. Sehenswert ist die asiatisch-indische Spielkartensammlung – weltweit die umfassendste und schönste ihrer Art. Der Eintritt ist frei! Bitte beachten: Öffnungszeit seit 1. Juli 2012 nur nach Vereinbarung. Für die

Besichtigung der Sammlung im Rahmen einer Sonderführung wird um Terminvereinbarung unter Tel. 0711/7560120 gebeten oder per Mail an spielkartenmuseum@le-mail.de.

92 Tatsächlich landet es auf dem Flughafen Stuttgart in Echterdingen ... Es handelt sich um den sechstgrößten Flughafen Deutschlands und bietet Stuttgart-Reisenden die Möglichkeit, ihre Reise nach Belieben in die weite Welt fortzusetzen. Man erreicht den Flughafen mit der S-Bahn in knapp 25 Minuten ab Hauptbahnhof. Selbstverständlich kann man den Flughafen auch besichtigen und dies mit einem Spaziergang über die Filderebene verbinden, wo das sprichwörtliche Kraut noch heute allüberall angebaut wird. Ein dunkles Kapitel markiert das KZ-Echterdingen, das sich 1944/45 auf dem Flughafengelände befand, wo über 600 jüdische Gefangene Zwangsarbeit leisten mussten, von denen ein großer Teil an den unmenschlichen Bedingungen verstarb. Echterdingen ist das einzige Stuttgarter KZ, das nächstgelegene befand sich in Leonberg (beides waren Außenstellen des KZ Natzweiler-Struthof im Elsass), das im Gegensatz zum Echterdinger Lager eine Gedenktafel aufweist.

93 Genauer in die sehenswerte Ausstellung der Sammlung Domnick: hier gibt es abstrakte Malerei und Plastiken der Nachkriegszeit, am besten mit einer Führung durch Frau Dr. Breig. Dauer ca. eine Stunde, Näheres & Anmeldung hier: http://www.domnick.de/ – Die Ausstellung besticht übrigens besonders auch durch den »Ort ihrer Präsentation: Es ist ein privates Haus der Kunst von bezwingender Atmosphäre, 1967 von dem Stuttgarter Architekten Paul

Stohrer in die Landschaft von Aichtal und Albtrauf gebaut. Es erwarten Sie Gemälde u.a. von Baumeister, Hartung und Winter, von Piene, Dorazio und Brüning, von Vedova, Rainer, Vostell. Und im weitläufigen, 1977 angelegten Garten treten Skulpturen aus Bronze, Eisen und Stahl – darunter Avramidis, Lardera, Venet – in Zwiesprache mit der gestalteten Natur.«

TRITTBRETTFAHRER – EIN SITTENGEMÄLDE

Das Terrakotta der Fliesen wich bei jedem Fußwippen ein wenig zurück. Jens fühlte sich wie auf einer Strickleiter. Er versuchte entzückt, das Schwanken des Bodens in seinem Kopf anzuhalten, doch es gelang ihm nicht. Er wankte in Richtung Toilette, wobei er zahlreiche Gäste in dem bereits völlig überfüllten *Bartleby* anrempelte, was diese jedoch nicht im Mindesten störte. 95 Die Stimmung war prächtig. Hierher kamen am Samstagabend nur die besten Leute. Nie wurde die Atmosphäre durch Idioten verdorben, Streitereien gab es kaum. Jens liebte das Lokal, ihm war hier, als befände er sich zu Hause in Plauen, der Stadt, wo bereits ein einzelner Straßenzug in ihm die wärmsten Heimatgefühle aufsteigen ließ. Viel zu selten kam er ins geliebte Vogtland.

Die ersten Akkorde von »Dazed and Confused« erklangen. Die guten alten Led Zep! Auch bei dieser Musik fühlte Jens sich daheim. Weil der Sound zu ihm direkt zu reden schien, vom ersten Akkord an; er sprach von einem Ausbruch aus der ewigen Tretmühle. Man braucht dann gar nicht wirklich auszubrechen, nicht oft wenigstens, lächelte er vor sich hin und lehnte sich an eine Säule, gegen die ihn die wogende Menge der Feiernden drängte. Kurz ausruhen, dachte er, ehe er die schmale Treppe zur Toilette hinab in Angriff nehmen konnte. Ja, die harte Musik, seine dunkle Seite! Er war schon immer ein Rocker gewesen, auch in den Jahren vor der Wende, als das drüben nicht gern gesehen war. Jens grinste. Ein ihm entgegenkommender Gast lächelte zurück. Man verstand sich hier. Kurz dachte er an Grit, verdrängte den Gedanken aber gleich wieder. Sie war in Plauen geblieben und er konnte es ihr nicht verdenken. Aber sie hatte eben auch Arbeit dort – und jetzt schon das dritte Kind, mit einem anderen. Wie die Zeit verging!

Etwas später stand Jens am Pissoir und nestelte an seinem Hosenknopf, doch das Ding wollte sich nicht öffnen lassen. Aber allzu weit mit dem Kopf nach vorne gehen, um zu sehen, was sich da unten verhakt hatte, das konnte er auch nicht … Er fürchtete zu stürzen. Ein Mann fällt nicht einfach um, ermahnte er sich. Also versuchte er es geduldig weiter. Er hatte ja Zeit. Diese Maja würde schon nicht weglaufen. Mit ihr konnte man wirklich reden … Nur nicht über Musik, sie stand auf Hip-Hop. Na ja, sie war ja auch noch jung, um die dreißig, schätzte er.

Wieso mochten die Leute eigentlich die Musik, die ihnen gerade gefiel? Diese Frage würde er ihr stellen. Mit den Weibern musste man immer quatschen; da standen sie drauf. Endlich gab der verdammte Knopf nach – und landete klirrend im Abfluss. Egal, nahm er eben das Jeanshemd aus der Hose.

Das Schwanken in seinem Kopf hatte mit der größeren Bewegungsfreiheit hier unten etwas nachgelassen. Er beschloss, weniger zu trinken und sich erst einmal ans Bier zu halten; die Nacht war noch jung, es war gerade einmal kurz nach drei … Schwungvoll unterstrich er sein Vorhaben mit kaltem Wasser, das er sich ausgiebig ins Gesicht schüttete. »Immer sauber bleiben«, kommentierte ein Typ in Lederjacke, der gerade hereinkam. Jens lachte.

Das Wasser benetzte sein Gesicht, glättete die Falten, das schummerige Licht tat ein Übriges: Dies hier unten war ein Jungbrunnen, wenn auch leider keiner mit bleibender Wirkung. Er strich sich durch das spärlicher gewordene, fast blonde Haar. Stahlblaue Augen blickten ihn forschend an, das Wasser perlte in seinem Bart.

Auf der Treppe empfing ihn treibender Swing, dazu Sprechgesang, irgendetwas mit einem Johnny. Inzwischen tanzten die meisten, wo sie gerade standen. Maja war umringt von einsamen Männern, der natürliche Mittelpunkt des Geschehens. Jens drängte sich durch und brüllte, als er nah genug dafür war, in den allgemeinen Lärm hinein: »Warum, glaubst du, stehen die Leute auf so unterschiedliche Musik?«

Verständnislosigkeit lag in ihrem Blick. »Weil sie ihnen gefällt?«

Sie wippte im Takt.

Da wollte Jens nicht so sein, er fasste sie von hinten an den Hüften, tanzte mit ihr. Er spürte ihren kleinen Hintern dicht vor sich, es erregte ihn. Als er ihr das sagte, sie auf den Hals küsste, die Hand auf ihrem Busen, lachte sie nur und schob die Hand weg. »Ich bin verheiratet, mein Mann holt mich gleich ab …« Sie tanzten weiter. Etwas später stand plötzlich ein ältlicher Typ bei ihr. Der klärte gleich die Fronten, legte ihr lässig den Arm um den Hals. Sie stellte ihn als Mike vor.

Wie sich herausstellte, kam Mike ursprünglich aus Jena und war keineswegs ihr Mann. Als gelernter Schlosser war es wohl auch nicht so einfach, derzeit schlug er sich als Wachmann bei einer Sicherheitsfirma durch. Jens klagte sein Leid über das hiesige Jobcenter und dazu wusste Mike auch die eine oder andere Begebenheit. »Drecksladen …«, waren sie sich einig. Vor allem gab Mike als Einstand gleich eine Runde Wodka aus; da konnte man nicht meckern! Sie waren bald ins Gespräch vertieft, sodass Jens kaum bemerkte, wie Maja irgendwo im Trubel verschwand.

»Da kannst du sagen, was du willst: So ein Risiko muss sich auch lohnen.« Es ging um das ganz große Ding. Den Jackpot: So viel Geld, dass man ausgesorgt hätte, nie mehr arbeiten musste. Und dann ab in den Süden … Das war eines von Jens' Lieblingsthemen. Er hatte gleich gemerkt, dass man mit Mike reden konnte. Der war richtig. Sie waren sich auch einig gewesen in ihrer Verachtung für all die Idioten, die jahrelange Haftstrafen riskierten für lächerliche Tankstellen- und Banküberfälle, wo, wenn es schlecht lief, gerade mal ein paar Tausender raussprangen – bei maximalem Risiko! Nein, so dumm durfte man nicht sein. Für das bisschen Geld lege ich mich nicht krumm, war seit jeher seine Devise. Aber drei Millionen aufwärts, da durfte man schon einmal ins Nachdenken kommen.

Da sie nicht das Glück hatten, Investmentbanker zu sein und sozusagen an der Quelle zu sitzen, blieb im Grunde nur die gute alte Erpressung. Jens fasste seine gelegentlichen Überlegungen, die sich größtenteils auf Fernsehkrimis und Aktenzeichen XY stützten, dahingehend zusammen, dass einfache Erpressungen den Entführungen immer vorzuziehen seien, denn die Entführungsopfer waren, wie man es auch anstellte, ein unkalkulierbares Risiko. Weiter führte er aus, dass der Knackpunkt die Geldübergabe sei, dann müsse man nur noch mit dem Ausgeben der Beute abwarten. »Ein, zwei Jahre mindestens. Und immer im Ausland.«

Mike pflichtete ihm bei: »Klar, wenn einer wie du oder ich von einem Tag auf den anderen nur so mit dem Geld um sich wirft, da kannst du dich gleich stellen.«

Er nippte an seinem Glas. AC/DC erklang, das lief ihm rein wie das Kristallweizen.

»Also, dreh es, wie du willst: Du kannst davon ausgehen, dass die Polizei immer eingeschaltet wird. Und dass die dich dann linken: Markierte Geldscheine, gespeicherte Seriennummern, Großeinsatz bei der Übergabe, Peilsender, Telefonüberwachung – das volle Programm! Im Grunde ist es wie bei der Musik: Du brauchst eine Idee, die neu ist, die sie so überrascht, dass der ganze Apparat ins Leere läuft.«

Mike prostete ihm zu. »Meine Worte! Aber hattest du jemals so eine Idee? Ich glaub, ich bin nicht clever genug für so etwas. Alle meine Ideen taugen nicht viel ...«

Jens verzog das Gesicht. »Das ist, weil du zu kompliziert denkst. Einfach muss das gehen, ganz einfach.«

»Ja, wie – einfach? Du bist gut! Du hast doch eben gesagt, wie kompliziert das alles ist!«

Jens machte eine abwinkende Geste. »Na ja, das ist wie beim Schach. Man muss die Züge des Gegners im Voraus berechnen und seine Schritte einkalkulieren. Und halt einige Grundregeln beachten. Also zum Beispiel: Das Opfer muss richtig gewählt sein: muss so viel Asche haben, dass drei Mille mehr oder weniger kaum ins Gewicht fallen. Und statt einer Entführung, wenn man nichts zum Erpressen weiß – und was sollten Leute wie du oder ich auch über die Geschäfte so eines Geldsacks wissen –, muss dann eben eine glaubhafte Drohung stehen. Ideal ist, wenn der Gute selbst nicht ganz koscher ist. Statt Bargeld fordere Diamanten oder etwas anderes in der Art, was nicht so leicht zu markieren ist, natürlich nur, wenn du echte Diamanten von Fälschungen unterscheiden kannst.« Er lachte laut.

»Dann die Übergabe: Ort und Zeitpunkt sind die entscheidenden Punkte! Es muss unmöglich sein, den Übergabeort zu überwachen; eine völlig verlassene Gegend ist ideal, wo auf Kilometer sowohl jeder Wagen sichtbar ist als auch ein Hubschrauber. Dazu muss der Fluchtweg für dich perfekt sein, ein Autobahnanschluss um die Ecke oder ein Bahnhof. Denn im Grunde sollte es mit der Kohle gleich direkt ins benachbarte Ausland gehen, wo schon alles vorbereitet ist: ein lange vorher geplanter Urlaub in den Vogesen oder in der Tschechei zum Beispiel, Hauptsache weg vom Geschehen. Von dort aus geht es weiter. Ach ja, die Überraschung – was, wenn du beispielsweise das Geld gar nicht gleich holst, sondern, sagen wir, einen Monat später erst? Wer rechnet denn damit? Schließlich musst du abwarten mit dem Ausgeben der ganzen Kohle, davon hatten wir es ja schon, am besten beginnst du damit erst irgendwo auf Kuba oder in Afrika …«

Jens schloss mit verträumtem Gesichtsausdruck: »Klar, ein Restrisiko bleibt immer. Aber du kannst morgen früh auch einfach tot sein, ohne gelebt zu haben!«

Mike starrte in sein Glas. »Also nimm es mir nicht krumm, aber das ist doch Geschwätz – wo ist denn da der Clou bei?«

Jens blieb unbeirrt. »Ich sagte doch: *einfach* denken!«

»Aber wie soll denn das funktionieren? Du bringst einen dazu, 'nen Haufen Geld irgendwo in den Wald zu legen, und da bleibt es dann liegen. Und dann spazierst du Wochen später hin, und natürlich liegt es da noch und du holst es dir einfach ab? Das klappt doch nie …«

Jens nahm einen tiefen Schluck, wischte sich genüsslich den Schaum ab und grinste fett: »Na, das Allerwichtigste habe ich dir ja auch noch nicht gesagt …«

Ein junger Mann mit modischem Vollbart und an den Seiten hoch rasiertem Haar, bestimmt ein Student, drängte sich von hinten dicht an sie heran. Wollte wohl ein Bier.

Oder hörte der etwa zu? Jens legte brüderlich seinen Arm um Mike und begann, ihm etwas ins Ohr zu sagen. Der vermeintliche Lauscher konnte nun sehen, wie die beiden in lautes Lachen ausbrachen und dann gar nicht mehr aufhörten, mit ihren Weizenbiergläsern anzustoßen. »Das ist gut, Mann – verdammt gut!«

»Sag ich doch, sag ich doch …!«

Als die beiden bei *Motörhead* laut mitzusingen begannen, beschloss der Junge wohl, seine Bestellung auf der anderen Seite der Bar aufzugeben, jedenfalls verzog sich das Bürschchen endlich.

Die Nacht verlor sich und mit ihr verloren sich ihre Gestalten. Mike war verschwunden, auch Maja wohl abgezogen – mit ihrem Mann? Den hätte er dann verpasst … Hätte ihn gern gesehen, den Glücklichen. Er brauchte frische Luft. Draußen war es schneidend kalt, und das tat gut, so gut! Jens lehnte sich schwer an eine Hauswand. Bald ließ er sich auf die steinerne Türschwelle eines Gründerzeitbaus hinabsinken und rauchte im Sitzen. 96 Bis ihm die Augenlider schwer wurden, starrte er so in die zeitlose Weite des Nachthimmels, und plötzlich stand wieder dieses Bild vor ihm; ein längst vergangener Moment ohne große Bedeutung, aber doch etwas, das ihn seit Jahren begleitete: Jens hockt auf einer alten, grasbedeckten Terrasse irgendwo im Vogtland, die vielleicht einmal ein Weinberg gewesen ist, die Sonne scheint und er spielt mit einem fingergroßen Stück Holz. Ins Tal schauend, schleudert er es, einem plötzlichen Impuls folgend, fort, als spiele er mit einem Hund. Der Ast trifft einen kahlen Kastanienbaum, der da gut acht Meter entfernt steht. Getroffen, denkt etwas in ihm. Das eigensinnige Holzstück prallt jedoch nicht vom Baum ab und fällt einfach zu Boden, wie es das, der Schwerkraft folgend, müsste, nein, es legt sich quer in eine Astgabelung in etwa drei Meter Höhe, wo es kurz schwankt und bald in perfektem Gleichgewicht ruht, als wolle es ein Schläfchen machen. Nie wäre es möglich gewesen, das Stückchen Holz absichtlich dort hinzuwerfen – selbst wenn er es eine Million Mal versucht hätte; leichter gewänne er im Lotto, als diesen Wurf zu wiederholen. Zweierlei ließ ihn bis heute daran denken: Das nicht zu Erhoffende gelang dann, wenn man es weder erträumte noch ersehnte. Und: Auch er konnte Außergewöhnliches schaffen. Es war ein gutes Omen: Er war im Grunde ein Gewinner!

Lautes Lachen riss ihn aus seinen Gedanken, irgendwelche Studenten auf dem Heimweg. Jens öffnete die Augen. Die Feuchtigkeit an seinem Hintern war unangenehm geworden, plötzlich spürte er die Kälte seine Beine emporkriechen und sehnte sich zurück nach der Wärme der Leiber in der Kneipe, nach Musik und einem neuen Drink. Er ging zurück. Der Laden war jetzt, gegen fünf, noch immer gut gefüllt, weil viele andere Lokalitäten der Innenstadt jetzt schlossen, und einer ging ja immer noch. Es wurde vermutlich noch eine legendäre Party (er erinnerte sich an nicht mehr allzu viel), die um 17 Uhr in Stetten im Remstal endete, wo er auf einer Holzbank auf irgendeinem gottverlassenen Parkplatz an einer Landesstraße mit Blick auf ein Nadelgehölz wieder zu sich kam. 97 Er hatte keine Ahnung, wie er hierhergekommen war, dunkel erinnerte er sich noch an einige Jungs, die echt gut drauf gewesen waren, an ihre Wohnung, ein ziemliches Loch, an den Wodka … Irgendwo war da auch noch das Bild des alten Audi, in dem in Dröhnlautstärke Helene Fischer gelaufen war, und dass sie alle mitgesungen hatten: »Atemlos ...« Aber das war vorher gewesen, vor der Wohnung. Wie war er dann hierhergekommen?

Er suchte mit klammen Fingern seine Taschen ab; den Wohnungsschlüssel und die Geldbörse hatte er noch bei sich, was ihn sogleich beruhigte. Deren Inhalt allerdings – losgezogen war er mit einem Fünfziger, seinem letzten für diesen Monat – war lächerlich: keine achtzig Cent. Egal, dachte er und hielt sich den Schädel, was er getrunken hatte, war sicher um einiges mehr wert gewesen als 50 Euro. Nur wie sollte er jetzt heimkommen?

*

Einige Wochen später war Jens auf dem Heimweg. Hinter ihm lag eine weitere lange Nacht. Der Morgen graute bereits und füllte die Straßen der Innenstadt mit sanftem Zwielicht. Schritt um Schritt mit Bedacht setzend, wankte er an den wenigen Frühaufstehern vorbei, die geschäftig hierhin und dorthin eilten. Kurz war er besessen von dem Gedanken, den Nesenbach zu suchen. **98** Vorhin hatte einer behauptet, das ganze Viertel sei untertunnelt, und darunter sei dieser Bach. Er hatte sogar Lieder darüber gekannt ... Jens fand nirgends Anzeichen eines Gewässers. So kehrte er auf seine übliche Strecke zurück, die ihn zum Glück nicht allzu lange durch das Schneetreiben führte: Am Eberhardtsplatz ging es vorbei, die Treppen hinab, und schon empfing ihn der Bahnsteig mit freundlicher Wärme. **99** Bald kam die U-Bahn. Von den Eindrücken der Nacht aufgekratzt, fuhr er Richtung Weilimdorf, einem Tag entgegen, den er im Bett zu verbringen gedachte. Vielleicht lag es auch an dem Marsch durch die Kälte, jedenfalls hatte eine eigenartige Wachheit von ihm

Besitz ergriffen. Statt sich wie gewöhnlich mittels der Ohrstöpsel von der Außenwelt abzuschotten, sah er sich um, als sei alles neu und von Interesse, was da vor seinen Augen vorüberglitt: Durch blühende Landschaften ging die Fahrt, die im harten Licht der ersten Sonne selbst Samstag früh so sehr nach Gewerbefleiß und Wohlstand aussahen, dass ihn die eigene, ewig währende Arbeitslosigkeit fast schon körperlich schmerzte. Gott wusste, Jens konnte anpacken! Aber ohne abgeschlossene Berufsausbildung, so hatte er es sich bis zum Erbrechen von irgendwelchen Lutschern auf dem Amt anhören müssen, gehe leider nichts mehr heutzutage. Dabei war es ein schlechter Witz, ihn mit irgendwelchen Hauptschulabbrechern aus dem Westen auf eine Stufe zu stellen, hatte man ihn doch 1986 wegen republikfeindlicher Umtriebe aus seinem Maschinenbaustudium exmatrikuliert. Er war ein politischer Fall, Opfer des DDR-Unrechtsstaats! Doch so etwas interessierte die satten Wessi-Bürokraten nicht. Nach der Wende hatte er sich als Lagerist und Staplerfahrer durchgeschlagen und lange Jahre ganz ordentlich verdient, doch anscheinend war er jetzt zu alt dafür.

Ruhelos streifte sein Blick durch das beinahe leere Abteil und blieb schließlich an der Schlagzeile einer liegen gebliebenen Ausgabe der Lokalzeitung hängen. Im Schlossgarten beim Planetarium hatte die Polizei in zwei Reisekoffern zwei nackte Leichen gefunden, aus denen das Blut troff. 100 Sachen gab es! Er griff nach dem Blatt und las zerstreut hier und da einige Sätze, die Buchstaben tanzten vor seinen Augen und kein Sinn stellte sich ihm ein – es war das Feuilleton –, bis er auf der Suche nach dem Sportteil plötzlich bei einem Artikel über einen Frankfurter Erpressungsfall hängenblieb. Eine spektakuläre Sache, von der die Presse anscheinend erst Wochen nach der Tat Wind bekommen hatte. Das Opfer hatte überlebt, allerdings fehlte von dem Geld jede Spur. Er gähnte, gleich darauf erstarrte er in seinem Sitz: Es war so gemacht worden, wie er es sich ausgedacht hatte. Exakt auf seine Art! Und die Täter waren auf und davon, mit zweieinhalb Millionen.

Seine erste Reaktion war Genugtuung: Hatte er nicht immer gewusst, dass die Sache klappen würde? Er riss die Seite mit dem Artikel ab und stopfte sie in seine Jackentasche. Jens, sagte er sich, da kann man mal sehen! Bereits vier Stationen weiter, in Neuwirtshaus, wo man überall um ihn zur Frühschicht eilte, kam er sich betrogen vor. [101] Wie immer, dachte er bitter und spürte erste Kopfschmerzen, ging er leer aus. Irgendwer hatte seine Idee geklaut! Aber wie war das möglich? Von seinen gelegentlichen Spinnereien hatte er doch niemandem erzählt … Es war schon auf den letzten Metern seines schier endlosen Fußmarsches vom Weilimdorfer Bahnhof in die heimische Torgauer Straße (wieso hatten diese Idioten den Bahnhof mitten ins Industriegebiet gelegt?), und der ewige Schneeregen hatte bereits wieder eingesetzt, da fiel ihm plötzlich die Nacht mit diesem Mike wieder ein. [102] So ein Sauhund, dachte er. Aber nicht mit mir! Nicht mit mir! Mit diesen Sätzen im Kopf nickte er ein, bäuchlings aufs Sofa gestreckt und noch im Wintermantel. Nur die nassen Stiefel abzustreifen, schaffte er noch.

Er erwachte mit leichten Kopfschmerzen, aber bester Laune. Zum improvisierten Katerfrühstück, einem Konterbier und Eiern mit Speck, las er wieder und wieder den Zeitungsartikel. Vieles verstand er erst jetzt richtig: Die mehrtägige Entführung des einunddreißigjährigen Frankfurter Fabrikantensohns Max G. hatte bereits vor über einem Monat in Sossenheim stattgefunden und war vor der Öffentlichkeit bis jetzt geheim gehalten worden. Die Geldübergabe sei in einem Waldstück bei Stuttgart über die Bühne gegangen, stand da! Jetzt war er sich vollends sicher, dass dieser Mike dahintersteckte.

Er wusste, was er zu tun hatte. Systematisch durchsuchte er all seine Jacken: Irgendwann einmal hatte Maja ihm ihre Handynummer gegeben, als sie auf Arbeit etwas von einer günstigen Einzimmerwohnung in der Innenstadt gehört hatte. In dieser denkwürdigen Nacht war Jens in Feierstimmung gewesen; er erinnerte sich noch gut, denn er hatte einigem Volk diverse Runden spendiert, was seinen ewigen Deckel bei Manni, dem Wirt, um ein Beträchtliches vergrößert hatte. Beim Inhaber des *Bartleby* hatte jeder Stammgast erst einmal Kredit, der 150 Kilo schwere Zweimetermann, eine lebende Legende der Stuttgarter Gastroszene, vergaß aber auch kein einziges offenes Getränk. Jens war in der Gewissheit so großzügig gewesen, endlich, endlich Arbeit zu haben – er war direkt vom ersten Vorstellungsgespräch seit Ewigkeiten ins *Bart* gegangen, von einer Unterredung mit einem freundlichen Herrn im Anzug, die seiner Ansicht nach blendend gelaufen war. Erst eine Woche später hatte er dann auf hartnäckige Nachfrage von einer Sekretärin erfahren, dass sie doch einen anderen eingestellt hatten. Weil er nun also doch nicht auf gediegene 1.000 netto im Monat hatte rechnen können, war ein Anruf bei Maja wegen der Wohnung überflüssig gewesen; weshalb hätte er sie belästigen sollen, wenn er die Miete sowieso nicht zahlen konnte? Trotzdem, der Zettel mit ihrer Handynummer musste noch irgendwo sein! Wer war er denn, die Nummer einer schönen Frau einfach wegzuwerfen?

Im Grunde, überlegte er, war nur recht und billig, was er tat: Bekam nicht selbst irgendein Trottel, der irgendwo über einen Geldkoffer stolperte, zehn Prozent Finderlohn, ganz legal? Stand ihm da, wo doch alles seine Idee war, nicht mindestens dasselbe zu? Mike würde schon zahlen, der sollte froh sein, wenn er so billig davonkam. Nur diese Telefonnummer musste er finden – er hatte den Mann ja nur dieses eine Mal gesehen, kannte nicht einmal dessen Nachnamen … Maja würde sicher mehr wissen, sie hatte Jens den Kerl schließlich vorgestellt! Doch ohne ihre Nummer war das Geld so fern wie die Sonne hinter dem ewigen Grau der Wolken. Bis er das Mädchen zufällig wiedertreffen würde, das konnte Monate dauern! Dann läge der Kerl längst in der Südsee am Strand herum. Doch das Glück schien Jens wieder verlassen zu haben: Auch in der letzten Jacke, die hinter den Stapel mit den Sweatern gefallen war, stieß er auf keinen Fetzen Papier.

Tatsächlich fand der sich, wenn auch Stunden später, in der Gesäßtasche einer Hose, die ziemlich weit unten in seiner Schmutzwäsche lag und irgendwie nach Erbrochenem stank. Maja hatte eine schöne Schrift. Jens sank erschöpft in den Berg aus Klamotten und diversem Schubladeninhalt, den er in seiner zunehmend manischen Suche aufgeschüttet hatte, und lächelte das nach Schnaps und altem Schweiß stinkende Stück Bierdeckel an wie den Schlüssel zum Paradies.

*

Mike sah aus dem Fenster. Von dem herrlichen Morgen mit den blauen Bäumen und dem Silberlicht, mit dem seine Nachtschicht geendet hatte, war nicht mehr viel geblieben;

er gähnte und dachte: Heute regnet es nur einmal. Er war müde und wollte schlafen, doch sein Darm rumorte. Mit der Zeitung verzog er sich aufs Klo und kämpfte mit seiner Verstopfung, als das Telefon klingelte. In dieser Lage, zusammengekrümmt, von Krämpfen geplagt, mit heruntergelassenen Hosen und bereit, sobald wie nur möglich endlich ins Bett zu gehen, wäre er niemals drangegangen, wenn das Gerät nicht auf dem Waschbecken gelegen hätte, wo er es anscheinend den Abend zuvor nach dem Bestellen einer Pizza liegen gelassen hatte.

Eine Männerstimme meldete sich, die er nicht einordnen konnte. Seltsamerweise begann sein Herz zu rasen: »Na, Mike, wie geht es dir? Kennst du mich noch, ich bin's, der Jens … Aus dem Bartleby! Ich hab deine Nummer von der Maja …«

Mike war sofort klar, was der Kerl wollte. Dennoch stellte er sich ahnungslos. »Nett, von dir zu hören! Wie läuft's denn so? Haste Arbeit?«

»Nein …«, klang es heiser in seinem Ohr. »Aber was viel Besseres: Ich kenn da einen, der ist überraschend zu Geld gekommen, zu viel Geld. Und der schuldet mir was, denn ich bin, na ja, sagen wir, nicht ganz unbeteiligt an dem guten Geschäft, das er die Tage gemacht hat. Da lässt sich mein Freund natürlich nicht lumpen: Zehn Prozent gehen an mich.«

Mike spürte, wie sich sein Darm noch mehr verkrampfte. Das Schweigen aus der Leitung war so laut, dass es in den Ohren schmerzte. Das war sein Blut, das da pochend zirkulierte. Schließlich sagte er gezwungen: »Das freut mich für dich.«

Der andere kam sich jetzt wohl vor wie ein großer Gangster, er sagte tatsächlich: »Nicht wahr? Und Zahltag ist schon sehr bald! Meine Nummer hast du jetzt ja. Mike, ich höre von dir!« Das großspurige Gehabe dieses elenden Säufers wäre einfach nur lächerlich gewesen, stünde die Sache nicht so verdammt ernst. Mike erwiderte nichts und legte auf.

Er ließ seinen Kopf nach hinten sacken. Alles geriet ins Tanzen, als seien das hier nicht solide Mauern aus Gips und Stein, ein glatt polierter Dielenboden und eine etwas schäbige Holztür, als träte plötzlich und schmerzhaft die wahre Natur der Dinge als Schwingung, als unüberschaubares Geflecht unsichtbarer Fäden diverser molekularer Kräfte, als ein Werden viel eher als ein Sein zutage; tückisch, täuschend, überall Fallstricke. Was sollte er denn jetzt tun? Max durfte er jedenfalls nicht informieren. Kein Kontakt, das war das Wichtigste überhaupt. Allerdings, war das nicht eine neue Lage? Sie hatten an alles gedacht, aber den Idioten hatte er ganz vergessen. Das durfte doch nicht wahr sein!

Bisher war alles so glatt gelaufen ... Mike hatte nicht viel an Gerät oder Vorbereitung benötigt; das war das Geniale an der Idee gewesen. Im Grunde ging es die ganze Zeit nur darum, keine Spuren zu hinterlassen. Das Erste, was er gebraucht hatte, war eine falsche Internetadresse, die stellte ihm Max, der Leute kannte, die sich mit so etwas auskannten. Dann half ihm der Hund – das Einzige, was Mike an der ursprünglichen Idee verändert hatte, denn der bot bei Vorbereitung und Durchführung der Aktion eine perfekte Tarnung. Das Gelände war seine übliche Spaziergangsrunde, das Ganze also eine Art Heimspiel.

Die Sprachsoftware gab es als Freeware. Praktische Sache: Man tippte etwas Text ein und eine Computerstimme sprach das dann nach. Funktionierte auf Englisch recht gut, auf Deutsch klang es zwar gewöhnungsbedürftig, aber er hatte ja auch nur einige knappe Anweisungen zu geben.

Das Programm bot sechs verschiedene Stimmen, Mike entschied sich für eine Frauenstimme, die provozierend arrogant klang. Kaum zu glauben, dass in Fernsehkrimis noch immer welche mit altmodischen Stimmverzerrern arbeiteten! Dann die beiden Funkhandys, so etwas gab es gebraucht für um 25 Euro bei Ebay. Mit der falschen E-Mail-Adresse hatte er dort ein Konto eröffnet und testweise einige Kleinigkeiten gekauft, die er sich an die Packstation um die Ecke senden ließ. Sehr praktisch, so etwas, und so schön anonym! Mit den Dingern hatte er schon beim ersten Kauf Glück: Der *Stabo freecomm 650 PMR-Funkgerät-Set* versprach 8 Kilometer Reichweite, was hieß, dass auf zwei oder drei Kilometer Entfernung eine perfekte Verbindung zustande kam, egal, wo man sich befand; das hatte er ausprobiert. Dann brauchte er eigentlich nur noch an die Handschuhe beim Versand des Funkgeräts zu denken. Den Text der Erpressermail und das Beweisfoto hatte er von Max bekommen. In der Mail stand im Grunde nur das Übliche: Keine Polizei, sonst sei der Entführte tot. Natürlich die Summe – zweieinhalb Millionen, im Alukoffer. Keine Sperenzchen mit markierten Scheinen, Falschgeld, Funksendern etc.

Selbstverständlich war klar, dass sie all diese Tricks und womöglich noch einige mehr versuchen würden, nur das Geld würde echt sein. Erst zwei Stunden nach erfolgreicher Übergabe erhalte man von der Geisel Nachricht: Darüber gebe es keine Diskussionen; Zeitungspapier oder Ähnliches anstelle des Geldes zu liefern, sei im Hinblick auf deren Gesundheit keine gute Idee … Schließlich stand in der Mail noch die Abfahrtszeit des ICE Richtung Nürnberg (über Stuttgart), Abfahrt 11.55 Uhr vom Frankfurter Hauptbahnhof, in den der Überbringer mit gut sichtbarem Alukoffer in der Hand und in einem hellen Trenchcoat einsteigen sollte – ein Ablenkungsmanöver. Er verschickte diese Mail einen Tag vorher an die allgemeine Firmenadresse.

Das Foto war allerdings großartig. Mike hatte keine Ahnung, wie Max das hinbekommen hatte, aber der Bunker, in dem er saß, das fettige Haar, das verschwitzte Gesicht, die blutunterlaufenen Augen, die schauerlichen Wunden im Gesicht, als habe man auf seinen Wangen Zigaretten ausgedrückt, selbst das Metallbett, an das er gekettet war, die Pfützen auf dem Boden – all das sah derart perfekt aus, dass man wirklich nur staunen konnte.

Am zweiten Tag war dann das Soundfile gekommen, das sogenannte Lebenszeichen – Max' krächzende Stimme und im Hintergrund, gut vernehmbar, die Abendnachrichten des Tages auf HR 1. Mike sandte es sofort ab, danach löschte er auch diese Mail, wie er es mit allem getan hatte, was er je von Max bekommen hatte. Dann formatierte er die Festplatte des alten Laptops neu, auch von Ebay, hatte hundert Euro gekostet.

Weiteren Kontakt zwischen ihm und den Eltern des vermeintlichen Entführungsopfers respektive der Polizei gab es keinen. Mike musste zugeben, dieser versoffene Idiot hatte einfach an alles gedacht: Tatsächlich war im Internet zu finden, in welchen Zügen es bis heute keine Klimaanlage gab (sodass noch die Fenster zu öffnen waren). Das war schließlich das Einzige, worauf es ankam.

Am Tag X war alles nur eine Frage des Timings. Mike hatte sich um die Geldübergabe zu kümmern, alles, was die vermeintliche Entführung und den Kontakt mit der Polizei sowie die notwendige schauspielerische Leistung betraf, war Sache von Max, seinem Auftraggeber. Mit dem hatte er zuvor einen exakten Zeitplan erarbeitet, was am Tag X zu welcher Zeit wo geschehen würde – in dessen Zuhause, bei dem Beamten auf dem Bahnhof und dem im Zug, der die Übergabe durchführte, bei den ihn sicher begleitenden Undercover-Polizisten, in der Einsatzzentrale der SOKO … Sie gingen vom größtmöglichen Aufwand aus, einschließlich des Einsatzes von Hubschraubern. An alles war gedacht und es klappte fast zu leicht.

Mike hatte eigentlich nur wochenlang immer um die Mittagszeit die Strecke an der Rems entlang, gelegen zwischen Remshalden und Schorndorf, mit dem Hund zu laufen brauchen; er achtete darauf, mit den anderen Hundehaltern ins Gespräch zu kommen. 103 Er hatte indes auf den ICE aus Stuttgart geachtet, der den Tunnel, um den es ging, in der Regel um 13.30 Uhr (plus ab und an eine kurze Verspätung) passierte. In der Nacht vor Tag X war er auch dort zugegen gewesen und hatte im Wald etwa fünfzig Meter hinter dem Tunnelausgang gut fünfzehn Meter unterhalb der Schienen ein Loch gegraben, in dem er einen Plastikkoffer und die Schaufel verbarg und das er dann provisorisch mit ein paar Zweigen abdeckte. Die ganze Aktion sollte, erfolgreich oder nicht, in fünf Minuten geschafft sein.

Am Tag X machte er sich um 12.45 auf seinen üblichen Spaziergang, im Wald war es um diese Zeit sehr ruhig, ab und an eine Nordic-Walking-Mutti oder ein anderer Hundehalter, die er freundlich grüßte. Um 13.26 nahm er mit seinem Funkgerät Kontakt auf. Er wusste damit auch gleich: Sollte schon auf den ersten Versuch ein Empfang zustande kommen, hätte der Zug keine Verspätung.

Eine Männerstimme meldete sich, bester Empfang. Nun brauchte er nur das Handy an die Sprechmuschel zu halten, welches mehrfach die einfache Botschaft wiederholte, dass am Ende des nächsten Tunnels der Koffer aus dem Fenster zu werfen sei. Mike sah sich immer wieder nervös um, dabei war vollkommen ausgeschlossen, dass irgendwo Polizei wäre. Denn unmöglich hatten sie die gesamte Strecke von Frankfurt bis hierher absichern können, und selbst wenn da ein Hubschrauber gewesen wäre – Mike hörte keinen –, der Wald hier um seinen Beobachtungsposten war viel zu dicht, um aus der Luft allzu viel zu offenbaren. Er hockte auf seinem Jägerstand und beobachtete den Ausgang des Tunnels. Die Handschuhe hatte er bereits an, der Hund wartete unten; gelangweilt kaute er auf seinem Ball herum. Das Aufblitzen des aus dem Fenster fliegenden Alukoffers wäre in der Mittagssonne auch ohne Fernglas zu sehen gewesen. Mike peilte die Strecke, links von ihm, ungefähr 80 Meter hangaufwärts, musste das Geld liegen. Von dort waren es keine 100 Meter bis zu dem vorbereiteten Loch, das ihm als Safe dienen würde. Wie erwartet zog niemand die Notbremse und keine Hundertschaft Polizei stürmte aus dem Zug. Es ging los! Dem Kerl aus der Kneipe gebührte wirklich Dank, so gut klappte alles.

Er eilte mit dem Hund nach oben, wobei er weiter auf Fluggeräte achtete. Den Koffer entdeckte er schnell und packte das Geld rasch in einige Plastiktüten. Das leere Gepäckstück, in dem er einen Peilsender vermutete, ließ er an Ort und Stelle liegen, nicht ohne es kräftig mit Pfefferspray einzusprühen, falls sie Hunde einsetzen würden. Die beiden prall gefüllten Lidl-Tüten schleppte er nun zu dem vorbereiteten Aushub. Nachdem er das Geld in der imprägnierten Plastiktasche verstaut hatte, vergrub er diese.

Kurz bevor das Loch verschwunden war, legte er auch die kleine Schaufel hinein und machte sich an die Feinarbeiten. Als der Waldboden wieder völlig unberührt aussah, schoss er einige Fotos, um die ohnehin markierte Stelle auf jeden Fall wiederzuerkennen. Alles hatte weniger als fünf Minuten gedauert. Erleichtert griff er nach dem Hundeball und warf ihn den Hang hinab; Gustav raste los und Mike hinterher, ungeheuer erleichtert. Denn schon als sie wieder auf dem Spazierweg waren, fühlte er sich völlig sicher: Sie hatten es geschafft!

Zum verabredeten Zeitpunkt, vier Wochen nach Tag X, holte er das Geld, entnahm seinen Anteil – 80.000 Euro – und übergab den Rest wie verabredet auf einer Raststätte an der A 8 seinem Auftraggeber, dem vermeintlichen Entführungsopfer. Max fuhr mit dem Geld wahrscheinlich gleich weiter in die Schweiz oder nach Liechtenstein … Sie verabschiedeten sich mit einer kurzen Umarmung. Es war eine ausgemachte Sache, dass sie einander nie wiedersehen würden.

Um ehrlich zu sein, hatte Mike kurz nach dem Gelingen der Geldübergabe mit dem Gedanken gespielt, auch beim Rest so zu verfahren, wie der ursprüngliche Plan des Kerls aus der Kneipe es vorsah, doch Afrika oder Kuba, das war nichts für ihn. Dass dann so gar nichts von der Sache irgendwo in den Zeitungen stand oder im Fernsehen kam, machte Mike zusätzlich vorsichtig: Lange war unklar, ob die Polizei Max nicht doch im Verdacht hatte. Nicht zuletzt war mit dem nicht zu spaßen, das hatte er schon in Frankfurt gemerkt, wo Mikes Werkschutzfirma ihren Stammsitz hatte und wohin vierteljahresweise ab und an auch Mitarbeiter aus der Stuttgarter Niederlassung ohne Familienanschluss geschickt wurden, Leute wie er.

Das Weltunternehmen *Guenther Gesundheitstechnologien* war der wichtigste Kunde von Mikes Firma, und dort, auf einer seiner täglichen Abendrunden um das Werksgelände, war er mit dem Sohn des Hauses ins Gespräch gekommen. Der besaß eine junge Dobermannhündin, die es Gustav sofort angetan hatte. Natürlich hatte er da noch nicht gewusst, dass der lässige Typ mit dem langen, schwarz gefärbten Haar, den riesigen braunen Ohrringen, die wie bei Angehörigen irgendeines Naturvolks tief in die Ohrläppchen eingewachsen waren und diese zu mächtiger Größe ausdehnten, dass dieser zierliche, so feminin wirkende Junge mit den vielen Tätowierungen der jüngste Sohn des steifen Fabrikanten Alfred Guenther war, den er aus dem Fernsehen kannte. Sie hatten über Hunde gesprochen.

Wie es sich herausstellte, studierte Max, anscheinend so etwas wie das schwarze Schaf der Familie, in München Film, und für ein aktuelles Projekt hatte er sich in den Kopf gesetzt, mit zwei Dobermannhunden die »Jungs« aus einer bekannten US-Krimiserie der 1980er aufleben zu lassen. Wenn Mike einverstanden sei, könne er dafür sorgen, dass er für die Dreharbeiten bezahlten Urlaub bekäme, hatte Max sich schließlich als Sohn des Fabrikeigners zu erkennen gegeben. Das hatte Mike sich nicht zweimal sagen lassen, und während des zweiwöchigen Drehs hatte er manchen Abend mit seinem Auftraggeber, den Schauspielern und den anderen Filmstudenten in irgendwelchen Münchner Bars verbracht. Dabei hatte sich schnell gezeigt, dass man mit Max reden konnte, im Gegensatz zu den anderen, für Mike allesamt verwöhnte junge Schnösel. An einem Abend ging es um das perfekte Verbrechen, und Mike hatte die Schote seiner Stuttgarter Kneipenbekanntschaft aufgebracht, um inmitten all dieser Intellektuellen nicht immer nur schweigend in sein Bierglas zu starren. Als Max, der ihn inzwischen wegen seines erfolgreichen Trainings mit den beiden Dobermännern seinen »Hundeflüsterer« nannte, ihm dann einige Wochen später das Angebot gemacht hatte, den Entführungsplan in die Tat umzusetzen, war das fast wie unter Freunden geschehen. Mike hatte sofort zugesagt, denn so eine Chance bekam einer wie er nur einmal im Leben.

Dabei war ihm nicht entgangen, wie kaltblütig sich Max an die Vorbereitungen gemacht hatte. Hinter dessen weicher Schale verbarg sich ein harter Kern. Wie alle notorischen Kokser war der Unternehmersohn in sich selbst ebenso verliebt wie in das Risiko; diese Sorte spielte immer va banque! Mike hatte sich gehütet, ihn zu fragen, ob er seinen Vater hintergehen wollte oder ob die Familie womöglich in die ganze Sache eingeweiht war. Das ging ihn nichts an. Wichtig war ihm nur, und darauf achtete er selbst die ganze Zeit penibel, dass ihm zu keinem Zeitpunkt, mit Ausnahme der kurzen Fahrt vom Wald zur Raststätte mit dem Geld im Auto – ein überschaubares Risiko –, auch nur die geringste Beteiligung an irgendetwas Strafbarem nachzuweisen gewesen wäre. In zahlreichen Dialogen mit imaginären, ihn verhörenden Polizisten gelang ihm stets mühelos, alles zu widerlegen, was gegen ihn vorgebracht werden könnte. Zur Not hätte er ihnen bewiesen, dass ein Mike Zimmermann überhaupt nicht existierte, so sicher hatte er sich gefühlt. Und jetzt das! Jetzt gab es einen Mitwisser. Das war Mist. Großer Mist. Wie unter Zwang sah er erst einmal nach dem Geld, das er wenig originell unter den Socken in seinem Kleiderschrank deponiert hatte. Das musste als Erstes weg!

Nach einigen Stunden Schlaf, es war inzwischen gegen 15.00 Uhr, sah die Welt schon wieder anders aus. Gustav wartete unruhig auf die kleine Runde um den Block, zumal der Hund Zugluft hasste und Mike das Fenster geöffnet hatte. Die regenfeuchte Nachmittagsluft füllte das Zimmer mit einem modrigen Hauch; über Nacht war es frühlingshaft warm geworden. Mikes Blick fiel auf das Geld, das vor ihm auf dem Tisch lag, und fragte sich, woher am Morgen plötzlich diese lautlose Angst gekommen war. Er wusste jetzt, was zu tun war. Zahlen konnte er nicht, denn er hatte keine 250 000, und so einer würde es immer weiter versuchen. Der dachte ja, er hätte die Sache alleine gemacht und säße hier auf den Millionen! Überhaupt sah er es nicht ein, diesem vertratschten Typen gegenüber irgendetwas Strafbares zuzugeben. Mit wie vielen Leuten hatte so einer über seine abstrusen Ideen gesprochen – mit Dutzenden bestimmt! Der konnte gar nicht sicher wissen, dass Mike etwas mit der Sache zu tun hatte, von der er bestimmt nur aus dem Fernsehen wusste. Und was das Wichtigste war: Der andere hatte nicht einmal seinen Nachnamen, auch Maja kannte den nicht, geschweige denn seine Adresse. Und Wachdienste gab es in Stuttgart viele. Außerdem, Mike war seinerzeit in der DDR bei jungen Eltern ein sehr populärer Name gewesen …

Kurz, all das legte nahe zu tun, was er seinem Auftraggeber ohnehin hatte versprechen müssen: Er würde abtauchen, also zurück nach Jena gehen. Was hielt ihn hier schon? Sicher war es dort in seinem Alter viel schwerer, irgendwo unterzukommen, aber zur Not musste er eben selbst etwas auf die Beine stellen, etwas Startkapital hatte er jetzt ja. Außerdem bekam er dort für das Geld, welches das Loch hier kostete, eine voll sanierte Dreizimmerwohnung in bester Innenstadtlage. Und fürs Erste konnte er bei seinem Bruder wohnen, der wäre, nachdem Annika jetzt endgültig weg war, wahrscheinlich sogar noch froh um etwas Gesellschaft. Endlich wieder die Heimspiele von Carl-Zeiss sehen, darauf hatte er richtig Bock! Er tätschelte Gustavs Kopf und sagte: »Bald geht es zurück in die Heimat, alte Socke …«

Noch vor der Nachtschicht hatte Mike gepackt. Was er mitnehmen würde, lag im Flur; es war lächerlich wenig nach fünf Jahren. Er tippte noch rasch eine Kündigung der Wohnung und überschlug, dass die drei ausstehenden Mieten durch die Kaution gedeckt waren. Dem Chef würde er nachher gleich persönlich Bescheid sagen, der kam ursprünglich aus Dresden und würde ihn verstehen. Langsam entnahm er seinem Handy die SIM-Karte und zerbrach sie – eine neue Telefonnummer hatte er bereits beantragt. »Tschüss, Jens«, lächelte er, als er das bisschen Plastik in den Abfalleimer warf.

*

Die monotone Stimme sagte nach wie vor ihr Sprüchlein auf, von wegen: »Der gewünschte Teilnehmer ist momentan leider nicht erreichbar.« War also einfach abgehauen, der Kerl! Und Maja kannte nicht einmal den Nachnamen! »Was willst du denn dauernd mit dem?«, hatte sie am Schluss gefragt, und es hatte geklungen wie: »Ruf mich bloß nicht mehr an!«

Eine Woche hatte Jens diesem Kerl Zeit gegeben. Als er dann immer noch nichts von ihm gehört hatte, wusste er sicher: Der hatte tatsächlich mit der Sache zu tun – wenn es ein falscher Verdacht gewesen wäre, hätte er ganz anders reagiert, empört oder eher noch belustigt … Jens kannte seine Pappenheimer!

Das war die gute Nachricht. Die schlechte war, dass Mike jetzt abgetaucht war. Und genau wusste, dass Jens mit dem bisschen, das er wusste, schwerlich zur Polizei gehen konnte – zumal er ja kein Verbrechen aufklären, sondern nur seinen gerechten Anteil haben wollte.

Immerhin zwei Dinge hatte der neuerliche Anruf bei Maja gebracht: Mike war tatsächlich nicht mehr in Stuttgart; er hatte seinen Job gekündigt, was wiederum Maja nicht verstehen konnte: »Kehrer ist so eine gute Firma, das war eine gute Arbeit!« Diese Russenweiber, alle gleich: immer hinterm Geld her. Und doch war er ihr dankbar: Denn diese Information, dass der Kerl bei Kehrer gearbeitet hatte, die hatte sich als verdammt nützlich erwiesen.

Jens war nämlich nach seinem ersten Anruf bei Mike in die Stadtbibliothek gefahren. Etwas mehr zu wissen, konnte nie schaden! In dem protzigen Neubau am Mailänder Platz hatte er sich alles besorgt, was über den Frankfurter Entführungsfall zu bekommen war. Man konnte sich da sogar Laptops leihen und ins Internet gehen, was ihn normalerweise nicht interessierte, da er in seiner Bude nicht einmal einen Festnetzanschluss besaß; so etwas gab die Stütze nicht her. Er fand ohnehin, dass dieses ganze neumodische Zeug überschätzt war, ein Fernseher reichte doch völlig. Aber besondere Lagen erforderten eben besondere Maßnahmen, zur Not sogar, eine Bibliothek zu betreten.

Die Ausdrucke, die er vorige Woche mitgebracht hatte, lagen nun sauber geordnet auf dem Küchentisch. Ihre Reihenfolge zeichnete den Gang seiner Überlegungen nach. Obenauf befanden sich zwei Firmenseiten und ein Zeitungsausschnitt. Auf der Seite der *Wachschutz Kehrer*

GmbH, die seit 1991 in Stuttgart tätig war, stand: ›Ein hochmodernes Security-Unternehmen, welches sich zum Ziel gesetzt hat, Sicherheitsleistungen auf höchstem Niveau im Personenschutz, Objektschutz und Eventschutz anzubieten.‹ Zu ihren größten Kunden gehörte, war da weiter zu lesen, die Guenther AG, ein Orthopädie- und Sanitätstechnikkonzern mit Stammsitz in Frankfurt am Main. Das war der Grund, weshalb Majas Hinweis auf Mikes Arbeitgeber jetzt, nachdem der untergetaucht war, so wichtig war: Diese Verbindung zu Guenther war ja wohl mehr als nur ein interessanter Zufall.

Doch es kam noch besser! Gleich darunter lag die Seite eines Versicherungsunternehmens, auf der stand: ›Eine Versicherung gegen Entführung und Erpressung (Kidnap & Ransom) schützt nicht nur gegen den finanziellen Schaden, sondern bietet zudem auch Leistungen von weltweit führenden Beratungsunternehmen im Bereich Krisenmanagement und Sicherheit. **Was ist ein Versicherungsfall?** Entführung: Das Ergreifen oder Festhalten einer versicherten Person zum Zwecke der Lösegeldforderung. Erpressung: Lösegeldforderungen, verbunden mit der Drohung, Personen zu töten oder zu verletzen, Sachen zu beschädigen, Produkte zu kontaminieren, Betriebsgeheimnisse oder private Informationen zu enthüllen oder Daten durch Computerviren zu zerstören.‹

Das dritte Blatt war eine Kopie einer Kurzmeldung aus dem gestrigen Wirtschaftsteil der *Stuttgarter Nachrichten*: »Das Traditionsunternehmen Guenther mit Sitz in Frankfurt am Main, eines der weltweit führenden Unternehmen im Bereich der Orthopädie- und Sanitätstechnik, dementierte gestern nachdrücklich Gerüchte über angebliche Liquiditätsprobleme. Der überraschende Führungswechsel sei aus gesundheitlichen Gründen erfolgt. Das Unternehmen stehe trotz Krise glänzend da, und die Erwartungen für das vierte Quartal seien, so die Pressemitteilung, ›angesichts der anziehenden Konjunktur ebenso positiv wie – im Hinblick auf die alternde Gesellschaft – die Position des Unternehmens auf einem *der* Wachstumsmärkte der Zukunft mehr als nur gefestigt' sei.‹

Jetzt erst verstand Jens die ganze Geschichte. Im Grunde war von Anfang an klar gewesen: Mike konnte schwerlich – alleine – in Frankfurt einen Unternehmersohn entführen und gleichzeitig in Stuttgart eine erfolgreiche Geldübergabe durchziehen. Und viel wahrscheinlicher, als dass irgendein unbekannter Entführer ausgerechnet mit diesem Mike zusammenarbeitete, war eine Scheinentführung, zumal es da den Kontakt gab, ganz offensichtlich gab, wie da schwarz auf weiß stand: der zwischen Mikes Firma und dieser Familie Guenther. Die ganze Sache stank ganz schlicht zum Himmel!

Jens sah aus dem Fenster seiner Erdgeschosswohnung hinaus in den Sturm. Es regnete sich schon wieder ein. So muss man sein, wie dieser Regen, dachte er, wenn man es zu etwas bringen will: dem Leben und seinen Schlägen gegenüber vollständig gleichgültig. Oder noch einfacher: selbst zuschlagen, statt geschlagen zu werden. Er lachte in sich hinein. Nein, die Dinge standen gar nicht so schlecht, es hatte nur ein paar Informationen und ein wenig Nachdenkens gebraucht.

Wieder schwappte eine Welle ungeahnter Euphorie durch seine Adern, das wurde langsam zum Dauerzustand. Was konnte er verlieren, wenn er da ein wenig herumbohrte? Und wie eine erfolgreiche Geldübergabe lief, da konnte ihm keiner etwas vormachen, zumal dieses Mal sicher keine Polizei mit im Spiel sein würde. Und falls er sich täuschte, würden solche Leute eben einfach nicht reagieren ... Da war kein Risiko, freie Fahrt zum großen Geld!

Draußen lockte die Nacht. Der Garten war klein und schäbig, eine einzige Lampe tauchte das verwesende Laub und die Abfalleimer in fahles Gelb, wenn im Hof eine Katze umherstreunte oder ein Spätheimkehrer aus der Stadt nach Hause wankte. Doch außer ihm selbst gab es in dieser Langweilergegend keine solchen, und er hatte die letzten Tage keinen Tropfen angerührt. Das hatte seinen Grund: Einiges würde jetzt anders werden. Sein Leben hatte gerade erst begonnen!

Manche Bilder, die tiefen, das war ihm klar, verfügten über so etwas wie ein Eigenleben. Unauslöschlich in uns, verwandelten sie sich doch mit der Zeit wie etwas Lebendiges, wurden reifer und milder oder härter und brutaler, und dadurch veränderten sie uns. So stand diese Tage fast dauernd das Bild des in der Astgabel liegenden Stocks vor seinem inneren Auge, das ihm ein Sinnbild dafür zu sein schien, dass man eine einmalige Chance ergreifen musste, statt immer zu denken, es sei unmöglich, so viel Glück auf einmal zu haben.

Dieser Mike würde ihm das nicht vermiesen, da kannte er Jens schlecht! »... Arsch lecken!«, murmelte er vor sich hin. Ich krieg mein Geld, das wirst du schon noch sehen! Er ging wieder zurück zu seinem Tisch, wo er weiter an dem Schreiben an Herrn Dr. h. c. Alfred W. Guenther feilte. Am Ende entschied er sich für die knappste aller denkbaren Varianten: »Ich weiß alles. Ich denke, mein Schweigen sollte Ihnen 250 000 wert sein. Übergabe wie beim letzten Mal. Deponieren Sie das Geld in einem sturzsicheren Aluminiumkoffer. Details zur Abfahrt des richtigen ICE erfahren Sie per Telefon. Stellen Sie sicher, dass am kommenden Donnerstag gegen 9 Uhr ein Anrufer, der Sie wegen *Greta* sprechen möchte, direkt zu Ihnen durchgestellt wird und dass ein Bote mit dem Geld bereitsteht. Der Bote sollte an diesem Tag nichts anderes mehr vorhaben …« Jens grinste. Er legte dem Schreiben einen Zeitungsausschnitt über den Entführungsfall bei. Nicht einmal auf Fingerabdrücke brauchte er zu achten.

*

Alfred W. Guenther stand am Fenster seines Büros und blickte düster auf sein Lebenswerk. Grau in grau lag das Werksgelände zu seinen Füßen. Der Neubau gegenüber, wo das Marketing und die Entwicklungsabteilung noch fast komplett erleuchtet waren, hatte seiner luftigen Konstruktion wegen einen Architekturpreis gewonnen, doch selbst sein repräsentatives Oval aus Stahl und Glas wirkte heute trist.

Die Kommandozentrale, das Herz des Unternehmens, hatte Guenther im schmucklosen Fünfziger-Jahre-Bau hier drüben belassen, ein quaderförmiger Turm aus Spannbeton. Schräg fiel der Regen im Tosen des Winds gegen die Scheibe; auf dem menschenleeren Hof befanden sich lediglich zwei LKWs, die so verlassen aussahen, als habe man sie beim Weltuntergang vergessen. Ja, dieser Februarnachmittag hatte etwas entschieden Trostloses! Und im Winter des Lebens befand auch er sich, der all dies aufgebaut hatte. Eigentlich hatte er schon vor Jahren die Leitung des Unternehmens seinem Ältesten übertragen, der mit Prädikatsnote seinen MBA an der *London School of*

Economics gemacht und sich dann im operativen Geschäft bestens bewährt hatte. Und jetzt stand Alfred mit über achtzig wieder auf der Kommandobrücke, reichlich einsam, denn das Traditionsunternehmen segelte nicht mehr hart am Wind, wie er es Gernot vor zwölf Jahren hinterlassen hatte, sondern stand kurz vor dem Kentern. Die einzige Chance, die noch bestand, lag ironischerweise darin, dass niemand da draußen davon wusste.

Auf dem Schreibtisch lag der Brief, der Guenthers trübsinnigen Betrachtungen ihren aktuellen Anlass geliefert hatte. Mit seinem speckigen Karopapier hob er sich bereits auf den ersten Blick von den ihn umgebenden Unterlagen ab. Schon wieder eine Komplikation in dieser leidigen Angelegenheit!

Allerdings musste er anerkennen, dass Max die Situation bisher hervorragend gemeistert hatte. Vor allem war es klug gewesen, Freya und Robert nichts zu sagen. Mit seiner ewigen Hysterie hatte der alle verrückt gemacht, sodass die vermeintliche Entführung den Polizisten im Haus vollständig glaubwürdig erschienen war. So war der Kerl doch noch einmal zu etwas gut gewesen! Alfred hatte nie verstanden, was sein Junge an dieser ordinären Person fand. Schon die Neigung seines Jüngsten war ihm suspekt. Man durfte es heutzutage ja nicht mehr laut sagen, und Freya hätte ihn schlicht unverbesserlich genannt, aber Mann und Mann, das blieb für Alfred Guenther wider die Natur – »eingetragene Lebenspartnerschaft« hin oder her.

Gut, Max war ihm immer ein wenig fremd geblieben. Sicher lag das auch am Altersunterschied; als seine zweite Frau überraschend schwanger geworden war, hatte Alfred bereits seinen Fünfzigsten gefeiert gehabt. Gernot hingegen, auf dem Erstgeborenen hatten all die Jahre seine ganzen Hoffnungen gelegen! Berechtigte Hoffnungen, wie es lange schien. Und dann ließ der Junge sich auf so einen Irrsinn ein! Alfreds Herzschlag beschleunigte sich, wenn er nur daran dachte.

Und zu allem Überfluss ging es auch noch ausgerechnet um die SaniTech, diese neureichen Emporkömmlinge! Das erst in den frühen achtziger Jahren gegründete Unternehmen mit Sitz in Basel war inzwischen unbestrittener Weltmarktführer im Bereich Orthopädie- und Rehatechnik, der größte Konkurrent der Guenthers. Inzwischen waren die Schweizer weit größer, die AG besaß einen Marktwert von fast einer Milliarde Euro. Vermutlich durch skrupellose britische Investmentbanker verführt, ehemalige Londoner Kommilitonen, war Gernot letztes Jahr auf die größenwahnsinnige Idee verfallen, die Guenther AG solle die SaniTech übernehmen – das war, wie wenn der Schwanz mit dem Hund wedeln wollte.

Ohne irgendwem in der Familie ein Sterbenswörtchen zu sagen (es war ihm zweifellos klar gewesen, was Freya und er dazu gesagt hätten), hatte Gernot die heiligen stillen Reserven des Unternehmens dazu verwendet, sich an dubiosen Börsengeschäften einiger Hedgefonds zu beteiligen. Dabei waren diese in sicheren Aktien angelegten gut 150 Millionen ihm stets unantastbar gewesen, über all die Jahre ihr größter Trumpf in den Unbilden des Marktgeschehens (»andere Unternehmen sind verschuldet bis unters Dach, wir haben fast 150 Millionen Eigenkapital in der Hinterhand«, lautete Alfreds Credo).

Überhaupt, was für ein Geschäftsgebaren! Früher hatte man, wenn überhaupt, Aktien gekauft, um am Wertzuwachs eines Unternehmens, auf das man vertraute, beteiligt zu sein. Heute wurde an den Börsen gezockt wie im

Spielcasino. Über den Erwerb von kurzfristigen Verkaufsoptionen in Massen mit geliehenem Geld, also dem Recht, zu einem festgesetzten Termin Aktien aus seinem Portfolio zu einem bereits vorab vereinbarten Preis zu verkaufen (der nach der Lehmann-Pleite durchweg deutlich über den auf breiter Front eingebrochenen Kurswerten lag), war es Gernot in relativ kurzer Zeit gelungen, das Firmenkapital deutlich zu vermehren.

Mitte Oktober 2008 waren die Absatzzahlen der SaniTech AG eingebrochen. Es war klar, dass deren ohnehin überbewertete Aktie kräftig fallen würde. Gernot und seine Hedgefonds-Freunde hatten in dieser Lage begonnen, im großen Stil auf Kursverluste des Basler Unternehmens zu spekulieren. Diese setzten bald mit Macht ein: Kurzzeitig betrug der Börsenwert der SaniTech AG umgerechnet nur noch etwas über 200 Millionen Euro. Diese neue Lage stachelte Gernots Gier erst richtig an. Spätestens jetzt fasste er den Plan, die Mehrheit am verhassten Konzern zu erwerben, seine Begründung lautete: »Nur als Weltmarktführer haben wir langfristig eine Chance gegen die aufkommende chinesische Konkurrenz.«

Um die Übernahmeschlacht vorzubereiten, schloss er eine heimliche Vereinbarung mit seinen Hedgefonds-Freunden. Diese global agierenden Parasiten der Krise, die all die Unternehmenspleiten, die sie mit ausgelöst hatten, stolz wie Orden trugen, arbeiteten mit einem bizarren Schuldenhebel, Geld williger Banken, und spekulierten in ganz großem Stil, unter anderem auf weitere Kursverluste der SaniTech AG. Für jede Million Dollar liehen sie sich drei oder sogar vier weitere Millionen Dollar von den großen Investmentbanken wie Goldmann Sachs und JP Morgan. Die Verbrecher gaben ihnen nicht nur wider jede Vernunft derartigen Kredit, sondern besorgten ihnen auch noch die Aktien, auf Leihbasis (was sollte das überhaupt sein, sich eine Aktie zu *leihen*, wer erlaubte denn so etwas?, regte sich Alfred noch immer auf). Ja, teilweise hatten Gernot und seine Freunde sich die SaniTech-Aktien, um die es ging, noch nicht einmal geliehen, sondern nur eine »ungedeckte Verkaufsorder« lanciert. Was auch immer das nun wieder war, Alfed durchschaute das unübersichtliche Gelände, in dem diese Leute agierten, noch immer nicht vollständig: Jedenfalls begann Gernot Ende Oktober, in großem Stil diese geliehenen Aktien zu verkaufen, natürlich in der Absicht, sie bei erwartbar weiter fallendem Kurs später weit billiger wieder erwerben zu können (am Ende musste er sie ja an die Banken zurückgeben), um so an der Differenz zwischen dem sofort erzielten Verkaufs- und dem später erzielten, weit niedrigeren Kaufpreis zu verdienen. Parallel begann er, sich über Kaufoptionen und Strohmänner zu verhältnismäßig günstigen Preisen mit SaniTech-Aktien einzudecken.

Im Zuge dieses Umzingelungsangriffs auf die Basler Konkurrenz zog er beinahe jeden Cent aus dem laufenden Geschäft ab; so viel nur irgend möglich war, ohne draußen Aufsehen zu erregen, warf er in die Schlacht. Was den eigentlichen Plan betraf, die feindliche Übernahme der SaniTech AG, war er vorgegangen wie ein Heckenschütze – in den USA wäre so etwas gar nicht legal gewesen –, seine Frontsoldaten waren diverse Mittelsmänner bei windigen irischen Bankhäusern. Nicht einmal seine Hedgefonds-Freunde hatte er über sein strategisches Ziel einer vollständigen Übernahme der Schweizer eingeweiht. Wenn etwas durchgesickert wäre (oder er gar ein offizielles Übernahmeangebot an die Aktionäre von SaniTech gemacht hätte), dann wäre der Kurs der Sani-Tech-Aktie natürlich sofort explodiert und eine Übernahme durch Guenther niemals finanzierbar gewesen.

Was für ein Irrsinn! Alfred fuhr sich durch das schüttere Haar. Sein Blick fiel auf den Kokoschka, eine bedeutende Vorarbeit zu der berühmten *Windbraut*, deren rohe Kraft er liebte. Eigentlich sollte er gar nicht hier sitzen, sondern sich um den Aufbau seiner Stiftung kümmern! Die Kunst, dieser heitere Genius, dieser Luxus des Geistes, wie Hegel schrieb, hatte es ihm nämlich angetan. Max beispielsweise würde sicherlich nicht vermuten, dass Alfred in seinem Alter sich auch Schöneres hatte vorstellen können, als in Orthopädietechnik zu machen. Der frühe Krebstod des Vaters hatte ihm mit 28 Jahren keine andere Wahl gelassen und seine Träume vom Kunststudium in Paris jäh begraben. 104 Er hatte mit großer Leidenschaft gemalt damals, abstrakt-expressionistisch, im Stil der Zeit. Seine Vorliebe für die gesamte klassische Moderne zeugte noch heute von der unterdrückten Leidenschaft, wie auch die Bilder hier im Büro, doch Max hatte einfach nie die Augen aufgemacht, nie gefragt! Für ihn war er der Spießer, der vertrocknete alte Geldsack. Dabei hatte er nur seine ihm auferlegte Lebensaufgabe erfüllt. Nun, ewige Werte wie Pflichtgefühl, Demut, Hingabe ans große Ganze, allein schon ein normales Maß an Verantwortungsgefühl, all das lag, wie es schien, der heutigen Jugend fern; ihr drehte sich alles um Selbstverwirklichung und Spaß, um das große, leere Ich dieser Wohlstandskinder.

Im November, etwa einen Monat vor dem geplanten Großangriff auf den Schweizer Konkurrenten, begann alles schief zu laufen. Anscheinend völlig unerwartet im allgemeinen

Sturzflug der Kurse an den Börsen, stieg plötzlich wie ein Phönix aus der Asche ausgerechnet der SaniTech-Kurs, und das brachte das ganze Kartenhaus zum Einsturz. Denn Gernot (und die Fonds sowieso) besaßen ja kaum reale Aktien, jedenfalls sehr viel mehr geliehene, und einige Kaufoptionen.

Binnen kurzer Zeit wurde offensichtlich, dass die Summe der zuvor leer verkauften Aktien der SaniTech AG mehr als das Doppelte dessen betrug, was an Papieren frei zugänglich war. Ein regelrechter Run auf das SaniTech-Papier setzte ein, weil nun die vormaligen Leerverkäufer wie Gernot nachkaufen mussten, zu immer höheren Preisen. Denn die Großbanken zwangen sie jetzt, ihre SaniTech-Positionen zu schließen, das heißt, sie forderten die »geliehenen« Aktien zurück, um selbst die Gewinne aus dem rasant steigenden Kurs des SaniTech-Papiers zu realisieren. Im Ergebnis verfünffachte sich der Börsenkurs der SaniTech Aktie binnen zweier schwarzer Tage, und Gernot musste trotzdem weiter diese überteuerten Aktien kaufen, er musste, musste, musste. Denn hatte er, Alfred, es ihm nicht selbst beigebracht: Was man sich geliehen hat, das muss man auch zurückgeben! Die Guenther AG blutete darüber finanziell aus.

Als sich das Ende abzeichnete, hatte Gernot Alfred unter Tränen eingeweiht. Der Alte hatte sofort gehandelt: Er kehrte in die Unternehmensleitung zurück, sein Sprössling wurde mit sofortiger Wirkung all seiner Funktionen im Unternehmen entbunden. Seitdem hatte er Gernot nicht mehr gesehen, Freya sagte, er sei zum Golfen – oder Skifahren? – nach Ascona oder Saas Fee gefahren. Da sollte er bleiben. Er war nicht mehr sein Sohn!

Mit seinem kriminellen Hasardspiel hätte er um das sprichwörtliche Haar alles vernichtet: Alfreds Lebenswerk, über 300 Arbeitsplätze, die Angehörigen und Pensionäre nicht mitgerechnet: ganze Familien, die von der Guenther AG lebten, allesamt wunderbare Menschen und Kollegen, die auf ihn gebaut hatten! Dann die Forschungsabteilung, um die ihn die Konkurrenz beneidete und die persönlich gegen alle Widrigkeiten aufgebaut zu haben noch immer Alfreds größter Stolz war, all das wäre innerhalb einiger weniger Tage aus bloßer Dummheit und Gier heraus vernichtet worden!

Im vergangenen Frühjahr hatte man als erstes Unternehmen chipgesteuerte Beinprothesen zur Marktreife gebracht – eine Hoffnung für Millionen von Menschen vor allem in der minengeplagten Dritten Welt. Gerade arbeitete sein Forscherteam an der Entwicklung einer Handprothese, die nicht nur vom Patienten steuerbar war, sondern beim Greifen auch Dinge ertastete. Selbst die fortschrittlichsten künstlichen Hände aus der Fertigung der Guenther AG, mit denen Patienten sogar einen Fotoapparat bedienen oder Schnürsenkel binden konnten, gaben bisher keine Rückmeldung über das, was sie erfassten. Das würde bald anders werden: Hauchdünne Elektroden in die verbliebenen Hauptnervenbahnen des Patienten hinein würden eine Rückkehr des Tastsinns ermöglichen, erste Versuche waren sehr viel versprechend. Was für aufregende Zeiten – Guenther-Prothesen auf Neuroimplantatbasis, die durch Gedanken gesteuert werden konnten, für jedermann! – das wollte Alfred noch erleben.

Gernot hatte ihn all die Jahre getäuscht: Er war kein verantwortungsvoller Unternehmer, kein Kaufmann mit Visionen, ein läppischer Spieler war er! Und der leichtlebige Max, ausgerechnet Max mit seiner ewigen Scheu vor Verantwortung, seinem Trotz, dem kindischen Hang zum

Brotlosen, dem Alfred gleichwohl nach dem mäßig erfolgreichen Studium an der Städelschule auch noch ein gänzlich unsinniges Filmstudium in München ermöglicht hatte (Kunst brachte schon nichts ein, aber Film kostete viel *und* brachte nichts ein ...), Max hatte sich nach all dem als wahrer Sohn erwiesen, hatte Familiensinn und Pflichtgefühl gezeigt – und Alfred damit tief beschämt, als der schlechte, verständnislose Vater, der er ihm wohl tatsächlich gewesen war. Diese ewige Fixierung auf den älteren Bruder ...

Zum Glück arbeitete bei ihrer Hausbank, einer kleinen Schweizer Privatbank, bei der schon Alfreds Vater Kunde gewesen war, noch immer der loyale und zudem in Investment-Dingen bestens vertraute Urs Sutor. Als 48er-Jahrgang etwas jünger als Alfred, stand auch Sutor dem derzeitigen Wahnsinn an den Finanzmärkten mit gesunder Skepsis gegenüber. Mit seiner Hilfe war es Alfred noch am Tag von Gernots Kapitulation, es war der 11. November gewesen, gelungen, den Kopf aus der Schlinge zu ziehen. Gerade noch rechtzeitig: Auf den Firmenkonten befanden sich nominal noch viele Millionen, und Sutor tätigte fast schon im Minutentakt diverse, teilweise recht erfolgreiche Transaktionen. Am Ende des Tages begann das große Verrechnen: Sie waren mit dem berühmten blauen Auge davongekommen, in etwa null auf null!

Der Preis der verlorenen Übernahmeschlacht (von der draußen niemand etwas wusste) war allerdings hoch: der Verlust des kompletten Eigenkapitals der Guenther AG. Alles in allem hatten die an diesem historischen 11. November erzielten Gewinne gerade ausgereicht, die anfallenden Forderungen aus der SaniTech-Katastrophe zu begleichen. Am Hebel habe das gelegen, hatte Sutor wieder und wieder mit seinem feinen Schweizer Akzent erklärt, am Hebel. Im 102. Jahr ihres Bestehens besaß die Guenther AG damit erstmals keinerlei Liquiditätsreserven mehr; über 150 Millionen Stutz, wie Sutor sagte, waren in knapp drei Wochen verbrannt worden.

Um zu vermeiden, dass derartige Interna öffentlich wurden (und der ohnehin von der Krise angeschlagene Börsenwert des Familienunternehmens unweigerlich ins Bodenlose gefallen wäre), stand Alfred vor einer fast unlösbaren Aufgabe: Innerhalb von dreieinhalb Wochen musste er mindestens fünf Millionen Euro auftreiben, um wenigstens die Löhne weiter bezahlen zu können und das am stärksten Drängende für die Produktion des Folgejahrs vorzufinanzieren. Außerdem durfte draußen keine Menschenseele von diesen pekuniären Kalamitäten erfahren. Banken schieden naturgemäß als Geldgeber aus, ebenfalls die sogenannten Freunde, denn es war allgemein nur zu bekannt, dass die Guenther AG über hohe Kapitalreserven verfügte. Weshalb sollte ausgerechnet sie also kurzfristig Geld brauchen? In der Wirtschaftspresse waren ohnehin angesichts des überraschenden Führungswechsels erste kritische Fragen aufgekommen. Weitere Gerüchte wären das Ende des Unternehmens gewesen: Nach dem unweigerlichen Absturz an der Börse hätte irgendein Hedgefonds für ein Butterbrot die Firma übernommen und Alfreds Lebenswerk filetiert …

Wieder einmal hatte ihn sein Lebensmotto gerettet: *tempora tempore tempera*. Seine vom lebenslangen Erfolg genährte Ruhe, diese fast stoisch anmutende Gelassenheit, für die Guenther bekannt war, kurz: das feste Vertrauen auf Rettung auch in scheinbar aussichtsloser Lage (jene von Friedrich dem Großen, dem Helden seiner Kindheit, abgeschaute Tugend) zahlte sich auch dieses Mal aus: In der

Stunde der größten Not war Max gekommen, dem seine Mutter etwas angedeutet haben musste von den Problemen mit Gernot. Das Angebot des Sohnes war trotz des damit verbundenen Risikos nicht abzulehnen gewesen: Er würde der Firma innerhalb von drei Wochen die dringend benötigten 5 Millionen besorgen, allerdings unter der Bedingung, dass Alfred nicht fragen solle, wie. Die Hälfte habe er schon über den Verkauf der Villa am Lago erlöst, die er dem Jungen vor fünf Jahren überschrieben hatte, um Erbschaftssteuern zu sparen. Die andere Hälfte sei ein großes Wagnis, aber er sei zuversichtlich. Wenn er scheitere, nehme er, Max, alle Schuld auf sich …

Alfred war noch immer gerührt über diese Geste: Der Sohn, der ihn so oft seine Verachtung hatte spüren lassen, stand in der Not bereit und rettete das Familienerbe, für das er früher nur Spott übrig gehabt hatte – und das buchstäblich unter Einsatz des eigenen Lebensglücks; er nahm sogar eine langjährige Haftstrafe in Kauf! »Wenn irgend etwas schief läuft, war das alles meine Idee, um dir das Geld abzunehmen«, meinte er lapidar. »Deshalb darf vor allem niemand in der Familie etwas wissen.«

Dass Max bei seinem Plan ausgerechnet die Versicherung gegen Entführungsfälle nutzte, über die er sich so oft lustig gemacht hatte – als »Unternehmer mit Vollkaskomentalität« hatte er den Vater verhöhnt –, das war gewissermaßen die Pointe der Geschichte. Naturgemäß missfiel Alfred der Betrug, aber hatte er eine Wahl? Immerhin, die ganzen leidigen Umstände – tagelang die Polizei im Haus, später überall die Presse, Freya und diesen unsäglichen Robert am Rande des Nervenzusammenbruchs – waren nur zu ertragen gewesen, weil der Plan seines Sohnes überraschend glatt über die Bühne gegangen war. Eine perfekte Inszenierung, man merkte, dass der Junge in seinem Filmstudium etwas gelernt hatte.

Ohne Schwierigkeiten zu machen, hatte die Versicherung gezahlt.

So stellten sich die Dinge also gegenwärtig dar: Das Unternehmen hatte wieder ein wenig Luft, auch der Börsenkurs hielt sich einigermaßen. Sicher, man würde auf lange Zeit hin auf Sicht fahren müssen, ohne Eigenkapital. Immerhin aber waren die Innovationen des vergangenen Frühjahrs vom Markt gut aufgenommen worden, und die Krise kam ihm auch zu Hilfe: Da er nach Gernots Geständnis wegen angeblich rückläufiger Aufträge auf Kurzarbeit umgestellt hatte, fielen mittelfristig kaum Lohnkosten an – da sprang großzügigerweise der Staat ein –, und das konnte er mindestens ein halbes Jahr so weiter handhaben, wie die Dinge in der Finanzwelt derzeit lagen.

Dennoch war alles ein Tanz auf dünnem Eis, und ein Mann wie Alfred W. Guenther war nicht so naiv zu denken, dass nun alles ausgestanden war: Jeden Stein würden die Versicherungsdetektive umdrehen, ein schwitziger junger Mann bar jeden Anstands war schon hier gewesen, sicher nur ein Vorgeschmack, dieser unerfreuliche Besuch. Trotzdem: Ganz gleich, wie die Geschichte am Ende ausging, er war glücklich, dabei einen Sohn wiedergewonnen zu haben!

Das aber, das einzig Gute an der ganzen Katastrophe, wurde nun durch diese idiotische Erpressung infrage gestellt. Darauf musste sofort reagiert werden. Bezahlen stand nicht zur Diskussion, wäre das doch einem Schuldeingeständnis gleichgekommen. Außerdem würde so einer immer weitermachen. Alfred war entschlossen. Er hatte nichts mehr zu verlieren. Was wog schon so ein kleiner Ganove gegen die vielen Familien, an die er denken musste? Um vier hatte er eine Besprechung mit dem Leiter des Werkschutzes anberaumt – Rolf Kaczinski, ein ehemaliger Berufssoldat, war seit über zwanzig Jahren im Unternehmen, ein Mann mit vielen Talenten, zudem unbedingt vertrauenswürdig.

Er ging an den Schreibtisch und wählte ein weiteres Mal Max' Nummer. Endlich ging der an den Apparat.

Eine Stunde später nahm sein Sohn, heute ganz in Weiß, auf dem champagnerfarbenen Ledersofa Platz, ein Saarinen-Original aus einer limitierten Edition, das dem Schreibtisch des Patriarchen gegenüberstand. Alfred zeigte ihm das Schreiben und fragte: »Wie ist diese Geldübergabe genau abgelaufen?«

Max klärte ihn auf.

»Denkst du, dass dein Mann dahintersteckt?« Die Miene seines Sohnes verfinsterte sich: »Was heißt schon ›mein Mann‹ – ich kenne ihn kaum. Wir hatten bei einem Dreh miteinander zu tun. Ein ruhiger Typ, gewissenhaft. Nicht allzu hell und ziemlich prekär. Er schien mir sofort geeignet für die Sache. Na ja, es war schlicht keine Zeit, viel mehr als den Lebenslauf zu prüfen …«

»Aber ist nicht doch anzunehmen, dass er dahintersteckt? Er wird das Ganze ja nicht überall herumerzählt haben … Wer sollte noch von der Sache wissen?«

Max sah zum Fenster hinaus; schließlich sagte er: »Keine Ahnung, mit wem der so redet. Fragen kann ich ihn nicht mehr. Er sollte abtauchen und das wird er auch getan haben.«

Alfred erklärte in kurzen Worten, was er zu tun gedachte; Max stimmte zu. Dieser Erpresser musste so oder so weg.

Alfred schwitzte; das riesige Büro, das überwiegend noch sein alter Herr eingerichtet hatte, verlor mit einem

Mal seine Vertrautheit, dabei hatte er hier oben buchstäblich sein Leben verbracht. Vielleicht lag diese plötzliche Fremdheit des Gewohnten daran, dass Max da war – das war in all den Jahren höchstens drei-, viermal vorgekommen, und da war sein Jüngster noch ein kleiner Junge gewesen. Er ließ sich in den Sessel sinken und schenkte leicht zitternd einen Cognac ein. Hedgefonds, Erpressung, Gewalt – das war nicht seine Welt! Jetzt zweifelte er an der eigenen Idee – war das nicht ebenso aberwitzig wie das, was Gernot getan hatte, vielleicht sogar noch aberwitziger? Scharf brannte der Alkohol in seiner Kehle, und das Wärmegefühl in seinem Gesicht wurde ein wenig angenehmer. Beide sprachen kein Wort, es war, als müssten sie sich erst an die Tatsache ihres Beisammenseins gewöhnen. Alfred war es, als sei er selbst wieder jung und im nächsten Moment würde unweigerlich der Vater hereintreten und mit strenger Miene auf ihn blicken. Da, das Glas war leer, stieß er hervor: »Was, wenn der Kerl Mitwisser hat? Oder sich sonst irgendwie absichert, hinterlegte Dokumente oder anderes?«

Je unsicherer er wurde, desto gefasster schien sein Sohn, der den Schiele musterte, als sei dies ein Museum. »… Mach dir keine Sorgen. Selbst wenn er es ist: Er weiß noch nicht einmal, dass du im Bilde bist – das muss er sich selbst zusammengereimt haben. Und wie gesagt, nach wie vor hast du mein Wort: Wenn irgendetwas danebengeht, wusstest du von nichts. Das Unternehmen geht vor.«

Alfreds Züge entspannten sich. »Dann könnten wir vielleicht auch einfach gar nichts tun, den Schmierfinken ignorieren?«

Max schwieg kurz. »Zu viel Risiko«, meinte er schließlich. »Handelte es sich um einen Trittbrettfahrer, wäre es sicher das Beste, nichts zu tun, der könnte nichts beweisen. Wenn es aber doch ›mein Mann‹, wie du ihn nennst, sein sollte, dann hat er die gesamte E-Mail-Korrespondenz im Vorfeld. Das wäre tödlich für uns …«

»Gut, dann also Kaczinski!«

Beide schwiegen.

»Und diese Mechanik funktioniert sicher, selbst bei einem Sturz aus großer Höhe?«

Alfred erklärte ihm das Prinzip. »Das ist absolut stoßsicher …«, schloss er. »Und nicht allzu schwierig zu machen.« Da hatte er selbst schon kompliziertere Dinge gebaut! Die technische Seite war das geringste Problem an der ganzen Sache.

Max nickte. »Gut. Die Übergabe übernehme ich. Er wird mich vermutlich in irgendeinem Zug quer durch Deutschland schicken.«

Alfred sah ihn dankbar an. Max in diesem Büro, daran könnte er sich gewöhnen.

*

Jens war jetzt bester Dinge, alle Grübeleien der letzten Woche fielen mit einem Mal von ihm ab. Jetzt konnte es losgehen! Da sicher keine Polizei im Spiel war, schien das Ganze ein echtes Kinderspiel. Er drehte die Anlage lauter und sang aus vollem Hals *Run to the hills* mit. Jens liebte Bruce Dickinsons Gesang. Noch das größte Problem war gewesen, sich die Kohle für den Leihwagen und die Pension zusammenzupumpen. Eine ganze Woche in der alten Heimat, das ging ins Geld. Ein Bekannter aus dem *Bart*, der immer behauptete, er sei Fotograf und ganz dick im Geschäft – Shootings mit Boris Becker, Beckenbauer, einem Promifrisör, dessen Namen er vergessen hatte, diese Liga –, jedenfalls einer, der immer auf dicke Hose machte, hatte sich schließlich erbarmt und ihm die fünfhundert vorgestreckt. Es waren ein paar Weiber mit am Start gewesen, vor denen hatte sich der Kerl wohl aufspielen wollen und die zehn Scheine gleich bar auf den Tresen geblättert. Jens war es recht gewesen. Der Wagen war der Wahnsinn, Oberklasse, fast neu. Er hatte noch nie in so einem Auto gesessen, einfach alles war perfekt.

Seit dem erfolgreichen Anruf jubilierte er innerlich; wie ein Profi im Film hatte er die Sache abgewickelt, von einer öffentlichen Telefonzelle beim Freibad Haselbrunn im Norden Plauens aus, da gab es nichts zu meckern!

Abgefallen von ihm waren all die Zweifel der vorangegangenen Woche, die an ihm genagt hatten wie die Würmer: Er hatte ja nicht viel in der Hand, wenn man es genau nahm. Niemals wäre er zur Polizei gegangen. Vielleicht war er auf einer ganz falschen Fährte, reimte er sich aus einigen zufälligen Informationen einen Blödsinn zusammen, und in Frankfurt lachte man über ihn. Am Ende war ihm sogar der Lauscher aus dem *Bartleby* wieder eingefallen, dieser vermeintliche Student, ob der nicht …?

Andererseits, was sollte ihm schon passieren? Wenn man ihn am Ende nicht durchgestellt hätte zu diesem feinen Herrn Unternehmer, dann wäre das auch kein Beinbruch gewesen. Oder doch? Was, wenn dieser Guenther, zu Unrecht beschuldigt, die Polizei eingeschaltet hätte, wegen Erpressung? Aber, wie sollte die dann auf ihn kommen? Wie lang ihm die Tage geworden waren über solche sinnlosen Gedanken.

Trotz dieser Zweifel und einer zunehmenden Nervosität, die sich vor allem in leichtem Schlaf und diversen Albträumen äußerte, hatte er alles geschafft, was getan werden musste, seine Vorbereitungen minutiös erledigt, tief im Inneren aber die ganze Zeit damit gerechnet, dass sich die Sache letztlich als Flop herausstellen würde. Sein Leben war ein Drecksack, schon immer gewesen, da konnte er nichts machen …

Umso mehr triumphierte er jetzt, seitdem er mit Blick auf das geschlossene Stadtbad, das sie anscheinend renoviert hatten, tatsächlich den alten Fabrikanten am Apparat gehabt hatte, der Stimme nach ein Wessi-Geldsack, wie er im Buche stand. Er hatte den Kassettenrekorder ablaufen lassen. Seine Stimme klang auf Band wie die einer alten Frau, und das gefiel ihm; er hatte zu Hause beim Bespielen einen selbst gebastelten Stimmverzerrer benutzt. Musste ja nicht besonders gut funktionieren. Die Anweisungen waren so klar, dass in Frankfurt auch ein kompletter Idiot noch den richtigen Zug Richtung Nürnberg erwischt hätte, aber zugleich war alles so knapp getaktet, dass sie in den viereinhalb Stunden bis Plauen über Wachleute, Privatdetektive oder sonstige Helfer nicht allzu viel anstellen konnten. Wie hätten sie vor seiner Ansage auf Plauen kommen sollen?

Die Kassette hatte er dann sogleich in einem städtischen Müllbehälter entsorgt. Selbstredend durfte er keine Spuren hinterlassen, auch in Stuttgart hatte er alles vernichtet, was auf seine Recherche bezüglich der Guenther AG hingewiesen hätte. Er wollte ja nicht, dass man ihn wegen dieses Briefes drankriegte … Jens grinste.

»Oh will we ever be set free …« Die Anlage im Auto war der Hammer! So einen Wagen würde er sich auch kaufen, nur in Rot. Jetzt genoss er es in vollen Zügen, endlich wieder in der alten Heimat zu sein. Selbst die Straßenzüge der Plauener Vororte, wo niemand hinwollte, der bei Sinnen war, wirkten einladend, und noch der kleinste Weiler in Richtung Zeulenroda war ihm seltsam vertraut. Es dauerte nicht lange, bis er am Ziel war.

Die Stelle kannte er aus Armeezeiten; sie war gut gewählt. Das Gelände überschaubar, der Blick in beide Richtungen auf gut zwei Kilometer frei, nichts als längst abgemähte Felder, hinter denen auf der anderen Seite des Tälchens das nächste Waldstück begann. Weit und breit war hier nichts, bis auf den Holzbau bei den schon geraume Zeit stillgelegten Gleisen ziemlich in der Mitte der insgesamt etwa vier Quadratkilometer großen Senke, die er mit dem Feldstecher perfekt einsehen konnte.

Um die vorausberechnete Zeit erschien tatsächlich ein Taxi. Ein dunkelhaariger junger Mann stieg aus und telefonierte; er war sehr nobel gekleidet. In der linken Hand hielt er einen Alukoffer. Er umkreiste einige Male das Taxi, dann schlenderte er auf die Rückseite des halb verfallenen Holzbaus, dorthin, wo ihn der Taxifahrer nicht mehr sehen konnte. Der hätte schon aussteigen müssen, um zu bemerken, dass der junge Mann den Koffer abstellte und stattdessen einen anderen nahm, der da in einer alten Hundehütte deponiert war. Dann wanderte der mitgebrachte Koffer in die Hundehütte. Wenn er darauf geachtet hätte, wäre dem Fahrer aufgefallen, dass der junge Mann an dem neuen Koffer leichter trug, denn er war leer. Der Bote ging auf demselben Weg zurück, komplett um den Bau herum, und stieg wieder in den Wagen. Das Taxi fuhr sofort an und war bald verschwunden.

Jetzt brauchte er nur noch zu warten. Drei Tage, hatte er gedacht, drei Tage waren lang genug. Dann würde er herkommen, sein Geld holen – und ab ging die Luzie! Zuerst würde er nach Mallorca fliegen, etwas Sonne tanken. Das hatte er sich verdient.

Der Holzbau, der wie eine zu groß geratene Scheune wirkte, war einmal ein Unterstellplatz für Panzer gewesen; die gesamte Gegend hier hatte zu DDR-Zeiten der NVA als Truppenübungsplatz gedient. Anscheinend war der Wald um Pöllwitz, der zu seiner Linken im letzten Gelb des Jahres stand, noch immer gesperrt. Was da drin wohl noch alles an Gift herumlag! Gestern hatte er alles genau inspiziert; das Gelände war überraschend unverändert. Zwanzig Jahre nach der Wende waren hier draußen im Niemandsland nicht allzu viel. Das Areal war viel zu abgelegen, als dass sich Kinder hierher verirrt hätten. Und wer sollte sonst in diese Hundehütte kriechen? Ein Fuchs vielleicht, der durfte das. Jens grinste.

Selbstverständlich musste er sich zügeln, nicht gleich hinzurennen. Schließlich lag dort das Geld, sein Hauptgewinn! Dass sie versuchen würden, ihn mit Falschgeld oder Ähnlichem anzuschmieren, hielt er für ausgeschlossen. Von Anfang an war ihm klar gewesen: Entweder seine Vermutung war richtig, dann würden sie bezahlen. Oder er hatte sich getäuscht, dann würden sie sich einfach tot stellen. Zur Polizei gehen konnten sie schlecht, denn in seinem Schreiben hatte ja gar nicht gestanden, womit er sie erpresste. Das hätte unangenehme Nachfragen seitens der Beamten bedeutet. Auch auf nummerierte Scheine oder ähnliche Späße brauchte er deshalb nicht zu achten.

Aber er musste sich zusammenreißen! Dass dem Taxi einige Männer fürs Grobe gefolgt sein könnten, damit musste er schon rechnen. Sorgfältig, wie er es einst bei der Truppe gelernt hatte, nahm er sich das vor ihm liegende Feld vor. Er unterteilte es in Quadranten und suchte von seinem Hochsitz aus alles ab, stur von links oben nach rechts unten und dann wieder zurück. Bis zum Einbruch der Dunkelheit tat er nichts anderes. Drei Hasen entdeckte er in diesen Stunden, einen Radfahrer und sogar ein Reh. Es war weit und breit absolut nichts Verdächtiges zu sehen. Hier war niemand! Er war sicher. Beruhigt machte er sich auf den Heimweg.

Wäre ihm jemand begegnet, hätte er ihn mit dem umgehängten Feldstecher und der Tarnkluft für einen Vogelbeobachter gehalten. Aber ihm begegnete niemand. Er freute sich auf seine Heimatstadt – heute Abend würde er erst einmal mit den Jungs einen trinken gehen; die alten Kumpels waren schon informiert. Er saß bereits im Wagen, als er sich das erste Mal sagte, dass er übertrieb. Weshalb noch einmal hier herausfahren? Es dämmerte. Hier war niemand. Er war hier. Das Geld war auch hier. Er zögerte, eine Viertelstunde verging, ohne dass er den Anlasser betätigte. Schließlich stieg er aus. Langsam ging er den Weg zurück, den er gekommen war. Der Koffer war, wo er sein sollte. Er hatte das richtige Gewicht. Im Dunkeln war es schwierig, ihn zu öffnen. Ein seltsames Klacken war zu hören, dann löste sich alles auf in einen ohrenbetäubenden Knall, ein irrsinnig heißes Feuer blendete ihn, und er hörte das schreckliche Geräusch brennender Haut, seiner Haut. Er brannte! Das Letzte, was er sah, war seine rechte Hand. Sie lag zwei Meter vor ihm auf dem Boden, halb verschmort. Erst dann kam der Schmerz und später, so viel später, das Ende.

*

Max hatte endlich gefunden, was er suchte. In der Online-Ausgabe der *Ostthüringer Zeitung* stand eine etwas ausführlichere Meldung: »Eine Wandergruppe aus Zeulenroda-Triebes machte am vergangenen Sonntag am Rande des ehemaligen NVA-Truppenübungsplatzes Pöllwitz einen grausigen Fund. Etwa zweieinhalb Kilometer südwestlich von Naitschau fand sie die völlig verbrannte Leiche eines Mannes. Offenbar hatte der Mann aus unbekanntem Grund eine Explosion mit einer mutmaßlich selbst gebauten Kofferbombe ausgelöst. Zu welchem Zweck er mit dem gefährlichen Sprengstoff hantiert habe, sei bislang noch unklar, hieß es bei der Polizei. Nach Angaben der Sachverständigen handelte es sich um eine semiprofessionell hergestellte Bombe auf Basis leicht zugänglicher Chemikalien in einem handelsüblichen Aluminiumkoffer. Weshalb und wo der 43-jährige gebürtige Plauener Jens M., ein Arbeitsloser, der zuletzt in Stuttgart gemeldet war, diese Bombe gebaut hat, darüber herrscht noch Unklarheit. Oberstaatsanwalt Gerald Zschöttke schließt einen politischen Zusammenhang nicht vollständig aus, allerdings habe der Mann zumindest nach derzeitigem Erkenntnisstand keine Kontakte zur organisierten Kriminalität oder zu islamistischen beziehungsweise rechts- oder linksextremen Gruppen unterhalten. ›Der Staatsschutz ist eingeschaltet‹, betonte Zschöttge, der ›Ermittlungen mit Volldampf‹ versprach.«

Sein Gefühl bei diesem Mike hatte also doch nicht getrogen – es war ein anderer gewesen! Wenn sich in den nächsten Wochen kein Mitwisser meldete, war die Sache ausgestanden. Dass die Polizei jemals von dem Stuttgarter Arbeitslosen, der in Plauen zu Tode gekommen war, eine Verbindung zu ihnen hier in Frankfurt herstellen würde, daran glaubte er nicht. Auch wenn da stand: »Die Polizei bittet um Ihre Mithilfe: Wer hat Jens M. (siehe nebenstehendes Foto) in der Woche vor dem 16. Oktober gesehen?« machte ihn das nicht nervös, das mussten sie ja schreiben, weil sie nichts wussten.

Max betrachtete ohne Regung das Dutzendgesicht des Toten. Allerdings konnte er sich nicht gegen den Gedanken erwehren, dass dessen Tod ganz unnötig gewesen war: selbst verschuldet, aber unnötig. Man hätte den Trittbrettfahrer einfach ignorieren können.

Er klickte den Artikel weg. Jetzt ließ sich das nicht mehr rückgängig machen. Der Staatsschutz ermittelte, stand da, was gleichfalls bedeutete, dass sie auf einer ganz falschen Fährte waren. Konnte noch etwas schiefgehen? Ein Restrisiko blieb immer.

Er ging noch einmal alles durch. Der Anruf war von einer öffentlichen Telefonzelle gekommen; wäre der Typ so blöd gewesen, ein Handy zu benutzen, hätten sie die Aktion abbrechen müssen. Sicher würde die Polizei in dessen Wohnung den einen oder anderen Artikel über den Entführungsfall finden, aber ob sie den Zusammenhang überreißen würden? Er glaubte es nicht. Eher würden sie denken, dass der Bombenbastler selbst eine Erpressung vorhatte. Und der Taxifahrer … Selbst wenn der sich auf den Zeitungsartikel hin melden würde, was wusste der schon? Max hatte sich den Vollbart abgenommen für diese Fahrt, auch die Ohrringe, er hatte Hut, Sonnenbrille und Anzug mit Krawatte getragen, darüber einen teuren Seidenmantel. Niemand würde zwischen solch einem adrett gekleideten jungen Mann und ihm eine Verbindung herstellen.

Zufrieden fuhr er den Rechner herunter und machte den Fernseher an. Im Börsenbericht schwärmte ein grauer Herr davon, wie es der Guenther AG gelungen sei, im vergangenen Jahr trotz Krise einen Rekordumsatz einzufahren. Da war die Rede vom »Erfolgsrezept Innovation« und sogar vom »Vorbild, wie der Wirtschaftsstandort Deutschland der Rezession trotzen« könne. Sie zeigten sogar ein Bild seines Vaters aus besseren Tagen. Max musste lachen. Die ganze Anspannung der letzten Tage löste sich; er konnte gar nicht mehr aufhören zu lachen.

Robert, der von nichts wusste, lugte aus dem Bad. »Was ist denn daran so komisch? Ist doch bitterernst.« Grinsend imitierte er Alfred, nur ein Handtuch um die schmalen Hüften: »Und bald wird das alles dir gehören, mein Sohn …«

»Ach, Rob …«, lachte Max weiter. »Das ist es ja. Das ist es ja gerade!«

*

Der bleiche Himmel schien den Schneemassen auf dem Asphalt entgegenzukommen, alles draußen war ein einziges Inferno aus Kälte, Grau und Weiß. Die parkenden Autos waren als solche nur noch an typspezifischen Wellen im Schnee erkennbar, es gab nur noch Limousinen, Kleinwagen und SUVs. Es gab keine Anzeichen, dass es jemals aufhören würde mit all der weißen Pracht, die sich in stoischer Gleichmäßigkeit seit Tagen aus den tief hängenden Wolken über die Stadt ergoss. In der Innenstadt hatte er so etwas noch nie erlebt, man sah nicht einmal mehr die Hochhäuser des Bankenviertels. Der Flugverkehr auf dem Frankfurter Flughafen war seit zwei Tagen komplett eingestellt worden, auch das ein Rekord, der es bis in die *Tagesschau* brachte.

Oberstaatsanwalt Johannes Südhoff hasste den Winter. Diesen emotionalen Luxus leistete er sich, obwohl die Jahreszeiten bei seinem Beruf im Grunde gleichgültig waren; sein Leben verbrachte er, wenn er nicht gerade schlief, überwiegend in diesem wohltemperierten Büro an der Zeil, und außer in den wenigen Sommermonaten herrschte in den Straßen Frankfurts Nacht, wenn er das Gebäude der Generalstaatsanwaltschaft in Richtung Heiligkreuzgasse verließ, wo er zu parken pflegte, um vor der Heimfahrt noch ein wenig durch die Friedberger Anlage schlendern zu können, ein Ausklang des Tages, der ihm zur festen Gewohnheit geworden war. Heute würde das natürlich ausfallen.

Was da auf seinem Schreibtisch lag, war eine äußerst diffizile Angelegenheit, und so etwas mochte er so wenig wie solch eine Witterung, bei der sogar die Nachttaxis Verspätung haben würden. Die Geschichte hinter der unscheinbaren Anfrage eines Hauptkommissars des Dezernats IV, den er persönlich nicht kannte – Meyer hieß der Mann, der musste neu sein – war abenteuerlich, wie gemacht für die hungrige Meute der Presse da draußen, auch wie gemacht für einen jungen Staatsanwalt, der Karriere machen wollte. Südhoff allerdings stand zweieinhalb Jahre vor der Pensionierung.

Es war wirklich eine heikle Sache, mit ungeahnten Folgen, wenn man sie tatsächlich anpackte. Voriges Jahr hatte der sogenannte NSA-Skandal in den Medien einige Wellen geschlagen, es hatte Monate gedauert, bis man sich in den Redaktionen der Republik endlich wieder den echten Problemen zugewandt hatte. Auf Druck der Öffentlichkeit hatten die deutschen Sicherheitsbehörden damals mit den US-amerikanischen Kollegen ein Abkommen zur Zusammenarbeit geschlossen. Im Zuge dieser Vereinbarung überstellte die NSA dem BKA nun jährlich eine riesige Menge Daten, die sich aus deren nahezu lückenloser Überwachung des deutschen Internetverkehrs speiste. In diesen »Küchenabfällen«, wie man sie in Ermittlerkreisen spöttisch nannte, befand sich angeblich alles, was auf Fälle schwerer Kriminalität hinwies, ohne einen terroristischen oder sonst für die NSA interessanten Hintergrund aufzuweisen.

Selbstredend konnte niemand diese Unmenge an Daten sichten, aber im vergangenen Jahr hatten sie beim BKA für viel Geld eine neue Software angeschafft, die, so weit möglich, diese Datenmasse sortierte und über die Landeskriminalämter letztlich auf laufende oder bereits geschlossene Verfahren verteilte, soweit dies eben machbar war. Naturgemäß funktionierte das noch nicht allzu gut. Er selbst hatte jedenfalls das erste Mal etwas aus diesem Fundus auf dem Schreibtisch.

Im vorliegenden Fall handelte es sich um ein Foto des vor sechs Jahren entführten Unternehmersohns Max Guenther. Die Entführung war damals durch alle Medien gegangen, der Vater hatte gezahlt und die Täter waren nie gefasst worden. Nun befand sich dieses Foto auch im Mailfundus der NSA. Das Interessante daran war, dass diese Aufnahme, die den Entführten in eindeutiger Position zeigte, zwischen zwei anonymisierten Mailadressen in Deutschland hin- und hergeschickt worden war, *bevor* das Opfer überhaupt entführt worden war. Genauer, über eine Woche vor der Entführung.

Der zuständige Kommissar fragte nun an, ob man Guenther diesbezüglich einvernehmen solle. Dieser Meyer war ein guter Mann, Südhoff musste sich den Namen merken! Ein Hitzkopf wäre vielleicht auf eigene Faust in irgendwelchen Aktionismus verfallen, mit fatalen Folgen für die Behörde. Max Guenther war nicht irgendwer. Nach dem überraschenden Tod des Vaters vor vier Jahren hatte er als Geschäftsführer die Guenther AG übernommen, die zu den traditionsreichsten Unternehmen Hessens gehörte. Auf dem Höhepunkt des Aktienbooms im Herbst 2013 hatte er dann eine spektakuläre Übernahme des Traditionsunternehmens durch die Schweizer SaniTech AG in die Wege geleitet. Mit dem Erlös seines Aktienpakets im dreistelligen Millionenbereich hatte er einen international agierenden Fonds gegründet, der äußerst erfolgreiche Investments betrieb, die Guenther laut Medienberichten inzwischen zum jüngsten Milliardär Deutschlands gemacht hatten. Der ausgesprochen gut aussehende Mann war ein Liebling der Presse, außerdem ständig im Fernsehen, gerade auch wegen der Entführungsgeschichte damals. Wie zu hören war, wollte er gerade Deutschlands größte Kaufhauskette übernehmen, die wieder einmal insolvent zu sein schien; Tausende von Arbeitsplätzen standen auf dem Spiel, zurzeit ging Guenther beim Ministerpräsidenten ein und aus. So einen Mann einfach einzubestellen wie einen Schwerkriminellen, das war natürlich nicht möglich! Zum Glück war die Felder-Witt erkrankt, auf deren Schreibtisch das eigentlich gelandet wäre, eine der Letzten von den Roten hier …

Was Meyer zu Recht umtrieb, war die Frage, ob die gespeicherte Datierung dieser Mail tatsächlich verlässlich war, angesichts ihrer Herkunft eine mehr als nur berechtigte Frage. Er schlug ein offizielles Gutachten vor, die EDV-Fachleute bei ihnen im Haus seien sich uneins.

Südhoff musste lächeln, hatten die da überhaupt Fachleute bei der Kripo? Gleichwohl stand er vor einer Art Güterabwägung. Diese alte Sache noch einmal hochkochen, ein offizielles Gutachten erstellen lassen, womöglich gar ein Ermittlungsverfahren daraus machen – oder doch lieber alles im Sande verlaufen lassen? Unglücklicherweise war das Ganze noch nicht verjährt.

Er beschloss, zunächst informell bei einem befreundeten Informatikprofessor wegen der Datierungsproblematik nachzufragen. Dann konnte man immer noch sehen … Er persönlich, auch wenn er das als hessischer Beamter nicht laut sagen durfte, hing ohnehin einer Theorie der Gemeinwohlorientierung des Rechts an. Dieser gängige Gleichheitswahn war doch idiotisch; nie in der Geschichte waren und nie würden die Menschen gleich sein – warum sollten sie es dann vor dem Strafrecht sein? Wenn ein Leistungsträger, einer, der Arbeitsplätze schuf, der sich fürs Gemeinwohl engagierte, kurz: wenn so ein Vorbild immer und in jedem Einzelfall nach den Buchstaben des Gesetzes behandelt werden würde wie irgendein Dealer aus dem Bahnhofsviertel, wem war damit gedient? Der Allgemeinheit sicher nicht!

Erneut blickte Südhoff hinaus in das Schneetreiben. Wüst, wirklich wüst, dachte er.

94 Der spezielle Reiz der etwa in einer halben Stunde von Stuttgart aus erreichbaren Nürtinger Altstadt – Nürtingen ist sehr alt, bereits in der Keltenzeit besiedelt gewesen – ergibt sich aus der besonders engen mittelalterlichen Bebauung. Auch stehen heute noch ein Stadtschloss und Reste der Stadtbefestigung, etwa ein Wehrturm. Die Nürtinger Stadtbefestigung war einst außergewöhnlich eindrucksvoll, dreifache Mauern, eineinhalb Meter dick und sechs Meter hoch. 1783 wurde hier die erste württembergische Realschule begründet, und noch heute sind zwei Hochschulen und eine freie Kunstschule eine Besonderheit in dem Städtchen von gerade einmal knapp 40.000 Einwohnern. Nürtingen liegt an der an Sehenswürdigkeiten reichen Württembergischen Weinstraße und der Römerstraße Neckar-Alb-Aare. Außerdem findet man hier einige der im Mittleren Neckarraum so raren Badeseen (http://www.meinbadesee.de/nuertingen).

95 Neben der viel besuchten Theodor-Heuss-Straße, die eher von jungen Menschen aus dem Stuttgarter Umland frequentiert wird, ist das Viertel um den Hans-im-Glück-Brunnen zwischen Eberhardtstraße und Marktplatz die zweite große Ausgehmeile der Stuttgarter Nachtschwärmer. Hier liegt Kneipe an Lokal an Club an Bar, sodass im Sommer überall junge und jung gebliebene Menschen draußen feiern. Ein *Bartleby* wird man hier allerdings nicht finden, aber viele andere interessant klingende Orte wie die Gast-

ro-Urgesteine *Oblomov* und *Café Weiss* und andere, die dann etwa *Kottan*, *Transit Bergamo*, *Schräglage*, *Dresden*, *Kap Tormentoso*, *Schocken*, *Mata Hari* et cetera heißen. Eine Tour durch alle Lokalitäten jedenfalls ist an einem Abend kaum möglich.

96 In der Gegend zwischen Torstraße, Tübinger Straße, Paulinenbrücke und Österreichischem Platz (»Gerberviertel«) findet man noch einige sehr alte Häuser. Ein Spaziergang kann sich beispielsweise thematisch auf das Wirken und Weilen großer Dichter in Stuttgart beziehen. Giacamo Casanova weilte nach seiner Flucht aus den Bleikammern Venedigs im Jahr 1757 eine Zeitlang hier in Stuttgart. Der große Arthur Rimbaud lebte von Februar bis März 1875 hier in der Marienstraße. Seinen berühmten Freund, den Dichter Paul Verlaine, traf er zum letzten Mal Ende Februar 1875 hier. Zwanzig Jahre später lebte der große literarische Sonderling Robert Walser ein Jahr in Stuttgart und wohnte bei seinem Bruder, dem Maler Karl Walser, in der Gerberstraße 2a. In dem Prosastück »Die Brüder« hat er diese Zeit literarisch festgehalten. Und ein Stück jenseits der Paulinenstraße, nahe der Augustenstraße 5, dem heutigen Verwaltungsgericht Stuttgart, lag einst die Stuttgarter Amtswohnung von Schillers Vater. Hier wohnte Friedrich Schiller im Jahre 1794, als er seine Heimat besuchte. In den unglücklichen 1780er-Jahren hatte Schiller bereits als Regimentsarzt in Stuttgart gewirkt.

97 Die Ruine der um 1300 errichteten Yburg (eigentlich Eibenburg) ist ein beliebtes Wanderziel, da sie eine gute Aussicht über Stetten (16 km östlich von Stuttgart) und das Remstal bietet. Die recht gut erhal-

tene Wohnburg gleicht einem Würfel und bietet dem Auge viel; für Mittelalterliebhaber, die nach Stuttgart kommen, ist ein Besuch ein Muss, denn keine andere Burgruine liegt so nah. Im Zentrum des Weilers befindet sich auch noch das hauptsächlich im 16. Jahrhundert errichtete Schloss Stetten (Schlossstraße 18, heute Sitz der Diakonie). Im benachbarten Rommelshausen, einer Römergründung, finden sich Reste eines römischen Gutshofs.

98 Stuttgart ist die Stadt am Nesenbach. Mit dem allerdings ist es so eine Sache, denn man findet ihn nicht. Schon in Heslach verliert sich jede Spur des 13 km langen Gewässers, das oberhalb der Haltestelle Heslach-Vogelrain im Wald sogar einige (kleinere) Wasserfälle zu bieten hat und das die Gründung der Stadt einst erst ermöglicht hatte. Die Senke, durch die heute die Möhringer Straße führt, lässt erahnen, dass er sich früher dort befand. Weil so ein Bach nicht einfach verschwindet, sondern nach wie vor in den Neckar fließt, befindet er sich heute in der Stuttgarter Unterwelt. Mit der Kanalisierung, aus Gründen des Gestanks und des Verkehrs, wurde 1864 begonnen; die Arbeiten dauerten achtzehn Jahre. Der Abstieg in die Katakomben ist ein Erlebnis. An jedem ersten Mittwoch im Monat veranstaltet die Stadtentwässerung Stuttgart eine kostenlose Kanalführung zum Hauptsammler Nesenbach. Einmal im Quartal wird auch die große Kanalführung angeboten, für die jedoch eine vorherige Anmeldung erforderlich ist. Infos unter http://www.stuttgart-stadtentwaesserung.de/de/aktuelles/fuehrungen/.

99 Für die einkaufsfreudigen Stuttgart-Besucher ist ein Besuch des Stammsitzes des Traditionskaufhau-

ses Breuninger (gegründet 1881) am Ende der Eberhardtstraße, wo sich auch das Bürgerbüro Mitte befindet – falls es einem in Stuttgart so gut gefällt, dass man sich gleich anmelden will –, ein Muss. Hier findet man auf 35.000 qm im Bereich Fashion und Lifestyle fast alles, was das Herz begehrt. Der Bau mit den drei Häusern ist auch immer gut dafür, sich ein wenig zu verlaufen. Man ist hier auch gleich am Stuttgarter Marktplatz und kann sogleich weiter in die Markthalle (Dorotheenstraße 4) ziehen, wo es an 43 verschiedenen Verkaufsständen allerhand Leckereien aus aller Welt gibt. Für Feinkostfreunde!

100 Dieser Fall machte im Sommer 2014 bundesweit Schlagzeilen. Nicht deshalb allerdings lohnt ein Besuch, und zwar im angesprochenen Planetarium: Nachdem das 1928 gegründete Stuttgarter Planetarium, ein »Sternentheater«, das BesucherInnen in die Welt der Astronomie einführte, im Krieg zerstört worden war, wurde 1977 das von Wilfried Beck-Erlang entworfene auffällige Gebäude im Mittleren Schlossgarten (Willy-Brandt-Straße 25) eröffnet und anlässlich des 100. Todestages von Carl Zeiss in *Carl-Zeiss-Planetarium* umbenannt. Modernste Laser-Technik ermöglicht es, sogar Filme an der gewölbten Kuppeldecke anzusehen. Auf der Homepage heißt es ganz zu Recht: »Die innovative Glasfasertechnik des Planetariumsprojektors ZEISS UNIVERSARIUM IX erlaubt die Darstellung eines so brillanten Sternenhimmels, wie ihn nur Raumfahrer außerhalb der Erdatmosphäre sehen können. Statt mechanischer Uhrwerksgetriebe werden die Gestirne mit leistungsfähigen Computern digital gesteuert. Damit sind Zeit-

sprünge von mehreren Tausend Jahren innerhalb von Sekunden möglich. Zudem kann der Sternenhimmel samt den korrekten Bewegungen der Wandelgestirne demonstriert werden.« Geöffnet ist Dienstag bis Freitag 9.00–11.30 und 14.00–16.30 Uhr, Mittwoch und Freitag zusätzlich auch 19.00–21.30 Uhr und Samstag und Sonntag 13.00–19.30 Uhr. Ein Besuch ist ein Erlebnis für die ganze Familie! Infos unter http://www.planetarium-stuttgart.de/informationen.

101 Kenner sagen, in Neuwirtshaus (S-Bahn-Haltestelle) liege nicht gerade der sprichwörtliche Hund begraben. Doppelhäuser mit Rasenparzellen drumherum, Schrebergärten und die dominierende Büro- und Industrieansiedlung machen den hier zu gewinnenden Eindruck der eher unansehnlichen, »schaffigen« Seite Stuttgarts zu einem geradezu prototypischen Blick ins Herz der Schwabenseele. Wer sich stattdessen lieber tatsächlich einen Hund oder ein anderes Haustier anschaffen möchte und sich der Verantwortung dafür bewusst ist, dem sei ein Besuch im 7 km entfernten Tierheim in Stuttgart-Botnang ans Herz gelegt. Hier gibt es alles an Tieren, was gedankenlose Menschen sich so anschaffen, neben Hund und Katz auch einmal ein Lama, oder Königsnattern, Leguane, Bartagamen und Vogelspinnen. Infos unter http://rettet-das-tierheim-stuttgart.de.

102 Eine schnurgerade Allee führt von Weilimdorf hinauf zur Solitude (tatsächlich führt sie in exakter Gerade über 13 km direkt zum Residenzschloss in Ludwigsburg). Das prächtige Rokoko-Schloss Solitude des Herzogs Carl Eugen, das im Inneren bereits klassizistische Elemente aufweist, wurde zwischen 1763

und 1769 von den beiden Architekten Johann F. Weying und Philippe de la Guepière als Jagd- und Repräsentationsschloss errichtet: unstreitig eine *der* Sehenswürdigkeiten in Stuttgart. Hier wurden einige prunkvolle Feste und Jagden gefeiert, dann verlor der Autokrat das Interesse. Bereits 1775 wurde die Hofhaltung nach Hohenheim verlegt, ehe der Herzog mit dem gesamten Hof nach Ludwigsburg zog. Daraufhin wurde das Gelände immer weniger genutzt und die prächtigen Gärten verfielen. Die Eberhardskirche beim Schloss wurde abgetragen und an ihrem heutigen Standort an der Königstraße wieder aufgebaut. Schloss Solitude kann besichtigt werden und man sollte auf die in die Wände einiger Säle eingelassenen Betten des Lustschlosses achten. Heute werden hier fast jedes Wochenende Hochzeiten gefeiert und die Akademie Schloss Solitude hat hier ihr Domizil; in den pittoresken Kavaliershäusern zur Linken und Rechten des Schlosses leben und arbeiten die Stipendiaten der Stiftung, die vor allem jüngere Künstler fördert. Auch das Graevenitz-Museum, das Arbeiten des Bildhauers Fritz von Graevenitz zeigt, kann besucht werden (geöffnet jeden Sonntag von 12.00 bis 18.00 Uhr).

103 Auch Schorndorf, die Geburtsstadt Gottlieb Daimlers (26 km östlich von Stuttgart, S-Bahn-Haltestelle), bietet dem Fachwerkfreund einiges: Die historische Altstadt und besonders der Marktplatz mit dem Marktbrunnen zählen nach Ansicht vieler BesucherInnen zu den schönsten Deutschlands. Interessant ist auch ein Besuch im *Comic-Museum Piccolo* (Römmelgasse 18) oder dem *Club Manufaktur e. V.*, einem

Kulturbetrieb mit sehr empfehlenswertem alternativem Programm von Politik, Musik, Theater bis zu Tanz und einem Programmkino. http://www.club-manufaktur.de/programm/vorschau.html.

104 Spötter sagen, das Beste an Stuttgart sei der TGV nach Paris. Auch wenn das nicht stimmt, ist man doch bereits in dreieinhalb Stunden im Herzen der Weltstadt an der Seine, was, etwa übers Wochenende zu zweit, sehr reizvoll sein kann.

STILLER TANZ

Im Morgengrauen fand der Labradormischling eines Spaziergängers ihre Leichen. Genauer handelte es sich um eine blutige Ansammlung diverser menschlicher Körperteile. Wild durcheinander lagen diese im Gebüsch neben den Gleisen. Der Schnellzug aus Paris, der rasch als Unglücksverursacher identifiziert war, erreichte an dieser Stelle über 200 Kilometer in der Stunde. Nach Ansicht des Gerichtsmediziners handelte es sich bei den Toten um drei Jugendliche unbestimmbaren Geschlechts, »Weiteres nach der Obduktion«, welche in diesem Fall anstelle des üblichen analytischen eher einem synthetischen Verfahren folgte, ein Puzzle mit ungewissem Ausgang. An dessen Ende stand fest, dass es sich um zwei Jungs und ein Mädchen handelte, ein Abgleich mit den Vermissten des Wochenendes brachte den Eltern der drei Toten bald traurige Gewissheit.

Unklar war zunächst fast alles an dem Unglücksfall: Wieso der Lokführer nichts bemerkt hatte, weshalb der Zug nicht automatisch stoppte, warum drei Personen auf den Gleisen waren und wie um alles in der Welt sich keine vor dem herannahenden TGV retten konnte. Schnell kamen Gerüchte von einem Gruppenselbstmord auf … Die Pressemappe zu dem Vorfall, die mir von Bruchhagen persönlich auf den Schreibtisch gelegt hatte, schien mir ungewöhnlich dick, der oberste Artikel stammte von der Lokalzeitung, dem *Mühlacker Tagblatt*:

Nichts Neues im Fall der verunglückten Jugendlichen

Immer noch rätselt die ganze Region Pforzheim. [105] Auch eine Woche nach dem schrecklichen Unfalltod dreier alkoholisierter Teenager, die am Samstagmorgen gegen 4.55 Uhr im Stadtwald vor Illingen im Enzkreis vom TGV erfasst wurden, wirft ihr Tod viele Fragezeichen auf (siehe auch unseren Kommentar »Die Bahn schweigt weiter – Aufklärung tut Not«.) [106]

Nach vorläufigem Ermittlungsstand steht lediglich fest, dass sich die 17-jährige Gymnasiastin Jessica W. aus Mühlacker und die beiden 18-jährigen Berufsschüler Ruben M. aus Pforzheim sowie sein Klassenkamerad Philipp S. aus Vaihingen/Enz in den frühen Morgenstunden aus unbekannten Gründen auf den Bahngleisen aufgehalten haben. Was sie dazu trieb, das sehr gut gesicherte Bahnareal trotz der Warnschilder und eines Sicherheitszauns zu betreten, ist unklar, ebenso, weshalb sie den herannahenden Zug nicht bemerkten. Laut einem Sachverständigen war ihr Alkoholisierungsgrad vergleichsweise mäßig und ihre Angetrunkenheit »keinesfalls ausreichend, eine derart herabgesetzte Reaktionszeit zu erklären«. Illegale Rauschmittel konnten nur im Blut von Ruben M. nachgewiesen werden.

Ein Gruppensuizid, über den zunächst spekuliert worden war, ist nach Angaben der Polizei »eher unwahrscheinlich«: Bei keinem der Betroffenen lagen Symptome einer Depression vor, auch fanden sich in ihrer Internetkorrespondenz oder im Familien- und Freundeskreis keinerlei Hinweise auf ein entsprechendes Vorhaben. Es liegt auch kein Abschiedsbrief vor.

Besonders rätselhaft ist, weshalb der Zug einfach weiterfuhr. Laut einem Bahnsprecher ist »ein solches Vorkommnis beim heutigen Stand der Technik eigentlich ausgeschlossen. Natürlich könne man nicht für den französischen Betreiber des Zuges sprechen.«

Morgen findet um 17 Uhr in der Schlosskirche in Pforzheim ein Trauergottesdienst für die Verunglückten statt, zu dem sich neben dem Oberbürgermeister auch der Ministerpräsident, der Verkehrsminister des Landes, der französische Botschafter und zahlreiche Würdenträger aus Politik und Medien angekündigt haben. 107 Die Polizei bittet um Verständnis für entsprechende Verkehrsbehinderungen in der Innenstadt.

Eine tragische Komplikation, die das überregionale Medieninteresse an dem Fall erst richtig in Gang brachte, war dann der Selbstmord des Lokführers, eines 43-jährigen Vaters zweier Kinder aus Besançon, der in seinem Abschiedsbrief gestand, zur Unglückszeit nicht im Führerhaus gewesen zu sein.

Hoffnung auf etwas Licht im Dunkel ergab sich gut vier Wochen nach dem Unglück, als das Gerücht aufkam, eine vierte Jugendliche sei mit am Ort des Geschehens gewesen. Eine schließlich stattfindende Vernehmung der betreffenden Person im Beisein ihrer Eltern und eines Psychologen erbrachte allerdings keine Aufklärung; das Mädchen gab an, die Gruppe gut zwei Stunden vor dem Unglück bei einer zwei Kilometer entfernten Diskothek im Illinger Industriepark verlassen zu haben; sie wisse nicht, was danach geschehen sei, auch die drei seien bereits auf dem Nachhauseweg gewesen. Vieles blieb im Dunkeln, als die Ermittlungen beendet wurden. Lediglich der Boulevardpresse hatte das Unglück wochenlang Stoff für »haltlose Spekulationen«

geliefert, wie der Leiter der Oberstaatsanwaltschaft Stuttgart in einer Fernsehsendung kritisch anmerkte.

Obwohl es der Fall bis in die Abendnachrichten gebracht hatte und einige Zeit durch alle Medien gegeistert war (mehr und mehr wurde er zu einem Phantom, denn nach der Lektüre der gesamten Mappe wusste ich nicht mehr als am Anfang), hatte ich in meiner Berliner Fernsehredaktion nichts davon mitbekommen, zu sehr hatten mich die Arbeiten an meinem Film über das deutsche Gesundheitssystem in Anspruch genommen. Dieser Film, den sie dann als 6-Minüter in der Nachtausgabe versteckten, war der erste seit Jahren, der mir am Herzen gelegen hatte. Ich hatte fast vergessen, wie es sich anfühlte. Dabei denke ich jeden Tag an mein Herz. Die morgendlichen Stiche in der Brust, meine Hustenorgien im Bad, etwas sagte mir, dass es nicht mehr allzu lange schlagen würde. Was blieb dann von mir – Dutzende läppische Filmbeiträge über Konsumentensorgen, Hartz-IV-ler und kleinere Polit-Skandale, bei denen ich größtenteils nicht einmal selbst mehr wusste, was daran jeweils das Empörende gewesen sein sollte, eine Scheidung, zwei längst er- und mir entwachsene Kinder, die ich, wenn es hoch kam, einmal im Jahr sah und die mir dann umso mehr auf die Nerven gingen, die Wohnung in Mitte, vielleicht 80.000 Euro Festgeld, das nach Lage der Dinge die beiden erben würden, um es in ihre jeweiligen Doppelhaushälften in Hamburg und Dresden zu investieren. Ja, Lisa natürlich, die nur noch ihre Galerie im Kopf hatte und mich sicher betrog.

Wenn ich nicht geahnt hätte, dass es zu spät war, hätte ich noch heute alles hingeworfen. Seit Jahren gelang es mir nur noch schwer, mir einzureden, dies sei die eigentliche Königsdisziplin des Journalismus: vereinfachen, verkürzen, etwas auf den Punkt bringen. Was denn, bitte, wurde hier auf den Punkt gebracht? Ja, mittlerweile war ich so weit: Ich träumte des Öfteren im Büro vor mich hin und sehnte mich zum bräsigen Kulturfernsehen, zu den Öffentlich-Rechtlichen zurück, auch wenn ich das mit meinen 62 Jahren nie jemandem laut gesagt hätte.

Was unser, also von Bruchhagens Interesse geweckt und mir diese idiotische Fahrt nach Stuttgart eingebracht hatte, war der Hinweis aus der Lokalredaktion Stuttgart, es gäbe da einen Tippgeber, der Genaueres wisse und einen Informanten an der Hand habe; dieser sei gegen eine entsprechende Aufwandsentschädigung zu einem Interview bereit. Unsere neue Chefredakteurin meinte, das sei verfolgenswert, insofern diverse Ermittlungspannen aufgedeckt werden könnten, die gut in einen länger geplanten Beitrag über das Thema »Deutsche Justiz – Pleiten, Pech und Pannen?« passen würden. Marlies von Bruchhagen ist noch keine vierzig, aber doppelt so gut vernetzt wie ich und ohne eigentliche journalistische Ambition, die sie vom rechten Weg des notorischen Wegstreichens von Stellen (Kostenfaktoren) abhalten würde; man sagt ihr hausintern eine große Karriere voraus.

Leider war so kurzfristig kein vernünftiger Flug mehr zu bekommen gewesen außer einem um 6 Uhr 30. So früh bin ich seit Jahren nicht mehr aufgestanden, schon gar nicht für den Job. Also gondelte ich siebeneinhalb Stunden mit der Bahn quer durch Deutschland. Die Fahrt im Dauerregen war noch öder als befürchtet. Seit wir den Harz verlassen hatten, bot sich meinem Blick meist eine gewisse landschaftliche Weite, die leider von der Enge in den Köpfen der zugehörigen Menschen geprägt war: Es war eine Gnade, dass die Fahrt das Sammelsurium architektonischen Horrors, das die Bahngleise ab und an säumte, in einige helle Striche im notorischen Grün auflöste. Vor über dreißig Jahren hatte ich die Provinz verlassen und war nach Berlin gegangen, und noch immer reichte ein Fachwerkhaus oder eine Doppelhaushälfte am Rande einer deutschen Kleinstadt, um in mir Beklemmungen auszulösen. Seltsam, weshalb beispielsweise französische oder italienische Dörfer derart charmant sein können. Aber jene nahmen Rücksicht auf die Gegebenheiten, hatten Maß, zeugten von Stilbewusstsein, ja, von Würde. Deutsche Kleinstädte hingegen atmeten lediglich kleinbürgerliche Gehässigkeit. Schon diese Architektur: bauwerkliche Mittelmäßigkeiten unterschiedlichster Herkunft und Absicht, in jeder Hinsicht wahllos und wie hingespien in die ohnehin nur mäßig aufregende Landschaft. Ich hatte mir – eine verzweifelt ironische Geste – ein Reisemagazin für die Fahrt gekauft. Ab Frankfurt wurde es ein wenig besser, vielleicht, weil die Sonne durchkam. Immerhin bekam ich am Stuttgarter Hauptbahnhof, um den es zuletzt so viel Streiterei gegeben hatte, gleich ein Taxi.

Der Rosensteinpark mag schön sein für Menschen, die nichts Besseres gewohnt sind. 108 Mir drückte der Magen, ein leichtes, aber dauerhaftes Brennen; die Warterei auf diesen mysteriösen Tippgeber ging mir langsam auf die Eier. Der Kerl war ein kleines Licht bei der Lokalpresse und erhoffte sich wohl eine Karriere beim Fernsehen. Dann könnte er wenigstens pünktlich sein … Und dieses lächerliche konspirative Vorgehen, das war der Gipfel! Glaubte er, das hier sei ein Agententhriller? »Natürlich erkenne ich Sie, Sie brauchen nur zu warten, ich komme auf Sie zu«, hatte der allen Ernstes gemailt. Wollte er gleich seine enorme Recherchekompetenz beweisen?

Überall hier waren Menschen, sie bewegten sich munter. Es war ein schöner Frühsommertag, das Leben ging seinen Gang. ›Krise – welche Krise?‹, stand auf einem T-Shirt. Streng genommen bei Gottfried Benn geklaut, der einmal schrieb: »Was Sie Krise nennen, hindert Sie nicht an Gewichtszunahme, blicken Sie sich doch um, Krise – das ist doch alles gute, alte Tradition.« Es dauerte nicht lange, und ich machte die anderen aus, die hier auch alleine waren, es waren drei. Verstohlen huschten die Blicke zwischen unseren Parkbänken hin und her; während die, die nicht warteten, die nicht übrig waren, geschäftig vorübereilten. Sie telefonierten oder unterhielten sich in kleinen Grüppchen, ihre Kinderwagen schiebend oder sich gegenseitig untergehakt, uns Vergessene bemerkten sie nicht einmal. Dabei waren wir keineswegs unsichtbar, und leicht zu registrieren waren dieser verständnisinnige »Der-hat-auch-niemanden-Blick« der älteren Dame auf der Bank schräg gegenüber oder das notorische Wegsehen des jungen Mannes zu meiner Linken, der sich wohl zu Unrecht in unsere kleine Gesellschaft derer ohne Gesellschaft gerechnet fühlte, und gar nicht zu übersehen war die hübsche Dunkelhaarige in der Mitte, die, seit gut zwanzig Minuten in ihr Smartphone vertieft, vielleicht fürchtete, sonst womöglich von mir oder einem anderen angesprochen zu werden. Mittendrin ich, der nichts wollte, außer dass etwas Zeit verging und dieser Kerl endlich auftauchte, was insgesamt bedeutete, dass ich mit schmerzendem Rücken und finsterer Miene gelangweilt auf einer Parkbank vor einer sich räkelnden Marmornymphe beim hübschen Schloss Rosenstein herumhockte. 109 In seiner SMS war von ›leider 20 Minuten später‹ die Rede gewesen. Die alte Frau ging, alleine. Mit der stimmte wirklich etwas nicht, wie sie lief und den Kopf die ganze Zeit schräg hielt, als würde er ihr sonst abfallen … Der junge Mann immerhin wurde tatsächlich noch gefunden: Das Aufrichten der ganzen Gestalt, als seine Kumpane auf ihn zugeschlendert kommen, das Strahlen in seinem Gesicht, schließlich der triumphierende Blick zu uns herüber, mit dem er verschwindet, all das sprach Bände. Jetzt waren wir nur noch zu zweit, die Dunkelhaarige und ich. Ich lächelte vage in ihre Richtung. Sie reagierte natürlich nicht. Erst als ich fürchtete, ein junger Anzugträger mit gelockertem Schlips und einer Flasche Bier in der Hand könnte sich zu mir setzen, stand ich auf. Da sprach er mich an: »Hallo, ich glaube, wir sind verabredet! Bitte entschuldigen Sie meine Verspätung.« Überrascht schaute ich ihn mir genauer an.

*

Müde weise ich in Richtung eines Schildes, auf dem »Wilhelma« steht – ein derart preußisch klingender Name, dass er mir eher nach Potsdam zu passen scheint als nach Stuttgart. 110 »Gehen wir ein paar Schritte …« Der Typ ist eine Null; sein Anzug ist billig und sitzt schlecht, und nicht nur sein Parfüm wirkt aufdringlich. Aber was er hat, ist gar nicht schlecht: Er hat das Mädchen. Die Freundin der Toten, die anscheinend doch Zeugin des Unglücks war. Wie er an sie gekommen ist, verrät er nicht. Er macht einen solchen Wirbel darum, dass man kotzen könnte über so viel Selbstbeweihräucherung, zumal mein Magen immer noch rebelliert. Die beiden Lachssandwiches in der Bahn, vielleicht war damit etwas nicht in Ordnung? Jedenfalls will sie 5.000 Euro für ihre Story. Das ist lächerlich wenig.

Er steckt mir eine Handynummer zu.

Ich sage ihm, er solle sich mit seiner Initiativ-Bewerbung direkt an mich wenden, ich würde das in die richtigen Kanäle weiterleiten (und denke: den Papierkorb). Wir verabschieden uns mit Handschlag. Ich hoffe, ihn nie wiederzusehen.

Das Mädchen meldet sich spät. Sie klingt verschnupft und ist kaum zu verstehen. Mein Ansinnen, nach Pforzheim zu kommen, lehnt sie ab. »Wir treffen uns in Stuttgart, ich muss hier raus!« Wir verabreden uns in einem Café am Schlossplatz für den nächsten Nachmittag. »Die U-Bahn-Haltestelle heißt *Neues Schloss* … Und bringen Sie das Geld mit«, sagt sie noch.

»Natürlich.«

»Ich schick mal ein Bild, damit Sie wissen …« Niedlich.

Die MMS kommt prompt, es ist eine recht hübsche Rothaarige mit kokettem Augenaufschlag. Vermutlich handelt es sich um ihr Profilbild bei *Facebook*.

Am nächsten Tag geht alles schief. Ich breche noch vor dem Frühstück im Klo zusammen und spucke wieder blutigen Schleim. Dann finde ich das Lokal zu spät, denn alle Lokale hier an diesem Platz mitten auf der ausgesprochen belebten Königstraße sehen im Außenbereich irgendwie gleich aus. 111 Das Mädchen ist nirgends. Die schiere Masse der hin und her flanierenden Menschen stumpft mich ab. Alles hier ist eine eigenartige Mischung aus Alt und Neu, die trotz all der Einkaufswilligen tot wirkt. Mir macht einzig der goldene Hirsch Eindruck, der schräg gegenüber auf dem Dach eines hässlichen Kuppelbaus angebracht wurde; er wirkt angemessen provinziell, finde ich. 112 Ich hatte nicht vor, Stuttgart zu mögen, und die Stadt gefällt mir auch nicht besonders. Als ich mein Aperol schon länger leer habe, entdecke ich auf den Treppen des Säulenbaus, der dem reichlich überdimensionierten Barockschloss **113** gegenüberliegt und wie selbstverständlich als Teil der Einkaufsmeile genutzt wird, eine junge Frau, die nervös raucht und immer wieder hersieht. Sie steht auf und verharrt doch unschlüssig, verloren wie eine Plastik von Giacometti: ernst, hager und anorektisch, ihre ganze Gestalt atmet die Sehnsucht zu verschwinden. Mit Zopf und Baseball-Mütze weist sie zwar keine nennenswerte Ähnlichkeit mit dem Handyfoto auf, aber sie ist es. Sie wollte es wohl dem Schicksal überlassen, ob ich sie ausfindig mache oder nicht.

Ich stehe auf, winke und schlendere zu ihr hinüber. Das nächste Problem ist, dass sie nicht redet. Sie schaut mich noch nicht einmal an. Viel mehr als »Haben Sie mich gefunden?« und »Haben Sie das Geld?« hat sie noch nicht herausgebracht. Ich merke sofort, dass jede Spur von Ungeduld bei der hier ein Fehler wäre. Die ist kaputt genug, das zu spüren. Da braucht man nur ihre tonlose Stimme, die seltsam gekrümmte Haltung, als sei sie geschlagen worden, und diesen Blick irgendwohin ins Leere auf sich wirken zu lassen. Und dass sie nichts davon spielt, obwohl sie in einem Alter ist, wo sie eigentlich immer spielen. Ihr scheint vollständig gleichgültig, wie sie wirkt. Auch das Geld hat sie bisher nicht genommen.

Ich werfe mir das Jackett über die Schulter, biete ihr eine Zigarette an und setze mich neben sie, als ob sie meine pubertierende Tochter wäre. Beide starren wir auf das seltsame Rondell und die Flanierenden, als interessierten uns all diese wohlstandssatten Schwaben nicht einen Scheiß. **114**

Dann sieht sie mich das erste Mal an. Ein jähes Erkennen liegt in ihrem Blick, und auch ich sehe jetzt, obwohl sie noch so furchtbar jung ist, dass es zwischen uns nicht vieler Worte braucht. Sie und ich, wir sind uns vertraut, auch wenn wir uns gerade das erste Mal begegnen. Ich schlage vor, ein paar Schritte zu gehen. Auch sie scheint den Hirsch anziehend zu finden, jedenfalls trottet sie in diese Richtung, hinaus aus dem größten Gedränge.

Irgendwann fragt sie mich: »Wissen Sie, was eine *Silent Disco* ist?«

Ich nicke.

Sie erzählt seltsam regungslos.

»Na ja, es war wieder so ein Drecksabend. Kennen Sie Pforzheim? Da läuft nichts mit Elektro. Muss man schon nach Illingen fahren, Illingen, echt der Nabel der Welt. Zum Totlachen! Das *Las Vegas* ... Da sind wir immer, weil wir keinen Bock auf die Pforzheimer Schnösel haben. Also wenigstens immer, wenn keiner hierherfahren will. Egal. Irgendwie hat der neue Betreiber im Vegas aber ein Problem. Ständig bringt er so neuen, hippen Scheiß aus New York und Berlin an, den die Bauern da eh nicht verstehen. Das heißt dann: Kaum wer da, null Stimmung, echt lahm. ›Elektroswingabend‹, ›Burleske-Party‹ und jetzt auch noch diese Silent Disco. Also wir waren spät gekommen, und trotzdem waren vielleicht gerade mal 15 Gesichter da. Kein Sound. Diese Affen mit ihren Kopfhörern spackten jeder für sich auf der Tanzfläche rum, und zwar genau die, die sich die Superteile leisten können. Bei einer richtigen Silent-Disco-Party bekommt man die ausgeliehen, aber das haben die da nicht kapiert. Tanzen können die da eh alle nicht, aber wenn dann auch noch jeder zum eigenen Sound so ein bisschen vor sich hin danct, der eine zu HipHop, der andere zu Elektro, noch wer zu Metal ... Das geht gar nicht! ›Autistenklub‹, meinte Ruben. Kurz war das ja ganz lustig: Wenn du keine Musik hörst, und diese Leute, die du eh nicht abkannst, so tanzen siehst, denkst du, sie hätten was an der Waffel. Aber auf Dauer nervt das bloß. Na ja, Ruben und ich sind dann raus. Endlich konnte ich mal länger allein mit ihm quatschen, ohne die anderen. War gut. Ich glaub, er hat mich zum ersten Mal ein bisschen verstanden. Gerade, als ich ihm noch was sagen wollte, kam Jessie, und in ihrem Schlepptau natürlich Philipp. Und der hing dann wieder den ganzen Abend wie 'ne Klette an mir dran, das war so ätzend … Sie hatten 'ne Flasche Wodka mit. Irgendwann kam der Türsteher, das Arschloch, und sagte, wir sollten abhauen, von wegen Fremdalkohol. Dabei hatten wir fett Eintritt für den Drecksabend gezahlt. Das haben wir dann gemacht, sind in den Wald gelaufen, am Waldfriedhof vorbei, Richtung Bahn. Ich sitz da öfter mal allein; wenn es mir drin zu blöd wird, kann man gut chillen da. Man sieht den Zug, ganz nah, der ist echt hammerschnell.«

Sie sieht mich beim Reden immer noch nicht an, bleibt aber plötzlich stehen und fixiert den nächsten halbrunden Sandstein-Prunkbau, der sich gegenüber einem seltsam quadratisch angelegten, betonumrandeten Teich ruhig im Mittagslicht sonnt, als warte sie auf eine Eingebung. 115 Ich huste wieder. Dieser Park ist wirklich eigenartig. Um sie wieder in die Spur zu bringen, sage ich: »Dort ist dann das Unglück passiert?«

Sie nickt. Plötzlich lacht sie: »Siehst du, wie der kleine Hund dort die Ente gejagt hat, die einfach davonfliegt? So fühlt man sich als Mensch, wenn dieser Zug vorüberrast. Ziemlich hilflos.«

Ich sehe keinen kleinen Hund, vielmehr sind hier überall Hunde, Schwäne, Enten und Menschen, junge und alte, Kaputte und Frischverliebte, Pensionäre und Dealer, auf

Skateboards, Inlinern, Fahrrädern oder zu Fuß. Ich möchte nun endlich wissen, was sie mir zu sagen hat. Das scheint sie zu merken und fährt mit ihrer Erzählung fort.

»Dann wurde das immer nerviger mit Jessie und Ruben, sie machte ihn voll an, aber derbest. Fasste sich dauernd an die Titten und so, fummelte auch an ihm rum. Mir wurde echt schlecht: Knutscht der auch noch mit der Bitch rum! Ich hab plötzlich so eine Wut bekommen, ich hätt die umbringen können! Ich wusste gar nicht, was mit mir los ist, so toll finde ich Ruben gar nicht. Na ja, ich hab dann die halbe Flasche auf ex getrunken, und irgendwann sogar mit Philipp rumgeknutscht, dabei find ich den zum Kotzen. War ein ganz falscher Film … Mir war so kalt plötzlich, ich hatte die Jacke vergessen. Ich glaub, Philipp kam dann auf die Idee mit der Silent Disco. Ich fing an, kletterte durch das Loch im Zaun runter auf die Gleise, er gleich hinterher. Wir haben die Handys rausgeholt, Kopfhörer rein, voll aufgedreht. Ruben und Jessica waren auch gleich mit am Start, wir gingen voll ab, mitten auf den Gleisen, Jessie zeigte ihre Moves, Ruben fing sogar an zu breaken … Na ja, ich wusste, dass bald der Zug kommt, aber das war mir so was von egal. Ich hab die Augen zugemacht und getanzt. Als das Stück zu Ende war und ich sah, wie Philipp 'ne Art einarmigen Handstand machte und Ruben und Jessie Stehblues tanzten und einander ableckten, echt daneben, da hatte ich genug. Hinten sah ich die Lichter des Zugs kommen. Bin einfach runter von den Gleisen und weg. Ich hab mich nicht mal mehr umgedreht … Na ja.«

Sie hat sich auf eine Parkbank gesetzt. Mit dem Schweigen, das auf ihre Erzählung folgt, packt mich ein seltsames Unbehagen. Vielleicht ist es die Art, wie sie das erzählt, so völlig ohne jede Regung. Ich will einfach nur weg. Aber wohin kann ich gehen? In eine Bar? In mein leeres Hotelzimmer, zu dem Blut im Waschbecken? Ich hab das nicht weggemacht, weil ich später in Ruhe schauen wollte, ob da wirklich Blut drin ist …

Mir fällt nichts ein, was ich sagen oder tun könnte. Nemo contra deum nisi deus ipse. In einer entfernten Ecke meines Gehirns weiß ich, eigentlich müsste ich sie tröstend in den Arm nehmen, oder, wahrscheinlich eher noch, sollte mich irgendeine Art von Empörung packen. Ich müsste sie schütteln wollen und sagen: Was hast du getan? Bist du eigentlich noch ganz dicht? Ich aber sehe bloß, ein wenig fasziniert sogar, die Leere in ihrem Blick und dass ihr die Rolle der Kalten, Unnahbaren eigentlich ganz gut steht. Macht sie mir Angst?

Wir sagen beide minutenlang kein Wort, bis ich murmele, ich müsse jetzt weiter. Sie bleibt sitzen, fixiert eine Werbesäule, die in leuchtenden Farben für ein Friedrichsbau-Varieté wirbt, als erwarte sie von dort eine Erleuchtung. Angeblich feierte das Haus seinen 20. Geburtstag (welche großartige Kabarett-Tradition diese Stadt aufzuweisen hat, amüsiert sich der zugezogene Berliner in mir, der jahrelang in Sichtweite der Weidendammer Brücke gewohnt hat). Sie verabschiedet sich nicht. 116

In der Nacht träume ich von ihr. Ich sehe sie, an jenem Morgen. Als sie den Zug sieht, springt sie vom Gleis. Ruhig geht sie davon, im Takt der Musik wippend, ohne sich noch einmal umzudrehen. Ich erwache. Es ist kurz nach vier und ich kann nicht mehr einschlafen.

Um zehn rufe ich von Bruchhagen an. Mein Blick aus dem Hotelzimmerfenster, einem Bau mit dem hübschen Namen

Graf Zeppelin, fällt direkt auf den alten Bahnhof. 117 Nach diversen Baumaßnahmen wirkt das seltsame Bauwerk wie ein gerupftes Huhn. 118 Ich sage, dass an der Story nichts dran sei. Nur ein Idiot, der sich habe wichtigmachen wollen. Das Mädchen, das unser Informant angeschleppt habe, sei ganz uninteressant, die wolle halt ins Fernsehen. Sie hört mir nicht richtig zu, ist mal wieder sehr geschäftig: »Klar, kein Problem. Das Justiz-Ding schieben wir eh auf den Herbst ... Wir müssen dringend was über diese Organspendensache machen. Hast du das gestern mitbekommen mit den gefälschten Patientendaten? Und danach kommt erst mal wieder Zwangsprostitution, unsere Quotenweiber sitzen mir im Nacken ...« Sie lacht. »Wir sehen uns morgen ...«, und legt auf, ehe ich ihr sagen kann, dass ich erst am Montag wieder fliege, wenn überhaupt. Wahrscheinlich muss ich doch einmal zum Arzt, weshalb nicht hier?

Gegen Mittag ruft sie mich an: »Nehmen Sie mich mit nach Berlin?«

Ich brumme etwas. Warum nicht?

»Was willst du denn dort?«

Sie sagt fest: »Ich bin das Monster, ich muss ins Fernsehen.«

Warum ärgere ich mich? Weil ihr das Theatralische nicht steht? Jedenfalls, ich versuche sogar halblebig, ihr das auszureden. Sage, dass ich schweigen würde. Das Geld bekäme sie trotzdem, ich will es ihr schenken. Von der Macht des Vergessens, von einem Neuanfang, von ihrer Jugend schwadroniere ich. Dass das Leben immer von vorn käme und mit ihm das Vergessen. Die Plattitüden lassen sie so kalt wie mich, und mein letzter Satz erstickt in einem Hustenanfall.

105 Die Goldschmiedestadt Pforzheim, obwohl römische Gründung und zeitweilig sogar badische Residenzstadt, ist städtebaulich nicht allzu sehenswert. Was eine Reise lohnt, liegt in der 1767 von Markgraf Karl Friedrich von Baden begründeten Tradition als Schmuck- und Uhrenindustrieort, die Pforzheim weltbekannt gemacht hat. Noch heute werden hier etwa 75 Prozent der deutschen Schmuckwaren produziert; zudem befindet sich hier die einzige Goldschmiede- und Uhrmacherschule in Deutschland. Einige kleine Museen dokumentieren diese einzigartige Tradition, etwa das Schmuckmuseum im Reuchlinhaus, das Technische Museum der Pforzheimer Schmuck- und Uhrenindustrie, die Edelsteinausstellung Witwe Schütt und die Schmuckwelten Pforzheim, ein Einkaufs- und Erlebniszentrum für Schmuck und Uhren mit Mineralienmuseum.

106 Etwa eine halbe Stunde südwestlich der Bahnstrecke – an der L 572 im Wald zwischen den Ortschaften Pforzheim-Würm und Hohenwart – befindet sich die Burgruine Liebeneck aus dem 12. Jahrhundert – solche urtümlichen Burgruinen findet man sonst eher in den Vogesen oder im Pfälzer Wald, in und um Pforzheim liegen gleich vier: die Burgen Hoheneck, Kräheneck und Rabeneck. Die vielleicht sehenswerteste Ruine Liebeneck ist nicht mit dem Auto erreichbar, sondern muss erwandert werden. Wer größere Radtouren schätzt, kann etwa vom Stuttgarter Birkenkopf durchs Strohgäu über Leonberg, Rutesheim,

Flacht, Mönsheim, Wimsheim in cirka zweieinhalb Stunden die Burgruine erreichen (40 Kilometer einfache Strecke).

107 Die heute evangelische Schlosskirche St. Michael in Pforzheim ist in ihren ältesten Teilen im frühen 13. Jahrhundert erbaut worden und eines der wenigen erhaltenen historischen Gebäude der im Zweiten Weltkrieg weitgehend zerstörten Stadt an der Pforte zum Schwarzwald.

108 Der Rosensteinpark gilt mit seinen über 100 Hektar Größe als der bedeutendste Landschaftspark Südwestdeutschlands, eine der letzten klassischen englischen Gartenanlagen, die nach dem Vorbild der Natur gestaltet wurden. Er wurde in den Jahren nach 1824–1840 nach Plänen des Hofgärtners Johann Bosch angelegt. Viele klassizistische Statuen schmücken den Park. Er beherbergt auch das sehenswerte Staatliche Museum für Naturkunde am prächtigen Löwentor. Darin findet man weltberühmte Fossilienfunde aus der Urzeit Südwestdeutschlands, darunter die ältesten Dinosaurierfunde Europas und Modelle der riesigen Säugetiere aus der Eiszeit, wie z. B. Mammut und Steppenelefant. Geöffnet werktags nur bis 17.00 Uhr, sonst bis 18.00 Uhr. Montags geschlossen!

109 Das von König Wilhelm I. zu seinem 40. Geburtstag von Hofbaumeister Giovanni Salucci errichtete Schloss Rosenstein, feierlich eingeweiht im Jahr 1830, in dem der »ewige« König Württembergs 1864 auch verstarb, beherbergt heute das Naturkundemuseum Schloss Rosenstein Stuttgart mit seinen zoologisch-botanischen Schausammlungen mit Pflanzen und aufwändig präparierten Tierarten aus aller Welt.

110 Die historische Parkanlage, die als Nebenpark zum Rosensteinpark ein königliches Badehaus beinhalten sollte, wobei allerdings nur ein maurisches Landhaus realisiert wurde, wird seit 1953 als zoologisch-botanischer Garten genutzt; auf über 30 Hektar werden über 10.000 Tiere gehalten, zu sehen sind hier über 1.150 Arten. Der dem Land Baden-Württemberg gehörende Zoo, der zu den größeren in Deutschland zählt, lockt jährlich zwei Millionen Besucher an. Informationen über Öffnungszeiten, Preise etc. unter http://www.wilhelma.de/. Immer einen Besuch wert ist auch das wunderschöne Wilhelma Theater, das auch Eigenproduktionen der hiesigen Staatlichen Hochschule der Musik und Darstellenden Kunst zeigt (ebenda). Programm unter http://www.wilhelma-theater.de/.

111 Die 1,2 Kilometer lange Königstraße ist Stuttgarts Hauptgeschäftsstraße, gehört zu den längsten und am stärksten frequentierten Einkaufsmeilen Deutschlands und lädt immer zu einer Shoppingtour ein.

112 Hier irrt unser namenloser Gast aus Berlin … Im Kunstgebäude aus dem Jahr 1910 ist der Württembergische Kunstverein beheimatet, der hier spannende Ausstellungen meist zeitgenössischer Kunst kuratiert. Am 18. März 1920, als die Reichsregierung der Weimarer Republik in Stuttgart Zuflucht suchte, war das Kunstgebäude aufgrund des Kapp-Putsches Tagungsort der Deutschen Nationalversammlung. Der Hirsch stammt vom Bildhauer Ludwig Habich. Vom 25. September 2013 bis zum Sommer 2014 hat das Kunstgebäude als provisorischer Tagungsort des Landtags von Baden-Württemberg gedient.

113 Das Neue Schloss ist die letzte große barocke Residenzschlossanlage in Deutschland, bei Grundsteinlegung 1746 wollte Herzog Carl Eugen ein »schwäbisches Versailles«. Bei seinem Tod 1793 war der Bau noch immer nicht fertig gestellt. Heute sitzen hier diverse Landesministerien. In den Kellergewölben des Neuen Schlosses ist das Römische Lapidarium untergebracht, eine bedeutende Sammlung provinzialrömischer Steindenkmäler – sehenswert! Interessanter noch ist das gegenüberliegende Alte Schloss, das auf eine Burganlage aus dem 10. Jahrhundert zurückgeht und 1578 zu einem damals viel bewunderten Renaissance-Schloss ausgebaut wurde. Es beherbergt die Schlosskirche und das Landesmuseum Württemberg, das die Landesgeschichte seit der Antike thematisiert. Hier kann man den berühmten Keltenfürsten von Hochdorf besichtigen! Geöffnet ist außer montags täglich bis 17.00 Uhr.

114 Der Schlossgarten vor dem Neuen Schloss (wo der kleine Pavillon ist, direkt bei der U-Bahn-Haltestelle) ist bei gutem Wetter die Liegewiese der Stadt. Zugleich finden hier des Öfteren Großveranstaltungen statt, Open-Air-Konzerte oder Übertragungen des sehenswerten Trickfilmfestivals im Frühjahr (Infos dazu unter http://www.itfs.de) oder bei Sport-Großevents.

115 Das 1912 von Jens Littman errichtete Große Haus im Schlossgarten, seit 2001 in Opernhaus umbenannt. Hier und in einem dahinterliegenden schlichten Nachkriegsanbau sind die Staatstheater Stuttgart untergebracht, das heißt, die Oper Stuttgart, das Stuttgarter Ballett und das Schauspiel Stuttgart.

Ein Besuch etwa des über 1.500 Besucher fassenden Opernhauses anlässlich einer Ballett- oder Opernaufführung ist für jeden kulturinteressierten Stuttgart-Reisenden eigentlich ein Muss. Das aktuelle Programm unter http://www.staatstheater-stuttgart.de/.

116 Das traditionsreiche Friedrichsbau Varieté (gegründet 1900) ist eine Stuttgarter Attraktion! In den letzten 20 Jahren zählte man bei insgesamt rund 6.600 Vorstellungen fast 2 Millionen Besucher. Infos zum aktuellen Programm unter http://www.friedrichsbau.de.

117 Das Steigenberger Hotel Graf Zeppelin (1929 erbaut) ist als 5-Sterne-Haus das wohl prominenteste Stuttgarter Hotel. Es liegt mit seinen 189 luxuriösen Räumen und Suiten direkt am Hauptbahnhof und damit am Herzen der Stuttgart-21-Baustelle.

118 Der 1928 vollendete Bahnhofsbau des Architekten Paul Bonatz, ganz »Verkehrskathedrale« im fortschrittsgläubigen Geist der Zeit, war zeitweilig infolge des Streits um das Projekt Stuttgart 21, dem er teilweise weichen soll, deutschlandweit Gesprächsgegenstand: Vehement kämpften Tausende Stuttgarter für seinen Erhalt. Der Traditionalist Bonatz war später einer der wichtigsten Architekten des NS-Regimes und plante sogar ein gigantomanisches Gauforum auf der Uhlandshöhe (verwirklicht wurden die Adolf-Hitler-Kampfbahn, das spätere Neckarstadion, und mehr als zwanzig große Brücken für die »Reichsautobahnen«). Allein wegen dieser Widersprüche und den zahlreichen Spuren des kreativen Widerstands gegen Stuttgart 21 lohnt ein Besuch vor Ort.

NOVEMBER 1876

Ihr Mund, dieser Mund! Gräulin musste endlich diesen Mund mit seinen entflammten Lippen umschließen, er musste … Das unverschämt laute Klopfen an der Tür hielt ihn im letzten Moment zurück. In ihrem Gesicht spiegelte sich seine Überraschung wider.

»Entschuldige …« Er erhob sich, leicht schwankend, und stieß sich den Weg frei durch die Relikte des zurückliegenden Abends. Ein halb gefülltes Sektglas zersplitterte. Die Flüssigkeit ergoss sich über vereinzelte Aschereste und auf dem kleinen Marmortischchen verteilte Krümel des Käsekuchens, den er mitgebracht hatte.

Eine eigenartige Mischung, dachte sie, etwas irritiert wegen der plötzlichen Störung ihrer Hoffnung. Sie ahnte, dass der erstaunlich frühe Besuch (es dämmerte draußen ja noch nicht einmal) ihre Absichten für den Rest des Abends gehörig durcheinanderbringen würde.

Doch noch wusste sie nichts und hoffte alles. Zerstreut leckte sie ihre Lippen. Als die Tür geöffnet wurde, erhellte die flackernde Kerze ihre auf eigene Weise reizenden Züge: anmutig die großen Kinderaugen, die ein wenig zu kleine Nase und der sinnliche Mund. Ihre Haut war von der kalten Reinheit weißen Porzellans, ihr weizenblondes Haar zu koketten Zöpfen gebunden, was sie jünger erscheinen ließ. Man sah ihr die zwei Kinder nicht an. Ganz Spielzeug war sie in ihrer weißen Schürze, ganz Spielzeug hatte sie sein wollen an diesem Abend!

Warum nur zögert er so lange?, hatte sie sich gefragt, getrunken, geredet, gelacht und es sich erneut gefragt, seine Nähe erfüllte sie mit dem Schauder intimster Ahnungen. Er war so reizend: groß, breitschultrig und muskulös – vom Scheitel bis zur Sohle Offizier. Ganz anders als der brave Eugen; ein ungezähmtes Tier, ein einsamer Wolf, ihr Held in dieser süßen Nacht ... Seine grauen Augen waren ein gefrorener See, sie eine Schlittschuhläuferin, die einsam und anmutig darauf ihre Kreise drehte.

Major Gräulin erreichte unter gemurmelten Verwünschungen die Haustür, öffnete, und das Letzte, was er sah, war dieses Mündungsfeuer einer Pistole; es folgte ein Explodieren der Welt in Schmerz und Lärm und, endlich, Stille.

*

»Schau, das ganze Tal wie in Amethyst getaucht!« Die Tante strahlt, als hätte man ihr etwas Wunderbares geschenkt. Du weißt nicht, was das ist: Amethyst. Du nickst. Unten am Ufer schwanken die alten Blutbuchen. Du weißt, was das ist: eine Blutbuche. Mutter hat dir die Bäume gezeigt: Eichen, Ulmen, Tannen, Linden, Pappeln, Weiden, Kastanien, Fichten, Ahornbäume und natürlich die Buchen. Auch Blutbuchen, das sind deine Lieblingsbäume. Du magst die Farbe ihrer Blätter, so anders. Jetzt singen ihre kahlen Äste leise im Wind, ahnen die früh hereinbrechende Nacht.

Verschwommen kannst du durch die Zweige die Lichter der Stadt auf dem anderen Ufer erkennen. Nur wenige Fenster leuchten hell heute. Alles, was noch gehen kann, ist unten am Neckar, drängt sich zur Musik, die dumpf an dein Ohr dringt. 119

»Wenn erst der Abend kommt …«, summt die Tante leise und drückt fest deine Hand; ihre ist rissig und rau, wie Schleifpapier, aber warm. Eigentlich ist sie gar nicht deine Tante, sie ist die Cousine deiner Mutter. Wie ein Hündchen zieht sie dich mit sich fort, dem Wasen entgegen. Der Tag schwindet und die Blätter des verflogenen Frühjahrs liegen unterm Raureif, gelbe Inseln auf dem Dunkel des durchnässten Erdreichs.

Verloren schwankt ein Kahn auf dem Wasser, daneben die weißen Boote der Wochenendausflügler. Der Fluss ist vom letzten Regen mächtig angeschwollen. Ein einzelner Schatten steht darin, der alte Mann; er hat nur einen Arm; er ruft, als er euch sieht: »Ja, elle Buba ganget heit zom Zirkus!« [120] Dazu lacht er. Ein letzter Sonnenstrahl entblößt seine verrottet-gelben Zähne, auf die du wie gebannt starrst. Du lächelst und weißt nicht, weshalb.

Endlich an der Brücke angekommen, mischt sich der Gesang der Tante mit dem Getöse der Tanzkapelle, der Lärm der Schaubuden mengt sich in das stete Tosen des Windes. Die Tante flüstert aufgeregt: »Siehst du die herrlichen Lichter? Gleich sind wir da …«

Wie jedes Jahr im Herbst warst du vor ein paar Wochen noch beim Volksfest hier, richtig warm ist es da gewesen. [121] Was war das für eine Pracht, sogar der Kaiser ist dieses Mal gekommen! Du hast ihn selbst gesehen, in seiner weißen Uniform, mit dem mächtigen Bart. Jetzt ist alles viel kleiner, ein Wanderzirkus ist gekommen, aus der Schweiz. Aber es soll richtige Elefanten geben! Überall riecht es nach Rauch, Gegrilltem und Zuckerwatte. Lautes Lachen und helle Schreie gellen euch entgegen, es drängen sich die Menschen vor den bunten Lichtern, die das riesige weiße Zelt säumen.

»Bekomme ich gebrannte Mandeln?«, fragst du.

»Natürlich«, sagt die Tante und drückt deine Hand. »Du bekommst, was du willst. Die Mutter hat mir zehn Pfennige für dich mitgegeben!«

Zehn Pfennig! Du lächelst die Tante an, sie freilich sieht dich nicht, den Blick starr vor Erwartung nach vorne gerichtet, dem bunten Treiben entgegen. Sie riecht frisch, betäubend, ist das ein neues Parfüm? Der Himmel ist jetzt beinahe schwarz, die Luft feucht vom leichten Nieselregen – kleine Eistropfen, die sich wie Nadelstiche in jede Pore deines Gesichts bohren. »Kalt ist es dieses Jahr …«, fröstelt die Tante. Dir aber ist ganz heiß.

Bald hat das Treiben euch aufgesogen. Bunte Laternen werfen gleißende Schleier, Marschmusik dröhnt. Die Zeit vergeht wie im Rausch, überall lachende Gesichter. Du triffst all deine Freunde, doch die Tante zieht dich unablässig mit sich weiter. Schließlich darfst du Kettenkarussell fahren, Schwindel befällt dich, du rufst ihr etwas zu, doch sie hört dich nicht. Die ganze Zeit isst du deine gebrannten Mandeln. Jede legst du erst unter die Zunge, genießt ihr süßes Aroma, um dann doch dem Verlangen zu erliegen: Du zerkaust sie rasch, um wenig später mit klebrigen Fingern eine neue, noch süßere in den Mund zu schieben. In einer Stunde beginnt die Vorstellung, du freust dich. Vorhin hast du kurz ein Kamel gesehen und die Löwen gehört.

Die Tante trinkt noch ein Gläschen Glühwein, das zaubert ein frisches Rot auf ihre Wangen. Sie hasse das, sagt sie und pudert sich nach. Dazu lässt sie ihr glockenhelles Lachen hören. Mit vielen Männern redet sie, behält meist das letzte Wort – und küsst schließlich sogar den Nachbarn auf die Backe. Wenn Mutter das wüsste!

Du lächelst zu all dem. Was sollst du auch tun? Sie hält dich ja die ganze Zeit bei der Hand. Du hoffst bloß, er küsst dich nicht auch noch – da, zum Abschied tut er es doch! Es kratzt und er stinkt nach Schnaps. Minutenlang wischst du dir das Ekelgefühl von der Wange, stellst dir dabei vor, das feuchte Gefühl bliebe jetzt haften wie ein Ausschlag, für jeden sichtbar.

Der letzte Wagen steht ein wenig abseits, fast schon am Ufer. 122 Er ist ganz schwarz, zwei riesige Fackeln brennen links und rechts des Eingangs, der mit leuchtendem Tuch überspannt ist. In Gold steht etwas über dem blutroten Seidenvorhang in der Tür – eine merkwürdige Schrift, die du nicht lesen kannst, trotz der großen Lettern. Obwohl du schon gut liest, eigentlich.

Ein riesiger Papagei krächzt in seinem Holzkäfig; er ist angekettet. Weshalb nur, fragst du dich. Er ist ja schon eingesperrt. Einige Leute stehen Schlange; sie wirken ernster als die anderen. Hier lacht niemand. Der Ort gefällt dir nicht, du möchtest zurück, zum Karussell, zu den anderen Kindern, und dennoch willst du wissen: »Was ist denn das …?«

»Das sind Zigeuner«, sagt die Tante abschätzig, »das ist nichts für dich …«

»Aber was wollen die Leute da?«

»Sie glauben, das sei eine Hellseherin. Sie glauben, hier kannst du etwas über die Zukunft erfahren. Aber das ist Aberglauben, unsere Zukunft kennt nur der Herrgott.«

»Wollen wir hineingehen?«

»Wenn du willst, kannst du. Aber ich gehe da nicht hinein, ich warte draußen.«

Schon rennst du los, dich interessiert, was sich hinter dem Vorhang, im Inneren des Wagens, verbirgt, den gerade ein junger Mann mit ernstem Gesicht verlässt.

Du rennst an der Schlange vorbei und äugst durch die Tür: Drinnen brennen Kerzen, es ist heiß und riecht nach

Mottenpulver, Weihrauch und ein bisschen auch nach Lebkuchen: kostbar. Du traust dich kaum zu atmen, denkst, du darfst dem Ort seinen Geruch nicht nehmen.

Alles ist mit rotgoldenen Tüchern ausgekleidet und an einem Tisch aus frisch gewachstem dunklem Holz hockt ein bunt geschminkter Clown. Er lacht nicht.

Ein Mann aus der Schlange kommt heran und zwickt dich in die Backe: »He, du da, vordrängla goht abr net. Gang hoam zo deiner Muddr!«

Du erschrickst und taumelst zurück ins Freie, vorbei an den gleichmütigen Gesichtern der Wartenden, drängst dich durch die Masse der vom Wein und der Aufregung des Festes erhitzten Leiber. Der grässliche Lärm hallt dir in den Ohren wider. Da entdeckst du Vater, im langen Mantel. Er redet auf die Tante ein, in seinen Armen liegt der kleine Eugen. Du rennst auf ihn zu und drückst ihn fest und willst von dem bösen Mann erzählen, aber er wehrt dich ab und sagt streng: »Karl, wir müssen heim. Komm!«

»Aber die Vorstellung?«

»Morgen ist noch eine. Dann komme ich mit dir und wir sitzen in der ersten Reihe, dass du alles siehst, versprochen. Aber jetzt müssen wir heim zur Mutter.«

Als ihr den Zirkus hinter euch gelassen habt, sagt er plötzlich: »Karl, wir gehen gar nicht heim. Das hab ich bloß der Tante gesagt, damit sie der Mutter nichts verrät. Denn wir machen jetzt eine kleine Bootsfahrt.« **123**

»Jetzt?«, fragst du erstaunt. »Wir haben doch gar kein Boot.«

»Das wirst du schon sehen. Komm endlich!«

*

Verloren schwankt ein Kahn an seinem Haken, halb vergessen auf dem nur scheinbar fast bewegungslos ruhenden Wasser. Mehr ein Schatten, steht darauf ein junger Mann. Er flüstert, sodass seine Stimme bald im Wind vergeht: »Karl, sei still! Wenn sie euch hören, ist alles verdorben!«

Wie der blutende Fluss errötet im letzten Glanz des Abends das ganze Tal. Drunten am Ufer stehen schwankend die alten Weiden und ihre bereits nachtdunklen Äste singen leise im Wind: ›Ein Rauschen und ein Fließen, ein hinüber sich Ergießen …‹ All seine Gedichte an sie. Wie hatte sie das nur tun können? Der Abend dämmert, und die Blätter liegen taubenetzt am Boden, gelbe Inseln auf dem schwarzen Meer des morastigen Erdreichs.

Im Boot, unter einer grauen Decke aus grobem Tuch, liegt ein Bündel, das sich bewegt. Darin leistet das größere Kind, ohne zu verstehen, den Worten des Vaters Folge. Der Kleine schläft und träumt von ungesehenem Glück.

Wie sehr hat sie sich die Kinder gewünscht, erinnert er sich zärtlich. Doch dann mahnt er sich zur Aufmerksamkeit und sieht sich ein letztes Mal vorsichtig um: Niemand hat das Boot bemerkt. So weit sein Blick reicht, ist er allein. Nicht einmal ein Angler hat an diesem frostigen Abend den Weg zum alten Bootssteg heruntergefunden.

Ein wenig beruhigt, macht er das Boot endlich los und springt mit letzter Anstrengung wieder zurück. Er ist so allein wie noch nie zuvor in seinem Leben. Merkwürdig, plötzlich hofft er wieder auf Gott.

Durch die kahlen Weiden kann er die ersten Lichter Mühlhausens erkennen, das oben auf dem Hügel gerade einen weiteren Tag ausklingen lässt. 124 Seltsam unpassend krächzt ein alter Hahn dazu.

Über dem Wasser erklingt der verzweifelte Schrei eines Bussards, als ihn mit ungeheurer Klarheit der Gedanke ergreift: Es ist geschafft! Eine unerwartete Freude dringt durch all seine Glieder, und von plötzlichem Mut erfüllt, lenkt er geschickt das Boot, welches mittlerweile mit beträchtlicher Geschwindigkeit das Wasser teilt.

Die Kinder stöhnen. Kein Wunder, ihnen ist kalt und sie frieren. Aber seltsam, ihr Vertrauen auf alles, was er tut, scheint unerschütterlich. »Bald sind wir am Ziel«, hat er gesagt, und sie glauben es. Dabei gibt es keinen Grund, ihm zu vertrauen.

Schnell geht es nun. Der Himmel ist schwarzgrau geworden und die Luft feucht vom leichten Nieselregen – kleine Eistropfen, die sich in jede ungeschützte Pore seines Leibes bohren. Er spürt seine Hände längst nicht mehr, so kalt ist ihm. Weshalb nur, weshalb nur dieser Wahnsinn?

Es war kein Plan gewesen. Die Eingebung, eine Einflüsterung des Teufels, wie ihm jetzt schwant, ist ihm gestern in den ersten Stunden der Nacht gekommen. Sie war tatsächlich zum Abendbrot wieder nicht zu Hause gewesen, dabei endete ihre Arbeit in der Wäscherei um vier. Was man so redete, hatte er allen Grund zu vermuten: Sie würde wieder bei Major Gräulin sein, ihm die Wäsche machen. Oh ja, nicht nur die Wäsche, um diese Zeit!

Die Kinder hatte sie zu seiner Mutter gebracht, sie würden längst schlafen.

Er leerte das Glas Obstler in einem Zug. Der Warterei müde, zog er sich seinen Mantel über und ging schwankend hinaus. Einen verdammten Kater werde ich morgen haben, dachte er, doch das störte ihn nicht – nicht an solch einem Tag! Die Verzweiflung packte ihn mit eisernem Griff und die Kälte machte ihn frösteln. Seine Liebe zu ihr, vergangener Tage Glück – was ist die Liebe sonst! – verschmolz mit seiner Wut zu einem glühenden Ball im Magen, der ihm die Kehle zuschnürte. All die vergebliche Hoffnung der letzten Wochen, all ihre immer neuen Lügen offenbarten sich in jenem Augenblick plötzlich in der der Wahrheit eigenen Boshaftigkeit und machten ihn taumeln: »Eugen, du bist eben kein richtiger Mann!«

Die Melodie, die ihm dazu im Kopfe umging, sie war traurig und passend, so passend. »Oh, du lieber Augustin …« Er war inzwischen bis zum Fluss gegangen und da entdeckte er das Boot. Ein alter Kahn, nicht mehr und nicht weniger. Ins feuchte Laub setzte er sich und sandte seinen Schmerz zu den Sternen, die gleichgültig und kalt am Himmel standen. 125 Dann, nachdem er lange geweint hatte (das erste Mal, seit er denken konnte), wurde es plötzlich anders um ihn. Der Fluss lockte ihn; etwas an diesem Braun, das so weich und glatt vor ihm lag, sprach zu ihm; es würde die Erlösung sein …

Am nächsten Tag brachte Emmie den Kleinen, Karl war anscheinend mit Sophie hinunter auf den Wasen zum Zirkus gegangen. Sein Weib ließ wieder auf sich warten. Ja, trieben sie es jetzt schon am helllichten Tag wie die Schweine? Die Stiefel schnürend, dachte er: Wozu bin ich Soldat? Seine Ehre wurde in den Schmutz getreten! Jawohl, er hatte jedes Recht der Welt … Major Gräulins Wohnung lag gleich am Ortseingang, im am tiefsten gelegenen Viertel, das sich um die Berger Kirche schmiegte. Er entsicherte unterm offenen Mantel seine alte Armeepistole und fühlte sich endlich leichter. Natürlich war er längst wieder betrunken.

*

»Ganz schöne Sauerei hier!« Inspektor Schneider blickt sich ein weiteres Mal mit der nonchalanten Verzweiflung fünfzehnjähriger Berufserfahrung in der von der Eingangsleuchte nur spärlich erleuchteten Stube des Majors Gräulin um. Nichts hier scheint sich an seinem Platz zu befinden. Die Gegenstände, all diese Dinge hier, springen ihn an wie wilde Tiere – und erst das Licht!

Er war im *Goldenen Krug* schon eingenickt, benebelt vom Wein. Da ist er gerufen worden – hierher. Und so steht er, schwindelnd, inmitten des in mildes Licht getauchten Blutbads. Es ist fürchterlich stickig in dem kleinen Zimmer, Schneider reißt als Erstes das Fenster auf.

Der Kavallerieoffizier liegt in einer Lache bräunlichen Blutes, gleich in der Diele. Die Frau (es ist die Ehefrau des flüchtigen Eugen Salzer) sitzt auf dem Sofa, steif, als erwarte sie mit geschlossenen Augen einen Kuss. Das rote Mal des Einschusses auf ihrer Stirn nimmt ihr nichts vom Ausdruck vollkommener Ruhe.

Die subalternen Polizeibediensteten, der unnötigerweise herbeigerufene Arzt und die Leichenträger gehen in gemessener Geschäftigkeit ihrem jeweiligen Berufe nach. Als ob das nichts wäre!, denkt der noch immer sichtlich um Fassung bemühte Beamte und unterdrückt die leichte Übelkeit.

*

Es ist jetzt tiefe Nacht. Nur an Eugen Salzers Taschenuhr ist dieser Umstand zu erkennen. Vorhin hat ein Frachtkahn den Wahnsinnigen durch eine Signalhupe zu warnen gesucht.

Das Ruderboot treibt geradewegs auf einen großen Dampfer zu – ein majestätisches Ungeheuer aus Holz und Stahl, welches machtvoll den Fluss aufwirbelt; der Kahn schwankt bereits bedrohlich. Die Ruder hat Eugen längst über Bord geworfen. Er braucht sie nicht mehr. Er nimmt die Kinder aus ihrer Decke und drückt ihre steifen, kalten Leiber an den seinen: »Alles wird gut!«, flüstert er mit beschwörender Stimme. Der Rest ist Angst, Wasser und Tod.

119 Das schöne Neckarufer lädt zu einer Radtour geradezu ein. Im Raum Stuttgart ist Folgendes zu beachten: »Der offizielle Neckartalradweg verläuft von Esslingen kommend flussabwärts zunächst auf der rechten Seite. Er verlässt in Stuttgart unmittelbar den Neckar. Er führt zunächst über einen Parkplatz, durch ein Industriegebiet und den Verlauf der Hafenbahnstraße. Erst ab ›In den Stegwiesen‹ wird er als eigenständiger Radweg geführt, zwischen S-Bahn und einem Bachlauf. Auf der Höhe der Otto-Konz-Brücke wechselt der eigenständige Radweg wieder zu einem Straßen begleitenden Geh- und Radweg. Bei der Albert-Dulk-Straße verlässt er den Bruckwiesenweg und führt zurück zum Neckar. Bei der Untertürkheimer Brücke wechselt der Radweg flussabwärts betrachtet auf die linke Neckarseite. Hier verläuft er zwischen B10 und Neckar bis zum Mineralbad Leuze. Beim Leuze wechselt er auf die Cannstatter Seite und führt an Cannstatt vorbei. Hinter der Reinhold-Maier-Brücke wird er begleitend zur Hofener Straße kurz auf dem Gehweg geführt, um sogleich über den Münstersteg wieder auf die linke Seite zu wechseln. Bei der Hofener Brücke geht es wieder zurück auf die rechte Seite. Um gegenüber dem Hauptklärwerk alsbald die Stuttgarter Gemarkung in Richtung Remseck bzw. Ludwigsburg zu verlassen.« Dies und viele weitere Infos bei http://www.naturfreunde-radgruppe-stuttgart.de/pdf/neckar.pdf. Ist man hier unterwegs, sollte man bei

der Hofener Brücke einen Abstecher zum Max-Eyth-See einplanen (hier auch die gleichnamige U-Bahn-Haltestelle). Der größte See im Raum Stuttgart, in den 1930er- Jahren künstlich angelegt, ist zwar nicht als Badesee geeignet, dafür umso beliebter bei Anglern, Freigrillern, Sonnenanbetern, Inlineskatern, Radfahrern und Bootsfahrern. Typisch Stuttgart ist, dass das Baden nicht gestattet ist, weil dem See ausreichende Frischwasserzufuhr fehlt, dafür das Motorbootfahren. Eine Initiative um den Kabarettisten Christoph Sonntag versucht seit 2010, dies zu ändern. Übrigens kann man auch den gesamten 370 km langen Fluss abfahren und sollte dafür etwa vier Tage einplanen. Dieser sogenannte Neckarradweg ohne größere Steigungen gehört zu den schönsten Genuss-Radtouren Deutschlands. Infos unter http://www.neckarradweg.de.

120 Auch heute noch gibt es regelmäßig große Zirkusveranstaltungen berühmter Kompanien in Stuttgart, die fast immer auf dem Cannstatter Wasen stattfinden. Meist sind anstehende Veranstaltungen in der ganzen Stadt plakatiert.

121 Der Cannstatter Wasen am Neckarufer mit der gleichnamigen U-Bahn-Haltestelle ist mit seinen 35 ha der Veranstaltungsort Stuttgarts für Großevents. Berühmt sind insbesondere die beiden Volksfeste, das Frühlingsfest und das Cannstatter Volksfest. Letztes ist nach dem Münchner Oktoberfest das größte, älteste und bekannteste Fest dieser Art. Jährlich von Ende September bis Anfang Oktober herrscht auf dem Wasen der Ausnahmezustand. Erstmals gefeiert 1818 mit 30.000 Besuchern, kommen heute regelmä-

ßig um die fünf Millionen Besucher aus aller Welt. Es gibt neun Festzelte und zahlenmäßig mehr Schaustellerbetriebe aller Art für Groß und Klein als auf dem Oktoberfest, von denen die gute alte Achterbahn nur die bekannteste Attraktion ist. Zelte, Imbissstände sowie Fahrgeschäfte sind sonntags bis freitags von 11 Uhr bis 23 Uhr geöffnet. Samstags und vor Feiertagen dauert der Betrieb bis 24 Uhr.

122 Eine eher neue Sommer-Attraktion ist der Stadtstrand Stuttgart (Schönestraße, am Neckarufer gegenüber der Wilhelma). Er hat bei regenarmem und sonnigem Wetter geöffnet: Montag bis Freitag: 12.00 Uhr – 23.00 Uhr, Samstag und Sonntag: 12.00 Uhr – 0.00 Uhr. Jede Menge Sand gibt ein fast echtes Strandgefühl, nur Baden im Neckar ist nicht gestattet. Eine Wetterampel auf www.stadtstrand.com zeigt jeden Tag an, ob der Stadtstrand geöffnet ist oder nicht. Strandliegen, Liegestühle und eine Dusche werden den Besuchern kostenfrei zur Verfügung gestellt, auch ein beleuchtetes Beachvolleyball-Feld ist vorhanden.

123 Ein beliebter Klassiker bei Stuttgart-Reisenden ist eine Neckarschifffahrt, z.B. mit dem *Neckar Käpt'n*. Von Mai bis Oktober verkehren die Schiffe von Bad Cannstatt bis Hessigheim. Üblicherweise fährt man eine der angebotenen Rundfahrten, die zwischen ein und zwei Stunden dauern. Auch Charter- und Erlebnisfahrten sind buchbar. Infos unter http://www.neckar-kaeptn.de/start/erlebnisfahrten/linienfahrten-als-runde/ab-wilhelma. Man sollte eine halbe Stunde vor Abfahrt an der Ablegestelle bei der Wilhelma sein.

124 Sehr sehenswert ist die zuletzt aufwändig renovierte Veitskapelle (um 1374 erbaut), die älteste Kirche Stuttgarts, mit berühmten Wandmalereien zum Leben des St. Veit von 1428. Die U-14-Haltestelle Mühlhausen liegt nicht weit von der Veitskapelle; nach einem kleinen Fußmarsch von ca. 600 m in Richtung Mönchfeld geht es rechts den Meierberg hinauf. Die Kapelle ist Sonntag und Dienstag von 14.00 Uhr bis 16.30 Uhr geöffnet.

125 Die heutige Großstadt bietet im Gegensatz zu damals keine optimalen Bedingungen für Sternegucker. Trotzdem ist ein Besuch in der Stuttgarter Sternwarte auf der Uhlandshöhe sehr zu empfehlen. Seit 1922 kann man von hier aus mit einem historischen Zeiss-Refraktor mit einer Öffnung von 7 Zoll das All erkunden, zudem steht ein 16 Zoll Newton-Spiegelteleskop zur Verfügung. Geöffnet für Führungen ist (nur bei klarem Himmel!) meist Montag sowie Mittwoch bis Samstag ab 20.00 Uhr (im Sommer ab 22.00 Uhr). Genaueres, beispielsweise Anfahrtsweg und Preise, unter http://www.sternwarte.de/termine/fuehrung/default.asp. Eine Führung dauert etwa eine Stunde, auch Sonderführungen außerhalb der regulären Öffnungszeiten sind auf Anfrage möglich.

Weitere Krimis finden Sie auf den folgenden Seiten und im Internet:

WWW.GMEINER-SPANNUNG.DE

UTE BÖTTINGER
Friedrichsruhe

978-3-8392-1826-6 (Paperback)
978-3-8392-4909-3 (pdf)
978-3-8392-4908-6 (epub)

»Ein kulinarisch spannender Fall!«

Keine Zeugen, kein Tatort, keine Leiche. Es sollte sein großer Tag werden: Auf der Landesgartenschau in Öhringen hätte man dem jungen talentierten Sternekoch Olaf Ben Struck den zweiten Stern verliehen. Aber die Bühne bleibt leer.

Hauptkommissar Karl Friedrich von Bühl und seine junge Kollegin Maria-Lena Dambach finden eine grausige Spur und ermitteln in einem Fall, der selbst bei hartgesottenen Kommissaren Gänsehaut verursacht.